Roy *(signature)* 2/95

Pasolini CHAOS
Gegen den Terror

W0059839

MEDUSA

Ich weiß sehr wohl, wie widersprüchlich
man sein muß, um wirklich konsequent zu sein

Pier Paolo Pasolini

CHAOS

Gegen den Terror

Aus dem Italienischen
von Agathe Haag und
Renate Heimbucher

Herausgegeben von Agathe Haag

© 1981 MEDUSA Verlag Berlin
Alle deutschen Rechte vorbehalten
Originalausgabe © 1979 »Il caos« by Editori Riuniti, Rom
Printed in Germany
Satz: Wolfgang Pyka, Überacker
Druck und Bindung: Kösel, Kempten

ISBN: 3-88602-300-1

INHALTSVERZEICHNIS

WARUM DIESE KOLUMNE?

Warum habe ich eingewilligt, für »Tempo« diese wöchentlichen Beiträge zu schreiben?

Mit der Beantwortung dieser Frage will ich guten wie schlechten Einwänden zuvorkommen; aber ich stelle die Frage doch vor allem mir selbst.

Es gibt viele Gründe. Der erste Grund ist mein Drang, Buddha nicht zu gehorchen. Buddha lehrt die Abkehr von den Dingen (um es fernöstlich zu sagen) und den Verzicht auf Engagement (um mit grauen westlichen Worten fortzufahren): Zwei Dinge, die meiner Natur entsprechen. Aber ich spüre einen ebenso unwiderstehlichen Drang, meiner eigenen Natur zu widersprechen.

Natürlich verlangt ein solcher Drang, sich ständig zu widersprechen, eine Rechtfertigung. Diese Rechtfertigung wird mir *mein Konformismus* diktieren, ein Konformismus, der schwer zu definieren, ein verteufelt komplexes und zwiespältiges Phänomen ist (vielleicht am ehesten mit jenem kommunistischen Konformismus vergleichbar, der in der Nachkriegszeit zu beobachten war. Also etwas, das so weit zurückliegt wie meine Kindheit.)

Warum diese wöchentliche Kolumne?

Die Rechtfertigungen, die mir mein rätselhafter Konformismus diktiert — zumindest hier bei diesen wöchentlichen Beiträgen, zu denen ich mich verpflichtet habe — sind sehr einfach:

Wenn ich mich rechtfertigen soll, dann berufe ich mich auf die »staatsbürgerliche« Notwendigkeit, persönlich in den alltäglichen Kleinkrieg einzugreifen, um zu demonstrieren, was meiner Meinung nach auch eine Form von Wahrheit ist. Keine gültige Wahrheit, das sei gleich vorweg gesagt, sondern mehr eine Haltung, ein Gefühl, eine sich wandelnde Wahrheit, eine bestimmte Praxis, sozusagen eine Ausdrucksform: Sie kann daher voller Irrtümer und gelegentlich sogar dumm sein (bei diesem Zugeständnis sehe ich schon das hämische Grinsen meiner zukünftigen Kollegen).

Ich bin mir mehr oder weniger deutlich bewußt, daß mein literarisches und filmisches Werk mich »offiziell« macht, mich in die Schar der öffentlichen Personen einreiht.

Mag sein. Aber ich bin einfach nicht bereit, mich auch als öffentliche Person zu verhalten. Falls ich irgendeine Autorität erlangt haben sollte, stelle ich diese Autorität hier voll und ganz zur Diskussion, so wie ich das übrigens immer versucht habe. Man könnte nun einwenden, daß dieser Versuch sinnlos sei; daß man gewisse Machtpositonen, die man einmal erlangt hat, auch ruhig behalten soll; daß es da keine Hintertüren gibt; und daß ich daher, nachdem ich ein gewisses, wenn auch bescheidenes und umstrittenes Maß an Prestige erworben habe — durch Gedichte, Romane, Filme und meine linguistischen und semiologischen Aufsätze —, fatalerweise einer undifferenzierten »AUTORITÄT« angehöre, nicht mehr und nicht weniger als einer, der das absichtlich gewollt hat: ein Bürokrat, ein Politiker, ein Polizeipräsident, ein Professor, ein Industrieller. Ein junger Mensch, der sich der Kultur öffnet, kann gar nicht anders, er muß mich einfach in dieser Reihe väterlicher AUTORITÄTEN sehen, die über ihm thronen. Ich will das aber einfach nicht zulassen.

Deshalb soll diese Kolumne — zumindest, wenn es nach meinen Absichten geht — auch nicht eine Spur von Autorität haben, und ich werde beim Schreiben keinerlei Skrupel kennen. Mit anderen Worten, ich habe keine Angst, mir zu widersprechen und mich auszuliefern.

An diesem Punkt wird wohl auch verständlich, warum ich meine Kolumne »Das Chaos« nennen wollte, wobei der ideale Untertitel gewesen wäre: »Gegen den Terror«. Autorität ist nämlich *immer* Terror, auch wenn sie eine noch so süße Sprache spricht. Ein Vater sagt liebevoll und kameradschaftlich zu seinem kleinen Sohn: »Zertrample doch die Blumenbeete nicht«, ein *negatives* Gebot also, das Teil einer Summe von negativen Geboten werden wird, die das Verhalten des Kindes bestimmen, mit dem Ergebnis, daß eine gute Erziehung, die ja überwiegend auf negativen Geboten beruht, ihrer Natur nach auch etwas Terroristisches hat; und tatsächlich wird sie — gleichsam als Kompensation für den geleisteten Gehorsam — sofort zu einem *guten Recht* werden, in dessen Namen das wohlerzogene Kind später, wenn es groß ist, moralischen Druck ausüben wird.

Ich habe dieses Beispiel aus dem »Schatzkästchen« oder aus dem »Talmud« der bürgerlichen Welt gewählt, die heute in gewisser Weise mit Welt identisch ist. Aber es gibt Terrorismen auf der rechten, der klerikal-faschistischen Seite dieser Welt, und Terrorismen auf der linken. Und ich meine damit nicht nur den stalinistischen Terrorismus (die Idee z. B. des »perfekten Marxisten«, die in den fünfziger Jahren unter den roten Jesuiten Mode war), sondern auch den Terrorismus der neuen Linken (z. B. den *extremistischen* Snobismus bestimmter PSIUP-Anhänger, der zum Übelsten gehört, was die italienische Bourgeoisie seit dem Faschismus hervorgebracht hat).

Ich bin kein Qualunquist, ebensowenig schätze ich das, was man (heuchlerisch) eine unabhängige Position nennt. Wenn ich unabhängig bin, dann voller Wut, Schmerz und Verletztheit, ohne die Gelassenheit des Starken, und nur, weil man mich dazu zwingt. Und wenn ich mich zu kämpfen anschicke — hier in dieser Kolumne, einem kleinen Randgebiet meiner schriftstellerischen Tätigkeit — so gut ich kann, mit all meinen Kräften, gegen jede Art von Terror, so tue ich es in Wirklichkeit nur, weil ich allein bin. Was mich treibt, ist weder Qualunquismus, noch Unabhängigkeit: es ist Einsamkeit. Im übrigen garantiert mir vielleicht gerade diese Einsamkeit eine verrückte und widersprüchliche Objektivität, denn ich habe keinen hinter mir, der mich unterstützen würde und mit dem ich gemeinsame Interessen zu vertreten hätte. Der Leser weiß sicher, daß ich Kommunist bin, er weiß aber auch, daß die Beziehungen, die mich als Weggenossen mit der KPI verbinden, in keiner Weise gegenseitig verpflichten. (Im Gegenteil, die Beziehungen sind recht gespannt: ich habe ebensoviele Feinde unter den Kommunisten wie unter den Bürgerlichen). Wenn ich gewisse politische Sympathien empfinde (einerseits für einen bestimmten Radikalismus — allerdings nicht im Stile des »Espresso« —, andererseits für eine neue katholische Linke, die sich viel mehr unter dem Zeichen Don Milanis formiert als unter dem Johannes XXIII.), so sind es völlig bündnisfreie Sympathien.

Bleibt der Herausgeber dieser Zeitung, der offensichtlich Kapitalist ist. Aber wie es der Zufall will, hat mir gerade gestern ein marokkanischer Student, einer der führenden Leute der Bewegung »22. Mai«, gesagt, daß man von der gegenwärtigen Produktionsform ruhig profitieren könne, solange keine andere da sei. Schließlich würden wir auch Marx und Lenin lesen, obwohl sie von bürgerlichen Verlegern herausgegeben werden.

Ich verkehre mit Tofanelli, dem Direktor dieser Illustrierten, und mit Palazzi, dem Herausgeber, wie mit anderen Freunden auch. Aber abgesehen von dieser persönlichen Beziehung, behalte ich es mir vor, *zynisch* mit ihnen umzugehen.

Ein Leser, der mir bisher halbwegs aufmerksam gefolgt ist, wird sich über den Ausdruck »zynisch« möglicherweise wundern, da er nicht mit dem vereinbar ist, was ich bisher gesagt habe, vor allem

11

nicht mit dem Gefühl, aus dem heraus ich spreche. Tatsächlich bin ich in keiner Weise zynisch, und die Absichtserklärung, »zynisch« zu sein, ist fast komisch, so unvereinbar ist sie mit meiner Person. Aber dieses Adverb »zynisch« bezieht sich auf mein öffentliches Verhalten, nicht auf mein persönliches. Es ist ideologisch gemeint: Ich profitiere von kapitalistischen Strukturen, um mich vermitteln zu können, und ich mache das auf »zynische« Weise (wenn es um die öffentliche Funktion meiner »Arbeitgeber« geht, die nichts mit ihrer persönlichen Identität zu tun hat).

Was ich meinen zukünftigen Beiträgen noch vorausschicken möchte: Ich werde des öfteren schonungslos über die Bourgeoisie herziehen, genauer gesagt, sie wird das zentrale Thema meines wöchentlichen Diskurses sein. Ich weiß jetzt schon, daß meine Ausfälle den Leser auch »nerven« werden (sagt man so?). Nun gut, ich sollte wohl erst erklären, was ich unter Bourgeoisie verstehe: Nicht eine Gesellschaftsklasse, sondern schlichtweg eine Krankheit. Eine äußerst ansteckende Krankheit. Denn soviel steht fest: Fast alle, die sie bekämpfen, sind bereits angesteckt: der norditalienische Arbeiter, der Arbeiter, der aus dem Süden eingewandert ist, der bürgerliche Oppositionelle, der »Einzelkämpfer« (wie ich). Der Bourgeois — um es überspitzt zu formulieren — ist ein Vampir, der keine Ruhe findet, bevor er nicht sein Opfer in die Gurgel gebissen hat, und zwar nur aus der puren, simplen und natürlichen Freude daran, genüßlich zusehen zu können, wie dieses Opfer immer bleicher, trübsinniger, häßlicher, verkümmerter, entstellter, verkommener, ruheloser, schuldgeplagter, berechnender, aggressiver und terroristischer wird — *wie er selbst*.

Wieviele Arbeiter, wieviele Intellektuelle, wieviele Studenten sind nicht, tief in der Nacht, von diesem Vampir gebissen worden und verwandeln sich jetzt, ohne es zu merken, selbst in Vampire!

Es ist deshalb höchste Zeit, die Bourgeoisie nicht mehr nur als Gesellschaftsklasse zu sehen, sondern als Krankheit. Inzwischen ist es ja auch ideologisch und politisch falsch geworden, sie noch als Klasse zu betrachten (selbst im Sinne eines reinen und intelligenten Marxismus-Leninismus). Richtig ist, daß sich die Geschichte der Bourgeoisie heute — dank der technischen Zivilisation, die weder Marx noch Lenin voraussehen konnten — anschickt, mit der Menschheitsgeschichte identisch zu werden. Ist das gut, ist das schlecht? Weder das eine noch das andere, glaube ich. Ich will auch gar nicht Orakel spielen. Ich konstatiere nur eine Tatsache. Dennoch glaube ich, sollte man sich unbedingt dieses bourgeoisen Übels bewußt sein, um effizient mitreden und ein klein wenig dazu beitragen zu können, daß alles nicht ganz so schlimm wird.

Aus meiner Position der Einsamkeit versuche ich, die Bourgeoisie als *Krankheit* zu analysieren, wo immer ich ihr begegne, d. h. so gut wie überall. (Das ist ein anschaulicher Ausdruck dafür, daß das bürgerliche System imstande ist, jeden Widerspruch zu absorbieren: Es schafft sogar die Widersprüche, sich selbst überwindend, wie Lukács sagt, um zu überleben.) Untrügliches Symptom der Allgegenwart dieser »Krankheit Bourgeoisie« ist der moralische und ideologische Terror, auch dort, wo er unschuldig auftritt (z. B. bei den Studenten). Ich weiß, daß ich mich damit auf ein undankbares und verzweifeltes Unternehmen einlasse. Aber das ist kein Wunder in einer Zivilisation, in der eine beliebige Geste, ein Vorwurf, ein Standpunkt mehr gilt als die literarische Arbeit von Jahren. Ein Schriftsteller muß deswegen wenigstens versuchen, pragmatisch und existenziell sein Dasein zu beweisen, wenn ihm auf geistigem Gebiet schon keiner zuhört. In einem wunderschönen Aufsatz von Rossana Rossanda (»Das Jahr der Studenten«) bin ich auf eine Definition des Intellektuellen gestoßen, die mir den Atem geraubt hat. Sie beschreibt den Unterschied zwischen klassischen Intellektuellen (d. h. humanistischen Intellektuellen, die an der Resistenza teilgenommen haben) und Studenten, und zwar in der Situation, in der sich beide der Ungerechtigkeiten der Bourgeoisie bewußt werden. Dabei stellt Rossanda fest, daß die Studenten das Elend des allgemeinen Warencharakters und der Entfremdung am eigenen Leib und an ihrer eigenen Situation erfahren, während der Intellektuelle sie nur als Beobachter feststellt. Bei ihm ist es nur ein neuerwachtes theoretisches Bewußtsein für eine fremde Klassenlage, aus der dann sein *Mitkämpfertum* resultiert, mit all seinen Freiräumen, seinen Konflikten und mit der unüberwindlichen *Andersartigkeit* des *außenstehenden Beobachters*.

Als *Verräter* aus den bourgeoisen Zentren verjagt, als *Außenstehender* nur *Beobachter* der proletarischen Welt: Wo steht der Intellektuelle, warum und wie lebt er?

Nr. 32   6. 8. 1968

Am Schluß des ersten Artikels dieser Kolumne steht, wie im Kriminalroman, die Frage: *Wo* steht der Intellektuelle, *warum* und *wie* lebt er?

Denn wie ich schon sagte, die Bourgeoisie hat den Intellektuellen aus ihren Zentren vertrieben (und ins Getto der in gewisser Weise sogar angesehenen Poeten verwiesen), und für die Arbeiterschaft ist er — wie Rossana Rossanda in ihrem bereits erwähnten Aufsatz »Das Jahr der Studenten« schreibt — nur ein *außenstehender* Beobachter.

Erst heute ist eine solche Frage möglich und eigenartig aktuell. Noch vor zehn oder weniger Jahren hätte man darauf ganz einfach und ohne Zögern geantwortet: »Der Intellektuelle ist der geistige Führer der Arbeiteraristokratie ebenso wie des gebildeten Bürgertums«. Er war also eine Autorität — eine oppositionelle Autorität. Tatsächlich war es ja die KPI — die noch integre KPI in ihrer Blütezeit —, die über den literarischen *Erfolg* eines Autors entschied und bestimmte. Damals war Italien noch ein armes (paläokapitalistisches) Land, und für den Intellektuellen war es — wie in armen und ungebildeten Ländern heute noch — ein Leichtes, die »nationale« Funktion des geistigen Führers, des Propheten zu übernehmen, auch wenn er ein ganz moderner Mensch und vielleicht Ehrenbürger von Paris war. Inzwischen aber ist die kulturelle Hegemonie, die die KPI etwa zwei Jahrzehnte lang innehatte, in die Hände der Industrie übergegangen.

Daher könnte die Antwort auf meine Frage heute etwa so lauten: »Der Intellektuelle ist dort, *wo* die Industrie ihn postiert; *weil* und *wie* der Markt es will«.

Mit anderen Worten, der Intellektuelle ist nicht mehr der geistige Führer eines kämpferischen Volks oder Bürgertums, sondern schlicht und einfach der Hanswurst eines Volks und einer Bourgeoisie, die satt und zufrieden und daher auf der Suche nach angenehmer Zerstreuung sind.

Beide Antworten gelten aber in Wirklichkeit nur für den »Durchschnittsintellektuellen«, der ja eine abstrakte Figur ist, und beide weichen zudem dem eigentlichen Kern der Frage aus, auf den ich im übrigen auch nicht antworten könnte, ohne auf existenzielle Begriffe zurückzugreifen, die, wie ich wohl weiß, gefährlich und untauglich sind.

Eines jedoch ist ganz sicher: mit der Autorität des Autors als geistigem Führer, als Kampfgenossen etc., ist es vorbei; sie schwand mit der Epoche, in der sie entstand (dieser Typus des Autors könnte etwa im Ägypten Nassers oder in Indien existieren). Die Autorität des Autors als Bänkelsänger der Bourgeoisie aber ist eher unrühmlich und wird im übrigen rasch vergehen, wenn Italien erst einmal ein wirklich fortgeschrittenes und reiches Land sein wird. Dann nämlich wird die Kulturindustrie ihre Ware außerhalb der Literatur produzieren, so daß die zwei verschiedenen Produkte auch in zwei verschiedene Distributionskanäle fließen werden.

Braibanti ist ein Beispiel für einen Intellektuellen, der schon sehr früh die Autorität abgelehnt hat, die ihm aus dem Status eines Schriftstellers der kommunistischen Kulturhegemonie oder der Linken hätte erwachsen können; und natürlich hat er dann auch die Autorität des von der Kulturindustrie kreierten Schriftstellers zurückgewiesen.

Diese zweite Feststellung mag selbstverständlich klingen, ist es aber keineswegs. Denn der Schriftsteller, der der Kulturindustrie am Herzen liegt, ist nicht nur der Autor geschönter Romane, in denen es vielleicht sogar um Vietnam geht, sondern auch (zumindest bis vor kurzem) der Avantgarde-Schriftsteller. Die ersten, einzig und allein von der Kulturindustrie erfundenen und lancierten Schriftsteller der »Macht« waren ja die Avantgarde-Schriftsteller (wie die erst vor kurzem verschiedene Gruppe 63). Nun, auch Braibanti ist ein Avantgarde-Schriftsteller, und doch hat er nicht zu diesen lauten, dummen und terroristischen Gruppen gehört, die nach wer weiß welcher Macht strebten (die sie dann durch ihre vollständige Integration in die Industrie oder in die KPI auch tatsächlich erlangt haben). Einer dieser Avantgarde-Schriftsteller — ein Schwachkopf — hat doch, auf die Bitte, etwas für Braibanti zu tun, tatsächlich geantwortet: »Ich denke nicht an Braibanti, ich denke an Vietnam«. Diese Antwort zeigt ganz deutlich die tägliche — und terroristische — *Flucht nach Vietnam.*

Braibanti hat nie den geringsten Terrorakt verübt. Seine Präsenz in der Literatur war stets intelligent, bescheiden, bar jeder Eitelkeit und unaufdringlich. Mir persönlich gefallen seine poetischen Texte nicht besonders, weil ich die ganze heutige Avantgarde-Literatur nicht mag — aber das ist mein ganz persönliches, wahrscheinlich sogar falsches Urteil. Ich bin jedoch bereit, zu bedenken und zu achten, was Braibanti schreibt, denn wie alle wahren Forscher zwingt er nichts auf, sondern »schlägt vor«. Er weiß überhaupt nicht, was es heißt, »sich aufzuzwingen«.

Wenn es einem im reinsten Sinne des Wortes sanftmütigen Menschen gibt, dann ist es Braibanti: er hat sich nie auf etwas oder jemanden gestützt und hat nie etwas gefordert oder verlangt.

Welches Verbrechen hat er also begangen, daß er in so fadenscheiniger Weise der »Versklavung« bezichtigt und dann auch verurteilt worden ist?

Sein Verbrechen war seine Schwäche. Diese Schwäche indes hat er selbst gewählt und gewollt, indem er jede Form der Autorität abgelehnt hat. Als Autor wäre ihm diese Autorität auf natürliche Weise zugefallen, hätte er auch nur ansatzweise einem gängigen Bild des Intellektuellen entsprochen: dem kommunistischen, dem bürgerlichen, dem katholischen oder ganz einfach dem literarischen. Stattdessen weigert er sich, sich mit einer dieser — letztlich doch nur lächerlichen — Intellektuellenfiguren zu identifizieren.

Diese Einsamkeit war seine Schwäche, und auf dieser Schwäche gründete seine Autorität — eine Autorität mithin, die gefährlicher als alle anderen ist.

Nun läßt sich der italienische Kleinbürger durch keinen Skandal erschüttern, solange nur irgendeine Form der öffentlichen Meinung oder der Macht dahintersteht; in einem solchen Skandal erkennt er sofort die Möglichkeit der Institutionalisierung, und mit dieser Möglichkeit liebäugelt er.

Angesichts des Skandals eines *schwachen und einsamen* Menschen aber fühlt er den ganzen Terror des Skandals. Uralte Aggressionen, von denen er sicherlich selbst nichts ahnt (meines Wissens gibt es an den juristischen Fakultäten keine Kurse über Psychoanalyse oder irgendein Gebiet der Humanwissenschaften), werden in ihm frei; und so verdammt er leichten Herzens, denn der Skandal ist ein Skandal. So wie für die SS Juden, Polen, Kommunisten, Homosexuelle und Zigeuner ein lebender Skandal waren. In Italien gibt es also immer noch, was Himmler ein für allemal als *lebensunwertes Leben* bezeichnet hat.

Ich schweige, weil ich selbst terrorisiert bin. Um dem Leser verständlich zu machen, wie tiefgehend und wie beängstigend dieses Phänomen ist, werde ich meine Empörung umlenken: ich will mich mit dem Rechtsexperten des »Giorno« anlegen, mit Rechtsanwalt Alberto Dall'Ora, der zugunsten Braibantis behauptet hat, man müsse ihn nachsichtig beurteilen, weil er ein *Kranker* sei und deshalb dieselbe Behandlung verdiene wie seine »Sklaven«: Elektroschocks, Insulinschocks und ein Verbot, Bücher der letzten hundert Jahre zu lesen!

(...) Er korrigiert seine *gaffe* allerdings mit dem Zusatz, Homosexualität sei eine »heilbare Krankheit«, womit er nichts anderes macht, als die alte *Segregation* aufrechtzuerhalten. Er erlaubt nämlich dem Homosexuellen nur deshalb das Getto zu verlassen, weil aus ihm möglicherweise noch ein nützliches Mitglied der Gesellschaft gemacht werden kann. Dieser Utilitarismus soll die großzügige Haltung einer Sünde gegenüber kompensieren, in Wirklichkeit ist es jedoch nur ein vorläufiger Frieden mit dem eigenen Gewissen, der auf seine Weise brutal auf den Normen beharrt, die er vordergründig zur Diskussion stellt.

Warum habe ich diesen Artikel überhaupt geschrieben, wenn ich doch weiß, daß *alle*, sobald sie ihn gelesen und ihm sogar teilweise zugestimmt haben, ihn doch verdrängen werden und daß daher alles folgenlos ist? Wenn ich doch weiß, daß in Wirklichkeit niemand etwas von Braibanti wissen will?

Gut, bleibt nur die Tatsache, daß der Fall Braibanti untrennbar mit der Forderung nach einer Reform des italienischen Strafgesetzbuches verbunden ist. Möge deshalb dieses Problem wenigstens im Gedächtnis des Lesers haften bleiben, denn es betrifft ja auch ihn persönlich. Womit das schreckliche Schicksal von Braibanti beweist, daß der Geist der Selbsterhaltung stärker ist als alle Barmherzigkeit.

Nr. 33   13. 8. 1968

RASSENHASS

In seinen ziemlich persönlichen und nicht sonderlich klaren Ausführungen zum arabisch-israelischen Krieg in »Cani del Sinai« (»Die Hunde vom Sinai«) stellt Fortini die Behauptung auf, in Zukunft werde der Rassismus nicht nachlassen, sondern im Gegenteil an Intensität und Häufigkeit zunehmen. Die Ursache dafür sei der Druck einer Macht, die zwar weniger sichtbar und persönlich, darum aber nicht weniger erdrückend sein werde. Sie werde im Gegenteil so zerstörerisch sein, daß die Kollektivität, die das Binde - glied zwischen Produktionsprozeß und Konsum darstellt, auseinanderbrechen und zersplittern werde; und diese Zersplitterung in

17

viele verschiedenartige, aber gleichermaßen unterdrückte Formen werde zur Vervielfältigung des Rassismus führen. Denn zwischen all den winzigen Bruchstücken werde Rassenhaß aufflammen. Einen solchen Rassenhaß kann man sich schwer vorstellen.

Es ist immer schwierig, sich vorzustellen, was dieser Rassenhaß eigentlich ist, selbst jetzt, wo wir ihn gerade noch überlebt haben und er sich schon wieder mit solcher Heftigkeit austobt. Es gibt nämlich in Wirklichkeit viele verschiedene, manchmal sogar widersprüchliche Formen des Rassenhasses.

Auf einer frühen historischen Ebene — die heute noch die volkstümliche ist — ist Rassenhaß gleichsam eine magische Kraft, und als solche lebt er in jedem von uns fort (in den Tiefenschichten unserer Persönlichkeit bleiben wir ja prähistorisch und ursprünglich). Dieser Typus des Rassenhasses ist auch der einzige, der einigermaßen vorstellbar und in gewisser Weise zu rechtfertigen ist, da er der rationalen Entwicklungsphase vorausgeht. Unsere »Antipathie« gegen bestimmte Personen, die Heftigkeit, mit der wir uns von manchen »Körpern« abgestoßen fühlen, sind typisch für diesen Rassenhaß, den wir — und sei es auch nur in keimhafter Form — empfinden und der deshalb zu unserer Erfahrungswelt gehört.

Davon abgesehen ist das Erscheinungsbild des Rassenhasses Teil eines sozialen Hintergrundes, dessen reale Existenz ein vernunftbegabter Mensch kaum für möglich hält. Mir scheint, daß Rassenhaß heute der Haß ist, den der Bürger gegenüber dem Bauern empfindet; also der Haß, den der in eine moderne Zivilisation integrierte Mensch gegenüber einem Menschen fühlt, der eine frühere Zivilisationsstufe repräsentiert, die die heutige immer noch bedroht, indem sie ihr vor Augen führt, daß ein (sozialer) Rückschritt immer möglich ist. Deshalb hassen sich auch die Neger um ihrer Armut und die Armen um ihrer Hautfarbe willen, die unvermeidlich anders ist, weil ihnen altertümliche Arbeiten zugeteilt sind, die sie nicht anders als unter freiem Himmel und in der sengenden Sonne verrichten können (die Wirkung, die die Sonne auf der Haut hinterläßt, scheint ausschlaggebend für den Rassenhaß dessen zu sein, der in zivilisierten Wohnungen lebt und falls er überhaupt noch etwas mit Landwirtschaft zu tun hat, entweder Gutsbesitzer ist oder Landwirtschaft industriell betreibt.)

Neger, Südeuropäer, sardische Banditen, Araber, Andalusier etc. — sie alle tragen den Makel des von der ländlichen Sonne uralter Zeiten verbrannten Gesichts.

Kehren wir aber zu Fortinis Behauptung über die Zersplitterung der Gesellschaft und die Vervielfältigung des Rassismus zurück: Ein Teil dieser Prophezeiung hat sich vielleicht schon vorzeitig bewahrheitet, und zwar gerade in den letzten Tagen und in unserem unmittelbaren Erfahrungsbereich.

Tatsächlich hat die Subversivität der Studentenbewegung in bestimmten Schichten der Gesellschaft — die sich ganz stabil wähnte — eine Zersplitterung bewirkt. Es handelt sich um ganz besondere Schichten, nämlich um die intellektuellen Eliten (die bekanntlich äußerst empfindlich und verletzlich sind).

Die Pressionen einer bis dahin nicht nur inexistenten, sondern geradezu undenkbaren Macht — die der Jugendlichen — hat diese Schicht zersplittert, und zwischen den einzelnen Bruchstücken eine Art von gegenseitigem Rassenhaß entbrennen lassen.

In terroristischer Weise wird zwischen »Guten« und »Bösen« unterschieden, und da diese Unterscheidung nicht mehr rein moralistisch ist, kennt sie keine Regeln und kein *fairplay* mehr. Stattdessen empfindet der »Gute« gegenüber dem »Bösen« eine heftige psychische Abneigung, ja er ekelt sich geradezu vor ihm — auch wenn es sich um einen alten Bekannten handelt, der einen Tag vorher noch demselben Gesellschaftskreis angehörte und ähnliche politische Überzeugungen hatte; er reicht ihm nicht mehr die Hand, geht ihm aus dem Weg, gibt ihn der öffentlichen Schande preis.

Ein Beispiel dafür bot sich erst kürzlich in der Literaturszene (der armseligen, schäbigen italienischen Literaturszene), als es um die Verleihung der Literaturpreise ging:

Der ungeheure soziale und moralische Druck, den die Studenten in linksfaschistischer Manier auf die italienischen Kultureliten ausübte, hat diese zersplittert und ins Chaos gestürzt.

Plötzlich sah sich jeder (wie zufällig und völlig unbewußt) allein im Strudel dieses Chaos treiben und empfand einen unerhörten Haß, einen physischen Ekel vor seinem Gegner. So haben also die Pressionen einer völlig neuen Macht, die für das System noch ohne entscheidendes Gewicht, für das Bewußtsein aber von großer Bedeutung sind, das Spektrum des Rassenhasses um neue Formen bereichert.

Das Überraschende bei alledem ist die Tatsache, daß diese zerstörerische Macht nicht die herrschende Macht ist. Dennoch glaube ich, daß die Macht der Studenten — so wie sie sich gegen ihren Willen etabliert hat — in die Problematik der Macht *tout court* einzubeziehen ist.

Bislang hatten die Soziologen für die Zukunft lediglich *technische* Schwierigkeiten vorausgesagt (und sie konnten ja gar nicht anders). Die Jugendlichen zeigen uns jetzt, daß die Probleme der Zukunft keine technischen, sondern politische Probleme sind. Lange Jahre standen wir im Bann der Technik: sie war das Problem der Gegenwart und die große Unbekannte der Zukunft (Schlafen, Essen, Wohnen, Freizeitbeschäftigung, Kinderkriegen, Altern etc., etc. — alles war ein rein technisches Problem), und töricht wie wir waren, glaubten wir, daß diese technischen Probleme auf technischer Ebene zu lösen seien.

Die heute Zwanzigjährigen — in den »fortgeschrittenen« Ländern die erste Generation, die voll und ganz diesseits der Grenze zwischen Gestern und Heute, also in *unserer* Zukunft lebt — hat uns zuallererst beigebracht, daß die Lösungen technischer Probleme auch in Zukunft politisch sind.

Die ach so tüchtigen, derzeit noch von Oppositionen geplagten Administratoren, die sich glücklichen Träumen über eine Zukunft als reinem Spielfeld der Experten hingaben, machten lange Gesichter. Nicht anders die Intellektuellen, die nicht darauf gefaßt waren, daß ihr bißchen Macht so schnell in Frage gestellt würde — noch dazu in dieser unerhört lümmelhaften und gewalttätigen Art und Weise (sahen sie doch die neuen Zwanzigjährigen im Geiste alle als integrierte, liebenswürdige, leistungsfreudige und anständige Klassenbeste). Doch es ist kein Zufall, daß das erste, was die Jugendlichen uns zeigen, der Aspekt der Macht ist, einer Macht, die dem aggressiven Bewußtsein der eigenen Rechte entspringt.

Ich sage ausdrücklich politische — nicht nur moralische und geistige, also kulturelle — Macht; denn wäre sie nicht politisch gewesen, dann hätte sie nicht den gewaltigen Druck ausüben können, der zwischen ihren armen, viel verletzlicheren Vätern — den Intellektuellen — diesen rasenden, unmenschlichen Haß entfacht hat.

Nr. 34   20. 8. 1968

BIENNALE JA — STREGA-PREIS NEIN

In der »Unità« vom 11. August wollte Ugo Casiraghi — der Kommunist ist und daher keine so kurzsichtige und moralische Einstellung zur Biennale hat wie gewisse Erinnyen aus der PSIUP — mich, die Cavani, Bertolucci und andere italienische Regisseure, die nach Venedig eingeladen waren, überreden, nicht hinzugehen und uns auf die Seite des Protest zu schlagen.

Ich war aber bereits entschlossen, meinen Film zur Biennale zu schicken. Nicht, weil ich nicht zu denen gehörte, die gegen das faschistische Statut der Biennale und die veraltete Struktur der Mostra protestieren. Ich bin sogar der Meinung, daß man mit aller Kraft dagegen kämpfen muß (auch wenn dies nicht das richtige Ziel ist, so ist es dennoch eine der erbärmlichen Realitäten, die unser Kulturleben ersticken). Ich stehe also auf der Seite derer, die gegen das Festival protestieren. Weil nun aber die Ziele, die durch die Protestaktion erreicht werden sollen, praktisch schon erreicht sind (wer könnte noch davon ausgehen, daß unter diesem ungeheuren Druck besagtes faschistisches Statut nicht reformiert und die Mostra die notwendigen Änderungen erfahren wird?), halte ich es für sinnlos, so weit zu gehen, die Vorführung der Filme zu verhindern. Um so mehr, als das diesjährige Festival — vielleicht durch höhere Gewalt — das Schönste in der ganzen Geschichte des Filmfestivals zu werden verspricht. Und »alle« Regisseure der vorgeführten Filme stimmen mit den Protestierenden überein. Es dürfte sich also in Venedig eine Einheitsfront formieren, die in demokratischer und friedlicher Weise das Fundament für eine neue Zukunft des Festivals legen wird.

Wenn man sich aber darauf versteift, die Vorführung der Filme um jeden Preis zu verhindern (was ja sinnlos ist), dann ist das kein Boykott gegen die Mostra mehr, sondern eine gewaltsame Bevormundung der Autoren, eine Form von Terrorismus. Ich schicke also meinen Film nach Venedig, um mich einem bereits beschriebenen »Linksfaschismus« schon in seinen Anfängen entgegenzustellen.

Die bilderstürmerische, vor nichts haltmachende Gewalt, die mit der Unerbittlichkeit dessen, der in keiner Weise kompromittiert ist, alles über einen Kamm schert, mag bei den Jugendlichen zulässig und völlig gerechtfertigt sein (auch wenn sie verletzend ist); wenn aber Autoren, alte Moralisten und mit allen Wassern gewaschene Politiker Gewalt und moralische Erpressung ausüben und von anderen (sinnlosen) asketischen Verzicht verlangen, so bringen sie damit höchstens ihre eigenen unbewußten Probleme ins Spiel.

Casiraghi gehört nicht zu dieser Sorte alter Italiener, die so viele Kompromisse, Irrtümer und »Sünden« auf dem Gewissen haben, und sich dann dem in der Gesinnung naiven (ideologisch aber nur zu abgebrühten) Terrorismus der Jugendlichen anschließen und ihn zu einer — wenn auch völlig neuen, mit dem klassischen Faschismus nicht vergleichbaren — Form des Faschismus degradieren.

Casiraghis Bemühungen im Rahmen der KPI-Aktion zur »Wiedergewinnung« von bisher nicht erfaßten Kräften der Neuen Linken unterscheiden sich in Gesinnung und Moral vom allgemeinen Protest. Und wie gesagt, ich stimme selbstverständlich mit allen seinen Argumenten gegen die Biennale und für eine neue Art des Filmemachens überein. Ich sage ausdrücklich Filme»machen«, und zwar in der Bedeutung von produzieren — zwei Begriffe, die, wenn es um Filme geht, synonym sind.

Und hier kommen wir zum eigentlichen Grund meiner Entgegnung auf Casiraghis Artikel: er wirft mir nämlich unter anderem Inkonsequenz vor, das heißt, er fragt mich, warum ich mich an den Filmfestspielen, nicht aber am »Strega-Preis« beteilige.

Nun, die Sache ist ganz einfach: wenn es um ein Buch geht, könnte man nie sagen »produzieren« (ich meine jetzt ein »Autorenbuch«, für das der Begriff produzieren einfach beleidigend wäre); man sagt vielmehr ein Buch »machen«. Um ein Buch zu »machen«, brauche ich keinen Produzenten, ich »mache« es ganz allein, in meiner Wohnung, mit meiner eigenen Feder und auf meinem eigenen Papier — so wie ein alter Handwerker Töpfe, Stühle oder Schuhe »macht«. Einen Film dagegen kann ich nicht in dieser Weise »machen«, denn dazu brauche ich einen Produzenten, der ihn mit einer nicht geringen Summe finanziert und ihn — schon rein technisch — organisiert.

Ist ein Buch erst einmal »gemacht«, dann ist es da: es ist eine Realität. Mit viel handwerklicher Geduld könnte ich es dreißigmal abschreiben. Die dreißig Leser, die ich damit erreiche, würden aus meinem Buch eine poetische und gesellschaftlich vollständige Realität machen. Der Verleger, also die Kulturindustrie, schaltet sich nicht ein, um das Buch zu »machen«, sondern nur, um es zu »publizieren« und zu »lancieren«. Wenn ich wollte, könnte ich mich also mit einer einfachen Absage von jeder industriellen, in diesem Falle kapitalistischen Einmischung frei machen. Diese Tatsache gestattet mir (in nicht fanatischer und nicht sinnloser Weise) als Moralist aufzutreten. Sie gestattet mir zum Beispiel auch, mein Buch von der Bewerbung um den »Strega-Preis« zurückzuziehen, um gegen die Kulturindustrie zu protestieren, die mittelmäßige Bücher »produziert« und »lanciert« und mit Hilfe von Werbung und allen Arten von Manipulation die eigentliche Ordnung der literarischen Werte umstößt. Mein Protest hat einen Sinn, weil ich auf die Verleger nicht angewiesen bin; wenn ich nicht will, brauche ich mich nicht mit ihnen zu kompromittieren, ich bin ihnen gegenüber »frei«.

Ein Film dagegen — zumindest in der bürgerlichen Welt, in der wir heute leben — ist völlig auf die Finanzierung durch einen Produzenten angewiesen, um überhaupt existieren und eine künstlerische und gesellschaftliche Realität werden zu können. Deshalb wäre es unmoralisch (wie man so schön sagt), wenn ich den Film aus Protest gegen seine Unterwerfung unter die Filmindustrie nicht zur Mostra schicken würde, wo ich doch diesen Film — und alle künftigen — gar nicht ohne die Filmindustrie machen kann und mich daher zwangsläufig mit ihr kompromittieren muß. Kurz gesagt, es ist einfach lächerlich, gegen ein Filmfestival zu protestieren (das im übrigen in den letzten Jahren objektiv fast ausschließlich kulturelle Entscheidungen getroffen hat), und dann weiter Filme mit dem Geld der Produzenten zu drehen (da bin ich ja keineswegs der einzige Fall!).

Da ich aber Filme »machen« will — halte ich es für das Beste, gleichzeitig auf zwei Ebenen zu agieren: auf der einen Seite in »zynischer« Weise die bestehenden Industriestrukturen ausnützen (und in diese zynische Ausnutzung die Filmfestspiele einbeziehen), gleichzeitig aber für eine Veränderung der Produktionsweise (zum Beispiel für ein neues Filmgesetz) zu kämpfen und mich dafür einzusetzen, daß die Filmfestspiele — da sie ja vom Staat bezahlt werden — zu einer ausschließlich und in demokratischer Weise kulturellen Veranstaltung werden.

Für mich ist der Protest gegen die Biennale also ein positiver, lebensbejahender Akt, und ich will nicht in die selbstzerstörerische Manie der reinen Negation verfallen wie so viele meiner Kollegen — Politiker und Filmemacher —, die die Verzweiflung eines sich schuldig fühlenden Gewissens mit der unschuldigen, in ihrer Radikalität sogar absolut lauteren Verzweiflung ihrer Kinder verwechseln.

Nr. 35   27. 8. 1968

Darf man von Ungerechtigkeit sprechen, wenn das Buch »Il mondo salvato dai ragazzini« (wörtlich »Die Welt gerettet von Kindern«) von Elsa Morante bei Kritikern und Käufern nicht den »großen« Erfolg erzielt hat?

Verstehen wir uns recht: Verkaufserfolg und Kritikerlob hat es wohl gegeben, jedoch nur im Rahmen des üblichen. Elsa Morantes Buch aber ist ein außergewöhnliches Ereignis.

Zwar kommt es nicht gerade selten vor, daß ein außergewöhnliches literarisches Ereignis mit Schweigen übergangen oder nur gerade eben zur Kenntnis genommen wird. Ich habe hier aber einen ganz besonderen »Fall« vor mir und will deshalb nicht in allgemeines Wehklagen über die Ungerechtigkeit der Welt und ihre Fatalitäten ausbrechen. Diese Fatalität gibt es nämlich gar nicht oder nur in dem Maß, wie ein Autor (wenn es um ein Buch geht) sie selbst provoziert. Die italienische Literaturkritik hat noch nie durch besondere Genialität geglänzt, aber in den letzten Jahren kann man sagen, daß sie buchstäblich »am Ende« ist. Die Jugend läuft dummen Schimären hinterher, die ihr in terroristischer Weise aufgezwungen werden, und alles, was nicht der »letzte Schrei« ist, wird außer Acht gelassen, ja nicht einmal wahrgenommen. Die Älteren – zum Teil ebenfalls Opfer dieses Terrorismus – tun es entweder den Jungen gleich oder sind völlig in der Hand der Kulturindustrie. Sogar die kleine Minderheit der Freidenker, die es auch in Italien vereinzelt gibt, hat ein zweideutiges Gesicht: sie ist nicht die »wahre« Minderheit der Freidenker, sondern hat nur deren äußerlichen Merkmale und folgt deren Kodex; in Wirklichkeit tut auch sie automatisch, was eine Minderheit von Freigeistern eben zu tun hat. Die Skandale sind sozusagen vorherbestimmt und geschehen mit dem Segen des Gettos, statt mit dem Segen der Herrschenden – das ist der ganze Unterschied. Das Buch von Elsa Morante paßt in kein Kulturschema, und so ist niemand bereit, ihm Beachtung zu zollen. Dabei verdient es allerhöchste Bewunderung.

Es ist ein Buch, das literarisch nirgends einzuordnen ist. Es gibt nichts in der italienischen Tradition – auch nicht in der jüngeren –, was ihm gleicht oder an das es erinnern würde (ein ganz klein wenig an Palazzeschi und ein bißchen an den russischen Formalismus – aber das sind psychologische und ultrahistorische, keine kulturellen Analogien). Dadurch wird die Lektüre des Buchs schwierig, ja geradezu unmöglich. Es kann nicht anders als gefallen, aber es gefällt sozusagen ohne daß man es merkt. Vielleicht läßt das ungeheure Vergnügen, das man beim Lesen dieses Buchs empfindet, an der Ernsthaftigkeit des Buches zweifeln, man nimmt es als Lesegenuß und sonst nichts. Das Buch der Morante ist jedoch geradezu ein politisches Manifest. Das politische Manifest, so möchte ich paradoxerweise sagen, jener neuen Linken, die in Italien anscheinend nicht existieren und wachsen kann, weil sie sofort wieder in den alten Qualunquismus und den damit verbundenen Moralismus zurückfällt. Ein politisches Manifest, das graziös wie ein Märchen, humorvoll und mit Lust geschrieben ist (und deshalb sagte ich vorhin, daß im Schicksal eines Buches Fatalität — wenn es sie überhaupt gibt — vom Autor selbst gewollt ist: Elsa Morante kümmerte es nämlich nicht, daß Grazie, Humor und Lust Gefühle und Stilmittel sind, die heutzutage niemand mehr versteht). Und so ist es für den Leser und den Kritiker schwer zu begreifen, daß das Buch in seinem Kern in Wirklichkeit zutiefst erschütternd ist und den ganzen Wahnsinn der modernen Welt birgt: Atombombe, Konsummoral und die tiefverwurzelte Lust an der Selbstzerstörung — und zwar nicht nur als *flatus vocis*, sondern als absolut echte und persönlich erlebte Elemente in einem linguistischen System, das so kommunikativ ist, daß es geradezu skandalös wirkt.

Nr. 35   27. 8. 1968

DIE ANGST, GEFRESSEN ZU WERDEN

Dem durchschnittlichen, d. h. dem durchschnittlich gebildeten — oder zumindest mit geringen psychoanalytischen Kenntnissen versehenen — Leser muß die folgende Behauptung sehr komisch vorkommen: Unser Schicksal wird immer noch von unserer Angst bestimmt, gefressen zu werden. Noch merkwürdiger klingt für ihn wahrscheinlich der nächste Satz: Wenn die Angst, gefressen zu werden, überhand nimmt oder zwanghaft wird, dann bedeutet dies, daß wir uns »wünschen«, gefressen zu werden (man weiß ja zum Beispiel, daß Todesangst in Wirklichkeit die Angst vor Selbstzerstörung ist, und nicht umsonst heißt es auch im Volksmund, daß einer , der allzu beharrlich behauptet, jemanden zu hassen, ihn in Wirklichkeit liebt — und vielleicht gilt das auch umgekehrt).

Keinem, der die vergangenen Jahre mit offenen Augen und Ohren erlebt hat, kann entgangen sein, daß der Gebrauch des Wortes »System« und seiner Negation (»Dissens«, »Protest«) geradezu zwanghaft geworden ist. Dies ist typisch für sehr fortgeschrittene Gesellschaften. Tatsächlich haben diese Begriffe in Amerika oder Deutschland viel mehr Sinn als in Italien (wo Protest leider noch *all'italiana* gemacht wird, da ja auch das System *all'italiana* funktioniert).

Der zwanghafte, unterschiedslose, totale und einschüchternde Haß gegen jeden, der ihn nicht teilt (so daß eine Art von terroristischer Konformismus des Protests entsteht), läßt sich in dem Leitbegriff »System« zusammenfassen. Dieser Begriff geht unmittelbar auf Marcuse zurück, für den das »System« letztlich alles einbezieht, alles Andersartige und jeden rationalen Protest integriert etc. Dieser im Grunde richtige Begriff ist, wie gesagt, zu einer zwanghaften Formel erstarrt, die zugleich wütend und ohnmächtig macht.

Hier geht es um genau das, was ich vorhin gemeint habe: die Angst, gefressen zu werden oder die Identifikation mit dem historisch-biologischen Archetyp einer absolut neuen Situation. Hat die Angst vor dem Gefressenwerden erst einmal diesen Punkt erreicht, dann ist sie in Wirklichkeit der »Wunsch«, gefressen zu werden. Wenn ein Jugendlicher — oder auch ein älterer Mensch, der »auf der Höhe der Zeit« ist — sich selbst und die anderen beschuldigt, nur noch in Verzweiflung und Verweigerung verharrt und sagt, man könne ja doch nichts tun, weil das System in fataler Weise gar nicht anders kann, als alles zu verschlingen, dann meint er in Wirklichkeit: ich sehne mich danach, verschlungen zu werden, einfach zu verschwinden.

Dieser Drang nach Selbstzerstörung ist als kollektive Psychose nicht nur für diejenigen typisch, die gegen das System protestieren oder es negieren, sondern für die ganze Menscheit, die unbefangen innerhalb des Systems lebt. Wie man schon in der Schule lernt, macht die Natur keine Sprünge zwischen den verschiedenen Tierarten, genausowenig zwischen Tier- und Pflanzenwelt oder zwischen männlich und weiblich, sondern geht schrittweise und ohne Bruch von einem »fingierten« Teil zum ebenso »fingierten« Gegenteil über. Genauso gibt es zwischen einem Herrn Rossi, der die Christdemokraten wählt und so unbefangen wie ein Fisch, der im Wasser schwimmt, in das System integriert ist, und dem Architekturstudenten Muratori, der ein verzweifelter Systemgegner ist, keinen Bruch, sondern nur einen graduellen Unterschied – einen Gradunterschied im Selbstzerstörungsdrang.

Ich will mich hier nicht näher mit Herrn Rossi befassen (womit ich ihm allerdings Unrecht tue), sondern mich an den Studenten Muratori wenden. Um es beherrschen zu können, reißt die menschliche Organisation (das – unvermeidliche – System) das Leben aus seinem absoluten Naturzustand (der ja Nicht-Geschichte und Tod ist) und macht es dadurch nicht nur lebbar, sondern »erkennbar«. Ob es sich um die direkte Demokratie des alten Athens, um die kapitalistische oder die sozialistische Gesellschaft handelt – immer »erkennen« wir das Leben (oder die Wirklichkeit) durch das System.

Nehmen wir einmal ein lächerlich einfaches Erkenntnisobjekt her – ein Blatt zum Beispiel. Ich »erkenne« dieses Blatt zum einen objektiv, mittels der menschlichen Organisation, die die Natur aus gesellschaftlichen Gründen verändert; zum anderen subjektiv, vermittels meiner Bildung (etwa meiner Vergil-Lektüre). Das heißt aber, daß ich dieses Blatt durch das System erkenne. Wenn mir aber schon die Realität eines Blattes allein durch das System erscheint, wieviel mehr gilt das dann, wenn es um die Realität eines Menschen geht, wenn also Herr Rossi den Studenten Muratori erkennen soll, und umgekehrt. Man kann also sagen, daß unser System ein komplettes (durch nichts zu ergänzendes) Instrumentarium zur Erkenntnis der Wirklichkeit liefert. Den Gebrauch dieser Instrumente verweigern, heißt die Realität nicht »erkennen«, also sterben wollen.

Deshalb glaube ich, daß die einzig mögliche Reaktion auf die Ungerechtigkeit und Vulgarität der Welt heute die Verzweiflung ist – aber nur die individuelle, nicht-kodifizierte Verzweiflung. In rein negativen Formen des Protests kodifizierte Verzweiflung ist eine der großen Bedrohungen unserer nächsten Zukunft (genauso wie die Atombombe oder die Massenkultur). Sie bringt unweigerlich Extremismen hervor, in denen Irrationalismus und Pragmatismus in teuflischer Weise zusammentreffen können und zu neuen Faschismusformen führen – den Linksfaschismus z. B. – , der blind gegenüber der simplen Tatsache macht, daß ein System, das man bekämpft (in diesem Fall das kapitalistische), nicht als das Böse schlechthin angesehen werden darf, weil auch hinter ihm Realität – d. h. Gott – ist. Denn die Wirklichkeit umfaßt unendlich viel mehr als das System, aber das System ist unendlich viel umfassender als wir. Genausowenig wie das System jemals das ganze Leben einschließen kann, können wir jemals an die Grenzen des Systems gelangen und über es hinausgehen. Wir können also die Realität immer nur »durch« das System, niemals »jenseits« von ihm erkennen. Alles was wir tun können, ist, das System zu revolutionieren und so zu verändern, daß die Erkenntnis der Wirklichkeit und die Beziehung zu ihr wenigstens in unseren Hoffnungen reiner und autenthischer werden.

Nr. 36   3. 9. 1968

Ein unerfreulicher Brief

Natürlich treffen jetzt allmählich Briefe von Lesern bei mir ein: Gegen meinen Willen, denn jeder Brief bedeutet für mich eine Unterlassungssünde, weil ich auf keinen antworte. Ich muß aber sagen, daß es sich im allgemeinen um erfreuliche Briefe handelt, und mancher bereitet mir sogar echte Freude (auch wenn sie nur einen Augenblick dauert). Die Absender sind fast immer »naive« Leute, die Sorte Menschen also, die ich am liebsten habe. Und manchmal ist diese »Naivität« von einer wohltuenden Rohheit und Unverblümtheit.

Nur ein einziger Brief ist unerfreulich. Er kommt aus einen Dorf in der Nähe von Neapel und ist von einem Kommunisten unterzeichnet. Dieser Mann wirft mir vor, daß ich von »Vie Nuove« zu »Tempo« übergewechselt bin, woraus er den Schluß zieht, daß ich — wie alle, wie man so schön sagt, »arrivierten« Schriftsteller — früher oder später beim »Corriere della Sera« landen werde. In seinem verletzenden und wie gesagt unerfreulichen Groll ist dieser Brief jedoch an und für sich »naiv« — ich bin seinem Verfasser also nicht böse. Kommunist sein bedeutet ja nicht unbedingt, ein völlig neuer Mensch zu werden. Es gibt ein »italienisches« Schicksal, das unvermeidlich in den Gefühlen, im Körper, im ganzen Dasein weiterbesteht, auch wenn man Mitglied einer Partei wird, die von ihren Ideen her die Nationalität überwindet, weil diese Nationalität historisch von der herrschenden Großbourgeoisie und dem konservativen Kleinbürgertum geprägt ist.

Leider aber wird die von diesem Leser in kleinbürgerlicher und provinzieller Weise formulierte Kritik ganz sicher von vielen anderen Kommunisten oder Linken geteilt — nur in geschliffenerer und komplexerer Form. So werden diese Leute wohl nicht so weit gehen, mich ganz vulgär des Karrierismus zu bezichtigen, sondern mir allenfalls vorwerfen, ich ließe mich aus moralischer Schwäche vom System vereinnahmen. Da haben wir es wieder einmal. Schon in der Einführung zu dieser Kolumne habe ich sozusagen vorbeugend auf diesen Vorwurf geantwortet. Da ich nicht an den guten Willen und das gute Gedächtnis der Leser glaube, müßte ich es jetzt eigentlich noch einmal tun (denn natürlich beunruhigt mich die ganze Sache). Aus Achtung vor den Lesern guten Willens und mit gutem Gedächtnis sehe ich aber davon ab.

Nur eines will ich noch sagen: Das System (das hier für das kapitalistische steht) verfügt zwar über Mechanismen, durch die es sich alles, was andersartig und gegensätzlich ist, einverleibt. Gleichwohl ist das nur *in abstracto* wahr: konkret wird diese Vereinnahmung von den Individuen, von den Bürgern selbst vollzogen. Nun ist aber nur das Konkrete authentisch. Und einem Autor ist nur das Konkrete und Authentische wichtig. Wenn sich nur ein einziger Leser »einverleibt«, was der Autor sagt, und wenn sich damit ein demokratischer Austausch von Wissen, ein Akt der Wahrheit vollzieht — und sei sie noch so vage und ungewiß —, dann hat der Autor die Pflicht, alles daranzusetzen, um diesen Leser zu erreichen. Was in abstracto schlecht ist (die Einverleibung durch das System), kann im konkreten Fall (der Beziehung zum Einzelnen) also gut sein.

Aber abgesehen von diesem Bedürfnis nach Konkretem und Authentischem, und auch abgesehen von diesem Pochen auf meine Freiheit, würde ich demjenigen, der zu mir sagt: »Aber indem das System alles vereinnahmt, was andersartig ist und sich ihm entgegensetzt, wird es besser und damit auch stärker«, antworten: Um so besser. Demokratie geht aus Demokratie hervor. Das System nennt sich demokratisch, aber es ist nur eine Scheindemokratie. Wir müssen dafür kämpfen, daß es eine reale Demokratie wird, und diese kann auch dadurch erreicht werden, daß sich das System nach und nach Ideen und Werke derer einverleibt, die für die Demokratie kämpfen. Und nur auf der Demokratie kann der Sozialismus errichtet werden. Für diese beiden Dinge müssen wir gleichzeitig kämpfen (nur nicht für die Sozialdemokratie — die ist das Schlimmste von allem).

Nr. 36   3. 9. 1968

Wir haben uns bei einer privaten Vorführung meines Films »Kleine und große Vögel« kennengelernt — erinnern sie sich noch, sehr verehrter Herr Ministerpräsident? (Als das Licht wieder anging, waren Sie der erste, der mir seine Meinung über den Film sagte — zurückhaltend, aber freundlich.) Ich darf Ihnen daher als einem Menschen von Fleisch und Blut, als einem Freund und nicht als dem fernen Regierungsoberhaupt schreiben.

Ich möchte Ihnen eine ganz präzise Frage stellen (ein »Verhör«?), auf die weitere Fragen folgen, welche alle rein intellektueller Neugier entspringen und keine Antwort implizieren.

Die erste Frage lautet: Warum hat sich Ihre Regierung, die gerade weil sie provisorisch ist, um so unmittelbarer und offenkundiger die Staatsmacht repräsentiert und deren direkter und unverhüllter Ausdruck ist — eine so feindselige Haltung gegenüber einer so überaus demokratischen Forderung eingenommen, wie sie bei der Protestaktion gegen die Mostra erhoben wurde, die, nach einer ersten, sagen wir »umstürzlerischen« Phase nur noch die Besetzung wollte und auch diese im übrigen nur androhte?

Wie Sie wissen bezog sich unsere Forderung auf zwei Punkte: Selbstverwaltung und damit Dezentralisierung. Indem wir die Selbstverwaltung einer vom Staat subventionierten staatlichen Einrichtung durch die Betroffenen (in diesem Fall Filmautoren und Kritiker) forderten, verlangten wir ganz offensichtlich eine »Dezentralisierung« der Staatsmacht. Nun überschreitet — wie ich schon in der letzten Woche schrieb — weder die Selbstverwaltung noch der sich daraus ergebende Effekt der Dezentralisierung die Grenzen der demokratischen Ordnung unserer Gesellschaft. Unsere Forderung war also nicht revolutionär, sie war allerdings — das muß in aller Deutlichkeit gesagt werden — auch nicht »reformistisch«. Es handelte sich vielmehr schlicht und einfach um die Forderung nach realer Demokratie. Und Sie können ja wohl nicht gegen eine Form der realen Demokratie sein. Die italienische Verfassung will die Verfassung einer echten Demokratie sein; wenn die (seit zwanzig Jahren fällige) Reform des faschistischen Statuts der Mostra (und warum nicht auch des faschistischen Strafgesetzbuchs?) im Geist dieser Verfassung ist, dann muß auch jeder Forderung von Staatsbürgern im Geist dieser Verfassung sein, die im Rahmen einer effektiven Demokratie ihre Rechte ausüben wollen.

Der Staat gibt (wenn ich nicht irre) etwa 150 Millionen Lire für die Mostra aus: eine lächerliche, wenn auch in gewissem Sinne heilige Summe. Zu welchem Zweck stellt der Staat diese Summe bereit? Der Zweck ist ohne Zweifel kulturell. Und wem liegt die Kultur wirklich am Herzen — den Autoren oder den Produzenten? Ohne Zweifel den Autoren. Die einzige Garantie dafür, daß die Mostra zu einer kulturellen Veranstaltung wird, ist also eine Dezentralisierung der Macht und eine direkte Verwaltung durch die Autoren. (Sollen die Produzenten doch, wenn sie ihre Filme lancieren wollen, mit ihrem eigenen Geld ihr eigenes Festival machen und sich nicht auf einen Leiter berufen, der von ihrem Komplizen, der Zentralmacht, erwählt wurde!)

Warum ist Ihre Regierung in keiner Weise auf unsere doch mehr als gerechtfertigte Forderung nach Selbstverwaltung eingegangen, ja sogar mit Gewalt gegen uns vorgegangen? Warum hat sie den staatlichen Zentralismus so verbissen verteidigt, wo die Bedrohung doch nur in der lächerlichen Forderung einer Handvoll Autoren nach direkter Demokratie bestand?

Eines ist sicher: die Forderung dieses kleinen Häufleins von Autoren war sehr unpopulär: sie liegt »außerhalb« aller Denkgewohnheiten unserer Mitbürger (und bei der Linken nennt man eine solche Forderung »reformistisch«). Erst wenn sie bis in alle Einzelheiten erläutert wird, beginnt man ganz zögernd, sich mit ihr auseinanderzusetzen (wie zum Beispiel die Journalisten, die am Lido dabei waren).

Aber verlassen wir Venedig (um vielleicht später, unabhängig von diesem verfluchten Festival darauf zurückzukommen). Ist das italienische Volk überhaupt in der Lage, die Begriffe Selbstverwaltung und Dezentralisierung zu erfassen? Hat das italienische Volk jemals reale Demokratie — wenn nicht erlebt, so wenigstens gewünscht? Ja ... es hat. 1944/45 und 1968 hat das italienische Volk — wenn auch nur zu einem Teil und auf einer pragmatischen Ebene — erfahren, was Selbstverwaltung und Dezentralisierung bedeuten, und es hat leidenschaftlich die — wenn auch unbestimmte — Forderung nach realer Demokratie erhoben. Der Widerstandskampf und die Studentenbewegung sind aber die beiden einzigen revolutionär-demokratischen Erfahrungen der Italiener. Ringsum nur Öde und Leere: Qualunquismus, degenerierter Staatsapparat, die Ungeheuerlichkeiten der savoyischen, bourbonischen und päpstlichen Traditionen.

Sowohl im Widerstandskampf als auch während der Studentenbewegung war die Forderung nach realer Demokratie von einer
umfassenderen Idee, der Idee des Sozialismus, getragen. Und dies
war und ist unumgänglich. Denn die Forderung nach echter Demokratie, wie sie auch von der neuen amerikanischen Linken vertreten
wird, führt unvermeidlich zu einer ursprünglichen, nicht marxistischen Form des Sozialismus; diese jedoch hat nichts mit der Sozialdemokratie gemein, die aus Konzessionen und Reformen, also aus
einer langsamen Evolution der Bourgeoisie hervorgeht (diese stre-
ben im übrigen auch — sehr zaghaft — die Machthaber in Italien an).

Eine wahrhaft demokratische Forderung (Kollektivierung, Di-
rektverwaltung, Dezentralisierung der Macht) kann nicht anders
als sozialistisch sein; aber sie enthält auch ein Element, das *rein demokratisch* ist, und keine Macht hat das Recht — auch nicht das for-
male —, darauf mit Brutalität und Gewalt zu reagieren. Ihre — ah-
nungslose — Regierung hat sich dieser Brutalität und Gewalt schuldig gemacht. Vielleicht deshalb, weil Sie und Ihre Kollegen mit
dem schweigenden Einverständnis des ganzen italienischen Volkes
und mit der Unpopularität der Idee der Selbstverwaltung und der
Dezentralisierung rechnen?

Oh ja, das italienische Volk in seiner Gesamtheit glaubt an Macht
und Obrigkeit (man braucht nur zu den Kommunisten zu
schauen: wie absolut war bis jetzt das Bedürfnis der Arbeiterbasis
nach einer Autorität, der sie folgen kann: etwa dem Führungs-Staat
Sowjetunion), und nur ganz wenige fühlen sich reif, die Verantwortung der Selbstverwaltung und das Minimum an demokratischer Macht zu tragen, das die Dezentralisierung mit sich bringt.

Eines will ich aber doch noch hinzufügen: die Autoritätsgläubigkeit der Italiener hat ihren Ursprung in historischen Bedingungen,
die inzwischen überholt sind und nur noch aus »Trägheit« weiter-
wirken. Die Italiener sind sozusagen einer »abstrakten« Autorität
hörig, die den Platz der einstmals konkreten Autoritäten eingenommen hat, von denen sie jahrhundertelang unterdrückt worden
sind. Sie identifizieren diese abstrakte Autorität zwar mit der Zentralmacht (die sie »Regierung« nennen); aber auch diese Identifi-
zierung ist eine Abstraktion.

Versuchen Sie einmal, auf du und du mit einem Mailänder, einem Turiner, einem Friulaner, einem Venezianer zu reden, Herr
Ministerpräsident, dann werden Sie schon sehen, wie weit es mit
dieser Hörigkeit gegenüber Rom als Sitz der staatlichen Zentralge-

walt her ist! Tatsächlich war nämlich keine Nationalgeschichte weniger zentralistisch als die Geschichte Italiens, die Regional- und Stadtgeschichte, nicht aber Nationalgeschichte ist. Und aus diesem Grund war die Autoritätsgläubigkeit der Italiener immer mit einer tiefverwurzelten — wenn auch *qualunquistischen* — Skepsis gegenüber dieser Autorität vermischt.

Ihnen, Herr Ministerpräsident, mit Ihrer Gelehrtheit, Ihrer Bildung und Ihrer Herkunft, erscheint all dies vielleicht kraß; und doch sind Sie mit Ihrem Staatsbewußtsein und Ihrem unerschütterlichen, in gewisser Weise kindlichen und daher rührenden Glauben an Rom als Zentrum die große Ausnahme.

Die Studentenbewegung (die Sie — viele Anzeichen deuten darauf hin — sich anschicken, im Namen einer überholten und unerträglich gewordenen Staatsidee gewaltsam zu unterdrücken), liefert noch einmal ein, wenn auch konfuses, Beispiel für die italienische Realität, wie sie sich in diesem Augenblick geschichtlich darstellt: für die Studentenbewegung sind das Böse, die Sünde und der Irrtum mit der Macht des Zentrums identisch. Und dies wirkt sich (zusammen mit der nationalen Tradition Italiens, die in tausend Einzeltraditionen aufgesplittert ist) offenbar so aus, daß dieser wahnwitzige Haß gegenüber dem Zentralismus in der italienischen Studentenbewegung stärker ist als in allen anderen Ländern, wo es ähnliche Studentenbewegungen gibt.

Kehren wir mit einer Frage (mit der ich mich gleichermaßen an Ihr Interesse für das Kino und an ihr Legalitätsempfinden wende) zu dem geringfügigen, nur als Vorwand dienendem Thema zurück, von dem wir ausgegangen sind: kann man sich etwas gerechteres vorstellen als ein von den Autoren und den Venezianern selbstverwaltetes Filmfestival in Venedig? Ein kollektiv verwaltetes Filmfestival also, das an einem idealen Ort stattfindet, wo die Macht in zwei Partikularismen dezentralisiert ist, welche die wahre Realität gegen die Scheinrealität des staatlichen Zentralismus repräsentieren: der Partikularismus der Regisseure als Fachleute des Films und der politische Partikularismus Venedigs als Stadt?

Oder ist dies eine ungeheuerliche Forderung, die den alten (unter gewissen Gesichtspunkten noch klerikal-faschistischen) Staatsapparat bedroht, an dem wir scheinbar so hängen?

Verzeihen Sie meinen unbefangenen Ton und seien Sie herzlich gegrüßt,

Ihr...   Nr. 39   21. 9. 1968

Wenn man eine Antwort wie die Ihre erhalten hat, bedankt man sich gewöhnlich zunächst einmal. Ich beginne meinen Brief also mit einem Dank, aber dieser Dank ist nicht rein förmlich. Ich möchte im Gegenteil gleich hinzufügen, daß Ihre Antwort in einem Land wie dem unsrigen, das Sie besser kennen als ich, ganz ungewöhnlich ist, und zwar deshalb, weil sie aus dem Rahmen der scheindemokratischen Gepflogenheiten fällt, die unser Leben regeln, ja diesen Gepflogenheiten sogar widerspricht. Da ich Sie persönlich kenne, bin ich darüber allerdings nicht sonderlich überrascht; immerhin weiß ich aber auch, wie leicht in Italien die Menschen hinter den Institutionen verschwinden können.

Ich kann also mit einer gewissen Freude und Erleichterung über Ihren Akt »realer« Demokratie — die immer persönlich ist — auf Ihre Argumente antworten. (...)

Rein äußerlich ist meine Haltung schnell umrissen: ich war von Anfang an entschlossen, meinen Film zum Festival zu schicken, weil ich der Meinung war, daß der Protest in keiner Weise *negativ* sein dürfe a) gegenüber den Filmregisseuren, b) gegenüber der Stadt Venedig. Ich hatte meinen Film unter drei Bedingungen nach Venedig geschickt: es durfte keine Polizei da sein, die Preise sollten abgeschafft werden, und die Regisseure sollten in einer Vollversammlung das zukünftige Statut der Filmfestspiele festsetzten. Ich hatte aber keine reale Versicherung, daß diese Bedingungen erfüllt würden. In der Zwischenzeit hatte sich die Anac entschlossen, vom rein negativen Protest abzugehen und das Festival nicht zu *verhindern*, sondern zu *besetzen*. Von diesem Augenblick an habe ich auf der Seite der Anac gekämpft (das ist genau das richtige Wort). Was ist an der ganzen Sache obskur?

Die innere Linie meines Handelns läßt sich dagegen nicht in wenigen Worten zusammenfassen: aber in diesem Punkt war mein Brief an Sie (im Zusammenhang mit meinen anderen Verlautbarungen zu diesem Thema) wohl ziemlich klar. Ich sprach von einem Kampf für die reale oder direkte Demokratie und die sich daraus ergebende Dezentralisierung der Staatsmacht als wahrhaft revolutionärer Aktion. Ich sagte, daß reale Demokratie und Sozialismus nur gemeinsam verwirklicht werden können; und daß wir seit dem Widerstandskampf bis heute den Fehler gemacht haben, in einer Flucht nach vorn den Kampf um die reale Demokratie zu

»überspringen« und unmittelbar für den Sozialismus zu kämpfen. Die Tschechoslowakei, so sagte ich, sei ein Beispiel für ein Land, wo der Sozialismus auf eine Erfahrung echter Demokratie gegründet ist, während er in der Sowjetunion auf eine archaische Gesellschaft aufgebaut ist, von der nur eine winzige Minderheit von Arbeitern im Kampf die Erfahrung realer Demokratie gemacht hatte. Aus Demokratie geht Demokratie hervor, sagte ich, aber aus Ordnung geht keine Ordnung hervor etc. etc. (...)

Sie sagen, daß es am Lido »keinerlei Brutalität oder Gewalt« seitens der Polizei gab. Ich bin absolut von Ihrem guten Glauben überzeugt. Ich wäre auch davon überzeugt, wenn ich Sie nicht persönlich kennen würde, wenn ich also nicht von vornherein die Gewähr für Ihren guten Glauben hätte. Schon aus rein diplomatischen Gründen und aus Vorsicht würde ein Regierungsoberhaupt keine solchen Behauptungen äußern, wenn es nicht wirklich daran glauben würde. Aber auch Sie müssen an meine Aufrichtigkeit glauben. Ich war in jener Nacht dabei, und ich habe *mit eigenen Augen* die Gewalttaten der Polizei gesehen. Die Polizisten schleppten die Demonstranten (die sich mit vollem Recht im Volpi-Saal aufhielten) gewaltsam fort und stieß sie in die Menge der Rowdies und Faschisten, die sie buchstäblich lynchten. Ich habe selbst geholfen, im strömenden Regen einen jungen Burschen nach Venedig zurückzutragen, der dann mit einer leichten Gehirnerschütterung ins Krankenhaus eingeliefert werden mußte. Dies ist nur ein Beispiel. Vielleicht hat die Polizei selbst niemanden verprügelt; aber sie hat die Faschisten zuschlagen lassen; und das scheint mir sogar noch schlimmer.

Wie viele Vorfälle dieser Art werden sich im nächsten Jahr ereignen? Wieviele Studenten und Demokraten werden nächstes Jahr verprügelt werden, nur weil sie sich nicht mit »Reformen« zufriedengeben, sondern verlangen, endlich ihre Rechte ausüben zu dürfen?

Ich weiß: das Bewußtsein der eigenen Rechte kann aggressiv und terroristisch werden — das habe ich nun schon so oft gesagt, und ich will nicht müde werden, es immer wieder zu sagen. Seien Sie beruhigt: ich werde nicht aufhören, nach besten Kräften zu kämpfen, auch gegen den Linksfaschismus. Gerade im letzten Artikel im Rahmen dieser Kolumne habe ich (zu einem Zeitpunkt, als ich mit Ihrer Antwort noch gar nicht rechnete) in bezug auf einen Brief Papst Pauls VI. folgende Sätze geschrieben: »Wieviele Katholiken, die Kommunisten werden, nehmen den Glauben und die Hoffnung mit und vergessen die Liebe, ohne sich dessen überhaupt bewußt zu werden. So entsteht der Linksfaschismus«.

Wegen dieses Briefs an Sie wird man mir wahrscheinlich Schwäche und Kompromißbereitschaft vorwerfen. Aber was kümmert mich das? Ich weiß sehr wohl, wie widersprüchlich man sein muß, um wirklich konsequent zu sein. Mit den herzlichsten Grüßen, Ihr Pier Paolo Pasolini

Nr. 41   5. 10. 1968

IST VIETNAM AUS DER MODE GEKOMMEN?

Seit einiger Zeit scheint das Wort »Vietnam« aus den Schlagzeilen der Zeitungen verschwunden. Die Dringlichkeit, Beharrlichkeit und Ostentation, mit der dieses Thema »Schlagzeilen« machte, ist einer beiläufigen »Routine«, zumindest aber einer gewissen Ruhe gewichen. Wenn irgendein Verrückter auf die Idee käme, eine philologische Untersuchung über die Häufigkeit des Wortes Vietnam in der Chronik der letzten Jahre anzustellen, und er das Ergebnis nach politischen Parteien, Zeitungen, Privatpersonen etc. aufgliedern würde, dann hätte er eine Statistik vor sich, die eine perfekte Vorstellung des politischen und moralischen Klimas vermitteln würde, in dem wir damals gelebt haben. Schade nur, daß aus dieser Untersuchung nicht hervorgehen würde, wie oft das Wort »Vietnam« mündlich verwendet worden ist.

Ich kann mit absoluter Sicherheit sagen, daß ich in der Liste der Personen, die dieses Wort benutzt haben, an letzter Stelle stünde (sowohl was die schriftliche, als auch die mündliche Verwendung angeht: schriftlich habe ich es ganz sicher nicht öfter als drei Mal benutzt.) Und darauf bin ich stolz. Denn in den meisten Fällen wurde das Wort Vietnam in demagogischer oder erpresserischer Absicht, aus Pflichtgefühl, aus Moralismus, weil es eben gerade »in« war, oder mit dem Ziel benutzt, zu instrumentalisieren oder sich instrumentalisieren zu lassen; es wurde in eitler, hochmütiger und konformistischer Weise verwendet. Es war das allgemeine, zugleich diffuse und differenzierte, majoritäre und elitäre Verlangen, sich von einer Schuld reinzuwaschen.

Eine rabiate Scham hat mich immer davon abgehalten, den Namen Vietnam zu mißbrauchen: so wie es in den Zehn Geboten heißt: »Du sollst den Namen des Herrn nicht mißbrauchen.« Nun aber, da die schändliche Vietnam-Mode für kurze Zeit (sicher nicht endgültig) aufgehört hat, nun, da die Vietkong, und sei es auch nur für einen kleinen Augenblick, in den Hintergrund getreten sind und nicht mehr so viel mit uns zu tun haben (es ist derzeit zweckmäßiger, über die mexikanischen Studenten zu sprechen), nun will ich diesem kleinen und erhabenen Volk meine Liebeserklärung machen. Während sich die Avantgarde in Europa in Scheingefechten übt (Scheingefechte deshalb, weil sie objektiv verfrüht sind, denn allenthalben in Europa, außer in England, herrscht der Faschismus in seinen verschiedenen Ausprägungen), wird im fernen Vietnam ein »Nachhutgefecht« geführt, das heißt, es wird in erster Linie um so geringe und elementare Dinge wie Freiheit und Unabhängigkeit gekämpft. Nun will ich nicht meinerseits erpresserisch sein. Ich will nur dazu auffordern, realistisch zu sein. Und ich wende mich dabei vor allem an die Menschen meines Alters, denen wie mir das Los beschieden ist, sich in einer Zeit »erfüllen« zu müssen, die völlig anders ist als die, in der ihr Leben begann.

Nein: für sie ist es immer noch die *alte* Zeit, und sie haben ihre *alten* Schlachten zu schlagen. Eben weil sie noch auf der Welt sind, bleiben viele der Ideen, die ihre Zeit geprägt haben weiterhin real. So hat sich ihre Zwiespältigkeit immer mehr verschärft, bis sie dramatisch, ja sogar tragisch geworden ist. Denn sie können ja nicht umhin, zu erkennen und begreifen, daß einen neue Zeit begonnen hat, aber nur in der alten können sie sich »erfüllen«. Dies ist kein Generationsproblem.

Auch wenn die Studenten an den Universitäten »Ho Chi Minh« rufen, gehören die Bauern und »Helden« des Vietkong doch der alten Zeit an. Ich habe das Wort »Helden« in Anführungszeichen gesetzt, denn Basaglia hat mir erzählt, daß eine Patientin in seiner psychiatrischen Klinik gesagt hat, Helden seien ein Produkt repressiver Gesellschaften.

Nr. 43   19. 10. 1968

NOCH EINMAL ZUM THEMA BRAIBANTI

Der Rechtsanwalt Alberto Dall'Ora aus Mailand schreibt:
    (...) Ich habe in meinem Artikel geschrieben, daß mir das Urteil über Braibanti ungerecht erscheint und daß ich die Streichung des

»Versklavung«-Paragraphen aus dem Strafgesetzbuch für angebracht halte. Soweit ist Pasolini doch sicher einig mit mir; nicht gefallen hat ihm aber, daß ich von Krankheit und psychiatrischer Behandlung gesprochen habe. (...) Leider hat er nicht verstanden, daß ich mich mit den Begriffen »Krankheit« und »psychiatrische Behandlung« (...) nicht auf Homosexualität bezogen habe, sondern unmißverständlich auf die diagnostizierte Dementia praecox bei einem der Partner des Angeklagten. Was die Homosexualität betrifft, so habe ich mich auf den Hinweis beschränkt, daß seit einiger Zeit nicht mehr diese geradezu mittelalterliche Verdammung der Homosexuellen besteht. (...) Ich glaube, wenn Pasolini mit weniger Empörung meinen Artikel gelesen hätte, dann hätte er mir auch diesen donnernden Vorwurf erspart, diese Anklage im SS-Stil, die mir einfach ein wenig lächerlich erscheint. Ich sage all das aber ohne Groll und in aller Freundschaft: Es ist so schwer, sich ernsthaft über Pasolini zu ärgern ... Außerdem glaube ich nicht, daß es so schwierig sein dürfte, sich mit ein bißchen gutem Willen gegenseitig zu verstehen.

Sie, sehr geehrter Rechtsanwalt Dall'Ora, waren ein wenig verletzt, weil ich aus reiner Lust an Rhetorik, am Paradox, an der *boutade*, eben all dem, was man in Konversationen so einsetzt (und was wäre angemessener bei einem Gespräch über Homosexualität? Alles, was bei diesem Thema nicht nach »Konversation« riecht, wird doch von der öffentlichen Meinung verdammt und deshalb mit dem Schweigen des Terrors bedeckt), sie waren, wie gesagt, verletzt, weil ich Ihre »objektive« Geisteshaltung, die beim Thema Homosexualität natürlich nichts mit der Geisteshaltung der öffentlichen Meinung zu tun hat, mit der eines SS-Manns verglichen habe.

Nun gut, der (sehr interessierte) Doktor hat auf Ihrer Haut eine winzige Pustel entdeckt, die aber Ähnlichkeit mit jenen bösartigen Pusteln hat, die weh tun und entstellen und die Haut eines SS-Manns so gräßlich verunzieren (obwohl möglicherweise auch er unschuldig ist, da selbst Sklave einer terrorisierenden öffentlichen Meinung). Aber soll ich Ihnen etwas gestehen? Auch ich habe auf meiner Haut eine winzige, unsichtbare Pustel wie Sie. Auch ich habe tief in mir ein Moment, das zwar vom Bewußtsein her überwunden ist, aber als Folge einer fatalen Erziehungsmechanik in mir haften geblieben ist und mich zu einer rassistischen Aversion gegen Homosexualität treibt. Für den Bruchteil einer Sekunde kann auch ich den Eindruck haben, daß Homosexualität *bei einem anderen* ein Merkmal menschlicher und gesellschaftlicher Minderwertigkeit ist. Sie sehen, wie terrorisierend der Terror ist.

Nr. 43   19. 10. 1968

WARUM ICH NICHT VATER SEIN WILL

Wenn ich die Studenten der Studentenbewegung voller Zuneigung oder Abneigung, Zustimmung oder Wut etc. beobachte, dann habe ich dabei *ein* Gefühl, das immer gleich und gewiß ist: den Wunsch, mich nicht als ihren Vater betrachten zu müssen.

Für diesen Wunsch gibt es viele Gründe: Sicherlich habe ich ganz allgemein den Wunsch, nicht Vater zu sein (d. h. nicht wie mein Vater oder die Väter im allgemeinen zu werden) etc. Vielleicht gibt es auch einen Konkurrenzkampf der Väter (Väter wider Willen) gegen die Söhne: der Vater will seine Eigenschaft als Vater negieren, um den Söhnen ihre Rechte als Söhne abstreiten zu können. Und wer weiß was noch alles. Immerhin gibt es aber auch objektive Gründe. Hier nur zwei davon: 1. die menschliche und kulturelle Frühreife der Jugendlichen der letzten Generation (die meine naiven Zeilen sicherlich voller »erwachsenem« Spott lesen), auf Grund derer sie gar nicht wie Söhne wirken (vielleicht hegen sie ebenfalls den heimlichen und mysteriösen Wunsch, keine Söhne zu sein); 2. die Tatsache, daß die neue Generation in einer ganz anderen Zeit geboren und herangewachsen ist und ganz andere Interessen und Lebensformen hat. Diese neue Zeit erfahren sie einzig und allein dadurch, daß sie in ihr leben, eine Erfahrung, die wir nicht machen können, es sei denn als Außenstehende, als Zuschauer. Worin besteht nun der (im übrigen idiotische) Unterschied zwischen Vater und Sohn? Im vermutlich unterschiedlichen Grad an Erfahrung in *ein und derselben* Welt. Ich lebe aber als Vater in einer Welt (in der alten, humanistischen Welt, die sich in einer Krise befindet und sich dieser Krise auch bewußt ist), während sie, die Söhne, in einer anderen Welt leben (nennen wir sie nicht technisch und technologisch, sondern lieber posthumanistisch, denn aus Gründen der Genauigkeit ist es besser, allgemein zu bleiben). Wenn ich hingegen die Studentinnen sehe — diese stolzen, überlegenen, aufmüpfigen, rührenden Genossinnen, die gewöhnlich so klein, blaß und schwach oder auf komische Art kindlich wirken, zudem noch halbnackt in ihren kurzen Kleidern, weshalb sie im-

39

mer ein bißchen wie eine Mischung aus armen Opfern und Freudenmädchen aussehen —, das Kleinbürgertum wie einen Stempel auf ihrer hübschen Haut — die Augen voll Unsicherheit und zugleich so voller Idealismus und Bewußtsein — dann erfaßt mich eine tiefe Rührung. Ich wäre gern der Vater einer dieser zerbrechlichen Studentinnen mit ihrer herausfordernden Miene. Mit allem, was an Väterlichkeit dazugehört: dem Fehlen jeder Rivalität, Vertrauen, Zuneigung, dem (wenn auch paternalistischen ...) Bedürfnis, Ratschläge zu erteilen, die nützlich sind, gerade weil sie nutzlos sind, oder dem Wunsch (in ebenfalls paternalistischer Weise) zu sagen: »Geht euren Weg und laßt mich alten Mann zurück, damit er mit seinen Altersgenossen abrechnen und seine alten Schlachten schlagen kann.«

Nr. 46   9. 11. 1968

BRIEF AN SILVANA MANGANO

Liebe Silvana, schon so lange bin ich Dir einen Brief schuldig. Einen Brief, wenn nicht gar einen »Strauß wunderschöner Rosen«. Statt Dir diesen Brief privat zu schreiben, schreibe ich ihn öffentlich. Das setzt der Vertraulichkeit und Zärtlichkeit zwar Grenzen, dafür aber verleiht es dem Brief vielleicht größeres Gewicht.

Es ist ein Brief voll Bitterkeit. Eine konfuse, unbestimmbare Bitterkeit - ein leichter und grenzenloser Verdruß, den ich Dir aber nicht mitteilen will. Vielleicht liegt es am Prozeß um »Teorema«. Die Leute glauben, er sei für mich eine einkalkulierte Routineangelegenheit, auf die ich jedesmal, gleichsam in einer Wette mit dem Leben, spielerisch setze: für mich aber ist er ein dramatisches Ereignis. Wenn dem nicht so wäre, hätte ich es zu leicht. Wenn in mir nicht dieser unauslöschliche, in den Jahren der Kindheit gewachsene Konformismus wäre, der Dramen produzieren muß, dann wäre mein Antikonformismus allzu einfach. Meinst Du nicht auch?

Zu der Bitterkeit, die ich empfinde (und die mich ganz und gar, mit Leib und Seele ergriffen hat), während ich Dir diesen Brief schreibe, trägt auch entscheidend mein Eindruck bei, daß Du bei der Arbeit mit mir nicht die Befriedigung gefunden hast, die ich erhofft habe. (Du, so viel »bitterer« und weiser, hattest solche Hoffnungen nicht — das weiß ich wohl). Wie dem auch sei, den Anstoß, Dir diesen Brief zu schreiben, gab mir eine Reise vor zwei Tagen nach Paris (ebenfalls in Sachen »Teorema«), wo im »Dragon« die französische Uraufführung des »Ödipus« stattfand. Der Film ist — wie man voller Triumph und mit einem Seufzer der Erleichterung zu sagen pflegt — von »Publikum und Kritik mit Begeisterung« aufgenommen worden. Ich würde Dir gerne wiederholen, was die Pariser Kritiker über Dich schreiben. Deine Befriedigung (die Du gar nicht willst) wäre wirklich groß.

Aber kehren wir wieder zu unserer Bitterkeit zurück (für die die Befriedigung durch Paris nur eine widersprüchliche Bekräftigung ist). Bitterkeit als diffuser und nicht zum Ausbruch gelangter Zustand der Neurose, einer Neurose, die der Konflikt zwischen Konformismus und Antikonformismus, zwischen Angst und Mut, zwischen müheloser Leichtigkeit und Ohnmacht ist. In ganz verschiedener — grundverschiedener — Weise sind wir beide Opfer dieser Neurose. Auf dieser Bitterkeit, die es uns erlaubt, mit viel Mut und wenig Hoffnung zu arbeiten - würde ich … stoisch sagen - beruht vielleicht unsere magisch solidarische Zusammenarbeit. Wir sind beide pünktlich und folgsam wie brave Schüler, nicht wahr? Und beide besitzen wir ein tief verwurzeltes Pflichtgefühl: niemals würden wir unser Wort brechen … Ich konnte mühelos all diese Seiten Deines Wesens — Pünktlichkeit, Pflichtbewußtsein, Loyalität — »betrachten«, während wir in Marokko, Rom oder Mailand zusammen arbeiteten. Und all dies macht, so seltsam es klingt, das Geheimnis Deiner Schönheit aus. Deiner bitteren Schönheit, die sich wie der Schimmer einer Perle, wie eine göttliche Erscheinung — mahnend — zeigt, während Du *in Wirklichkeit fern bist*. Du *erscheinst*, wo man glaubt, wo man arbeitet und geschäftig ist — aber Du *bist*, wo man nicht glaubt, wo man nicht arbeitet und nicht geschäftig ist. Hat Dich dann die Pflicht, die man (wer weiß warum) im Leben hat, von dort zurückgerufen, so bleibt die Realität Deines Fernseins wie eine Glaswand zwischen Dir und der Welt. Ohne daß wir je ein Wort darüber verloren hätten (da war diese ungezähmte Scham), war ich im Geist oft bei Dir hinter der Glaswand.

Als Dionysos in Gestalt eines schönen langhaarigen Knaben (so langhaarig, daß Pentheus ihn — damals schon — scheren wollte) nach Theben kam, war er voller Anmut, Fröhlichkeit und jugendlicher Faulheit (wenn man jung ist, hat man noch so viel Zeit vor sich, daß man keine Angst hat, sie zu vergeuden). Ganz allmählich zeigt sich, daß seine Anwesenheit in Theben, die anfangs wahres

Glück und Befreiung brachte (Teiresias wird später sagen: »Es ist sicherlich nicht Dionysos, der keusche Weiber will; doch Tugend ist immer angeboren. Und bedenke dies: ein keusches Weib bleibt rein auch in der bacchischen Orgie«), Grauen und Zerstörung bringt. »Dionysos ist ein Gott – der gütigste und der schrecklichste unter den Göttern«, sagt Dionysos von sich selbst.

Er kam in menschlicher Gestalt nach Theben, um dieser Stadt die Liebe zu bringen (jedoch nicht jene sentimentale Liebe, die den Segen der Konvention hat), und statt dessen bringt er Zerstörung und Gemetzel. Er ist das *Irrationale*, das sich unmerklich und mit größter Gleichgültigkeit von Liebreiz in Grauen *verwandelt*. Diese Irrationalität hebt den Bruch zwischen Gut und Böse, zwischen Gott und Satan auf (Dionysos' Verwandlung vom anmutigen Knaben in den amoralischen Verbrecher vollzieht sich eben gerade unmerklich und in der allergrößten Gleichgültigkeit). Die Gesellschaft, die auf Vernunft und gesunden Menschenverstand – das Gegenteil von Dionysos, also von Irrationalität – gegründet ist, versteht ihn weder als »gütige«, noch als »fluchbringende« Erscheinung. Aber es ist gerade dieses Nichtbegreifen des Irrationalen, das sie in *irrationaler Weise* ins Verderben Stürtzt (in eine Katastrophe, die so grauenvoll ist, daß kein Kunstwerk sie je beschreiben kann). Es sind die »Unglücklichen Vielen«, um Elsa Morante zu zitieren, also der Durchschnitt, die Mehrheit mit ihrer Rationalität und ihrem gesunden Menschenverstand, die die Grazie und Freiheit des Dionysos nicht begreifen und deshalb grausam in die Katastrophe stürzen, deren Mutter die Irrationalität selbst ist.

Wieviele Menschen in unserer Gesellschaft sind wie Pentheus, liebe Silvana: zuerst wollen sie dem jungen Gott, der ihnen erscheint und den sie nicht erkennen wollen, die Haare abschneiden, und dann belauschen sie, als Frau verkleidet, die Mänaden, um schließlich in einem grausigen Blutbad von ihnen zerfleischt zu werden (Auschwitz, Dachau, Vietnam, Biafra). Der italienische Pentheus ist ein Durchschnittsmensch, ein armer Dummkopf, nicht einmal würdig, von den Mänaden zerfleischt zu werden (im übrigen braucht man nur das Lied von Elsa Morante zu lesen, aus dem ich bereits zitiert habe: die Tatsache, zur Kategorie der »Unglücklichen Vielen« zu gehören, genügt ihnen, um unglücklich zu sein).

Aber kommen wir zu uns beiden zurück: wir haben Dionysos erkannt, aber voll Furcht – einer Furcht, die aus der Welt der

»Unglücklichen Vielen« stammt. Deshalb erfüllt uns diese Bitterkeit, die das Glück, das wir erkannt haben, trübt und zwiespältig macht. *Entsagung* oder *Pflicht* sind Drogen, mit denen wir die Leere auszufüllen suchen, die jener Bereich des Glücks gelassen hat, den wir nicht zu genießen vermögen. Daher Deine neurotische Gleichgültigkeit gegenüber den Dingen und meine Angst vor Ereignissen wie dem Prozeß etc. Aber so Dionysos will, werden wir auch in Zukunft gemeinsam arbeiten. Und jene Befriedigungen finden, auf die wir nicht hoffen und die jäh wieder vorbei sind – nichts als kleine, aber verräterische »Oppositionen« zu unserer Bitterkeit.

Nr. 47   16. 11. 1968

GESCHICHTE EINES DELIRIUMS

Die neue Literatursaison in Italien wurde mit einem Buch eröffnet, das ich, leider, als »Seelenverwandter« gelesen habe: »Der Reiher« von Giorgio Bassani. Es ist die Geschichte eines Deliriums, das dem Protagonisten ganz plötzlich bewußt wird – und zwar, entsprechend dem verteufelt erzählerischem Geschick des Autors, nicht im Fluß der Erzählung, sondern in einem Augenblick, wo die Handlung stockt, also an der stilistisch fadesten und erzählerisch langweiligsten Stelle. Der »unbewußte Ekel« des Protagonisten vor seinem Leben als vulgärer, doch nicht ganz unsensibler Kleinbürger in Ferrara, Ekel vielleicht sogar vor seiner jüdischen Leidenschaftlichkeit, die ihn verletzlich macht und damit der fatalen Vulgarität seiner Klasse brutal entreißt – dieser Ekel wird mit einem Schlag und ohne Grund – vielleicht einfach, weil das Maß voll ist – zum »bewußten Ekel«. Die schwelende Krankheit, die zum Ausbruch gelangt. Für mich ist der Protagonist Edgardo abstoßend, ja hassenswert. Ich hätte es nicht über mich gebracht, auch nur eine einzige Zeile über ihn zu schreiben. Bassani aber hat ein ganzes Buch über ihn geschrieben, hat also jahrelang gewissermaßen mit ihm gelebt. Wie hat er das fertiggebracht?

Für Bassani sind Menschen wie Edgardo Helden: »bürgerliche Helden«, trotz der offenkundigen Widersprüchlichkeit des Begriffs, der »contradizion che nol consente«, wie Dante sagt. Und warum sind sie für ihn Helden? Weil er nicht sein durfte wie sie: ein ganz normaler Bürger. Und zwar aus rein äußerlichen Gründen:

weil er Jude war und weil — abgesehen davon, daß es Rassenverfolgung und jüdische »Andersartigkeit« immer gibt — in der Zeit seiner Jugend der Faschismus an der Macht war. Bassanis Kritik am Bürgertum war also blockiert, weil etwas oder jemand ihm zu Unrecht verwehrt hat, Bürger zu werden, wenn er das gewollt hätte. Die Freiheit, Bürger zu sein, wurde ihm genommen, weil das Bürgertum für ihn nicht aus freien Stücken, sondern kraft höherer Gewalt ein für immer »verlorener Zustand« war, hat er angefangen, ihm nachzutrauern (in Widerspruch zu seiner Natur als Dichter, als der er nicht bürgerlich sein und in einem Bürger auch keinen Helden sehen kann; sondern allenfalls ein »Wesen«, das Mitleid erregt oder lächerlich ist, wie die Leute in den Filmen von Renoir oder Tati).

Da Bassani das bürgerliche Leben nicht verabscheut, sondern sich danach sehnt, kann er die Welt der Bürger nicht nur beschreiben, sondern regelrecht »nacherleben«. So wird seine Beschreibung zum ununterbrochenen Zitat bürgerlicher Phrasen und Gemeinplätze, die alle derselben grausamen Ideologie entspringen: Konservativismus, Spießertum und paleokapitalistischer Konsumismus. Indem Bassani seine eigene Prosa mit ihrer Sprache verflicht, gelingt es ihm, eine Analogie zwischen der kleinen bürgerlichen Welt und seinem Stil herzustellen. Beide werden zu parallelen Einheiten. Edgardo beschließt, sich das Leben zu nehmen, weil er es nicht mehr ertragen kann; Bassani, der durch seinen Stil Edgardos Leben »mitgelebt« hat, scheint mit ihm sterben zu wollen. Deshalb ist die Lektüre dieses Buches so qualvoll.

Nr. 47   16. 11. 1968

KLEINE DIALOGE ÜBER KINO UND THEATER

Ich bin auf dem Ätna. Zuerst regnet es, dann schneit es, dann verzieht sich der Nebel und die Sonne scheint. Dann regnet und schneit es wieder, schließlich weicht auch der Nebel wieder und die Sonne scheint. Ich führe mit drei Darstellern des Films, den ich gerade drehen will, die folgenden kleinen Dialoge:

Ich: Was ist Kino eigentlich, Niné?

Ninetto Davoli: Kino ist Kino.

Ich:	Das sagt auch Godard. Hast du das gewußt?
Ninetto:	Godard ist ein intelligenter Mann.
Ich:	Nichts als intelligent?
Ninetto:	Er gefällt mir auch.
Ich:	Warum?
Ninetto:	Weil er ein Typ ist, der genausogut einer meiner Freunde sein und aus meiner Gegend stammen könnte ... Ein einfacher Mann eben ...
Ich:	Was verstehst du denn unter einem einfachen Mann?
Ninetto:	Ein einfacher Arbeiter, der immer zur Arbeit geht.
Ich:	Godard ein einfacher Arbeiter?
Ninetto:	Ja, weil er mir eben gefällt.
Ich:	Und gefallen dir auch seine Filme?
Ninetto:	Ja, ich sehe sie gerne, ich schau sie gerne an ... diese Filme ... Aber sagen, daß ich sie ganz und gar verstehe, das kann ich nicht. Ich schaue sie gern an, denn wenn ich seine Filme sehe, dann sehe ich ihn.
Ich:	Kino ist also Kino. Und Theater, was ist das?
Ninetto:	Theater ist Theater. Das ist für mich ganz einfach.
Ich:	Welchen Unterschied gibt es zwischen einem Menschen in der Wirklichkeit und demselben Menschen, der im Film oder im Theater auftritt?
Ninetto:	Keinen, es gibt überhaupt keinen Unterschied.
Ich:	Also sind Wirklichkeit, Kino und Theater alles dasselbe?
Ninetto:	Ja ... in gewissem Sinne ist alles dasselbe ... Nur daß man hier den Menschen in Wirklichkeit sieht, und im Kino sieht man ihn auf der Leinwand und im Theater auf der Bühne.

Ich:	Du bist ein wirklicher junger Mann, du bist ein Filmschauspieler und jetzt auch ein Theaterdarsteller? In welcher dieser Gestalten fühlst du dich am echtesten?
Ninetto:	Im Theater.
Ich:	(Das habe ich Dir schon immer gesagt). Und warum?
Ninetto:	Weil es im Theater nicht so ist wie im Film, daß eine Handlung so und so oft wiederholt wird. Wenn du im Theater erst mal auf der Bühne stehst, dann läuft alles der Reihe nach ab.
Ich:	Auf der Bühne bist du also mehr du selbst als in dem kleinen Café am Piazzale Prenestino oder in der Via dell'Acqua Bullicante?
Ninetto:	Eigentlich ist es dasselbe: weil beides Bühnen sind.
Ich:	Dann ist also die ganze Welt eine Bühne?
Ninetto:	Du bist gut! Aber warum denn nicht? Ist die Welt vielleicht keine Bühne? Was ist sie denn sonst?
Ich:	Du möchtest also, daß ich dich in dem Film, den wir jetzt drehen wollen, in langen Sequenzen aufnehme?
Ninetto:	Das wäre schon besser.
Ich:	Und stattdessen zerstückle ich die Handlung in viele kurze Sequenzen, das heißt, ich fasse jeden Ausdruck, jede Geste sozusagen zu einer einzigen Aufnahme zusammen. Warum, meinst du, tue ich das?
Ninetto:	Bestimmt nicht, um den Film vollzukriegen. Du tust es, um die Dinge wahrer zu machen.
Ich:	Die wahrsten Handlungen sind also nicht, wie du vorhin gesagt hast, die fortlaufenden, also die in der Realität und im Theater?

Ninetto:	Jetzt machst du die Sache aber wirklich kompliziert!
Ich:	Gefällt dir der Titel des Films, den wir gerade drehen: »Porcile«?
Ninetto:	Und ob der mir gefällt! Weil ich die Geschichte kenne und weil sie mir gefällt.
Ich:	Die Faschisten und alle möglichen anderen Leute lachen sich halb tot über diesen Titel und versäumen keine Gelegenheit, die unverschämtesten Witze darüber zu reißen…
Ninetto:	Sie haben gar keinen Grund zum Lachen, verdammt noch mal. Am Ende sind sie doch selbst die Angeschmierten!
Ich:	Und warum?
Ninetto:	Weil ihnen am Ende das Lachen doch vergehen wird.

*

Ich:	Du bist in der Realität und im Kino immer fürchterlich gleich. Und gleichzeitig bist du fürchterlich anders. Wie erklärst du dir das?
Pierre Clementi:	Je mehr ich mich in mich selbst versenke, desto mehr stoße ich auf Dinge, die mir unbekannt sind. Deshalb bin ich vor der Kamera sozusagen »ich auf der Suche nach mir selbst«. Im übrigen besteht ein großer Unterschied zwischen Wirklichkeit und Film, denn der Film ist eines der vielen Mittel, um die Realität darzustellen. Mit dem Film läßt sich eine ganze Welt rekonstruieren, in der Wirklichkeit ist das schon schwieriger. Allerdings ist das Kino ein Instrument, mit dem man die Menschen in die Wirklichkeit zurückführen kann.
Ich:	Deiner Meinung nach leben die Menschen also nicht in der Wirklichkeit?

Pierre:	Doch, aber ich glaube, daß das Fernsehen und all die anderen Einrichtungen (sagen wir: die Massenmedien) die Menschen von der Wirklichkeit entfernen...
Ich:	Franco Citti sagt, Wirklichkeit sei Unschuld.
Pierre:	Ja, das stimmt, aber die Zeit zerstört die Unschuld. Das Kino hat viele Funktionen, selbst wenn ein Film die Funktion der Unschuld werden mag... Wenn man unschuldiges Kino machen will, muß man dazu unschuldige Leute nehmen. Das tut das kommerzielle Kino ganz bestimmt nicht...
Ich:	Und was ist also das kommerzielle Kino?
Pierre:	Ein Schlafmittel. Es wird für eine Gesellschaft gemacht, die nur damit beschäftigt ist, zu verdauen. Für vulgäre Menschen, die glauben, auch die anderen seien vulgär.
Ich:	Was wäre für dich die ideale Art und Weise, Filme zu machen?
Pierre:	Man müßte eine Reise machen, an deren Ende Leben und Tod stehen. Man müßte sich zum Beispiel mit einer Truppe von Leuten auf den Weg machen, die die gleichen Bedürfnisse, Wünsche etc. haben, und dann müßte man ein Werk schaffen, das so stark ist, daß es die Wirklichkeit überwindet...
Ich:	In welcher Richtung?
Pierre:	Nun gut. Der Mensch macht seine Reise allein: das ist die Realität. Schuld an diese Einsamkeit sind Gott, Vaterland, Familie usw. — also die Gewohnheiten. So bleiben nur zwei Möglichkeiten: entweder man nimmt ein Gewehr und schießt oder man nimmt eine Kamera und macht einen Film: nur so kann man die Einsamkeit überwinden.

*

Ich:	Was ist Kino?
Franco Citti:	Kino ist Kino.
Ich:	Und was ist Wirklichkeit?
Franco:	Das was nur in den Unschuldigen existiert.
Ich:	Und alles andere?
Franco:	Alles andere ist Ungerechtigkeit.
Ich:	Stellt ein Film immer die Wirklichkeit dar?
Franco:	Ich glaube, daß er im allgemeinen die Ungerechtigkeit darstellt. Denn es gibt wenige Regisseure, die unschuldig sind.
Ich:	In welcher Realität lebst du? In der Realität der Ungerechtigkeit (die Elsa Morante und ich »Irrealität« nennen)?
Franco:	Ich lebe in der Realität, die in den Herzen der Unschuldigen ist, aber ich bin gezwungen, auch in der Ungerechtigkeit zu leben.
Ich:	Und welchen Unterschied gibt es zwischen dir in der Wirklichkeit und dir im Film?
Franco:	Ich meine, daß der Film ein Gelderwerb ist, daß meine Realität aber immer Unschuld ist…
Ich:	Aber was für ein Unschuldiger bist du, wenn du Filme machst, um Geld zu verdienen?
Franco:	Und warum machen die anderen Filme?
Ich:	Aber die anderen erheben nicht den Anspruch, unschuldig zu sein.
Franco:	Eigentlich habe ich auch nie Geld damit verdient…
Ich:	Aber du widersprichst dir ja selbst…
Franco:	Ich will mir auch widersprechen.
Ich:	Formulieren wir also die Frage etwas konkreter: bist du als Franco Citti oder in der Gestalt von »Accattone« oder »Ödipus« »wahrer«?
Franco:	Als Franco Citti.

Ich:	Vielleicht deshalb, weil Franco Citti widersprüchlicher ist als »Accattone«?
Franco:	Ich widerspreche mir gerade deshalb, weil ich Filme gemacht habe.
Ich:	Als du »Accattone« machtest, warst du also noch ganz in der »Realität, die im Herzen der Unschuldigen ist«, und durch das Filmen bist du auch in die »Realität der Ungerechtigkeit« eingetreten: stimmt das so?
Franco:	Mit »Accattone« habe ich nicht einen Film gemacht, sondern es sind zwei Filme entstanden: ich habe einen mit dem Herzen und Pasolini hat einen mit seiner Phantasie gemacht. Wenn ich sage mit dem Herzen, dann meine ich: ohne daß ich wußte, was ich tat, denn ich hatte ja keine Filmerfahrung. Die Phantasie ist dagegen die Erfahrung der Künstler.
Ich:	Ich habe dich also für deine Realität benutzt (die sich ihrer selbst nicht bewußt ist und, wie du gesagt hast, zur Welt der Unschuldigen gehört): aber ist denn das, was Accattone tut (Frauen ausbeuten, stehlen usw.) unschuldig in dem Sinn, den du meinst?
Franco:	Unschuld ist etwas Aufrechtes … Freies … Auch Frauen ausbeuten und Stehlen kann unschuldig sein.
Ich:	Warum, meinst du, haben sich die Faschisten und die Bourgeois über eine »reale« (unschuldige) Gestalt wie Accattone so aufgeregt?
Franco:	Dazu kann ich dir nur eins sagen: auch nachdem mir die Faschisten so viel Leid zugefügt haben, weiß ich nicht, was das Wort »Faschisten« bedeutet.
Ich:	Glaubst du, daß wir auch wegen »Porcile« leiden werden?
Franco:	Ja, denn die Faschisten leben in der Realität, die Ungerechtigkeit ist. Nr. 48 23. 11. 1968

Dieses Mal nicht. Das darf nicht geschehen. — Stirbt Panagoulis, überleben auch wir nicht. — Zu oft schon haben wir ähnliches überlebt. — Aber da waren wir Kinder: vom Teufel verführt.— Für die Getöteten eintreten, bedeutete Hoffnung. — Eine Erschießung gab neue Kraft: wir sangen. — Märtyrer kamen gelegen; die KPI war noch nicht in der Krise. — Würgeisen und Strick waren Argumente für die Dummheit des Feindes. — Aber Kinder sind wir nicht mehr; die KPI ist in der Krise; — die UdSSR ein Kleinbürgerstaat, der nur an den Mond denkt. — Es gibt die alten Hoffnungen nicht mehr, keine guten Gründe, auch das noch zu überleben — und Rechthaben macht nicht mehr erstaunlich erpresserisch. — Wir wollen den Tod von Panagoulis nicht mißbrauchen — wir wollen nicht, daß Panagoulis sterbe wie Menökeus. — Auch bei Euripides war das nur hohle Rhetorik. — Haben die Götter gesagt, es sei für das Gedeihen der Stadt ein Kind zu opfern? — Und hat der Knabe, für das Opfer bestimmt, das gewollt? — Oh nein, der Hades ist nicht verlockend. — Du, Menökeus, mit deinem schwarzen Schnurrbart, wirst bei uns bleiben.— Dein Todesdurst darf nicht gelöscht werden. Die Tyrannen dürfen nicht — einen neuen Irrtum begehen, und wir, eilfertig, diesen nutzen. — Wir müssen dich beweinen, bevor du stirbst. — Die zweitausend gehängten Antistalinisten in Prag — reden nicht mehr: sie sind keine Nachricht mehr wert — und ein Panagoulis wiegt nicht sechs Millionen Juden auf. — Es stimmt, wir sind machtlos, aber auch Worte haben Gewicht.— Wenn du sterben wirst, werden wir morden — Wir werden ein Opfer wählen, das zählt: einen, der nicht sterben will — aber muß, denn er hat Macht! Menökeus war bettelarm und war doch Vetter des Königs. — Wenn man nichts mehr hat, wenn man nur die Kleider besitzt auf dem Leibe — dann ist man leicht ein Held: — er wußte das und wie er es wußte und wußte auch — niemand würde zu lachen wagen über die großen Worte — der Helden (Knaben), die dem blutgierigen Orakel gehorchen wollten. — Wir aber werden irgendeinen von der anderen Seite ermorden — einen Minister oder Kardinal. — Zufällig herausgegriffen. Mit Hungerstreik werden wir uns nicht mehr begnügen wie Danilo Dolci. — Vorbei sind die Zeiten der Schweigemärsche, die Zeiten der Hungerstreiks. — Wenn noch nicht offen, so doch der Absicht nach, ist jetzt die Stunde der Gewalt — der Gewalt, sage ich, trocken, ohne Hoffnung, ungeduldig. — Wir haben alle satt, die im Recht und die im Unrecht — aber immer noch sind wir für die im Recht: noch, aber ohne Aufhebens. — Freunde, ihr schwingt keine großen Reden mehr — sondern seid ernst geworden — wie einer, der kühl seinen Selbstmord plant — erinnert euch: »Die Freiheit besteht in diesen wenigen Worten: ist einer dabei, der dem Vaterland einen nützlichen Rat geben kann?« — Es gibt keine Vaterländer mehr — das einzige liegt in den schwarzen Augen von Panagoulis.— Raten wir ihm, nicht zu sterben — oder versprechen wir ihm eine schöne und realistische Rache: — das unnötige Blut eines Toten — wird für das unnötig geflossene Blut eines reinen Jünglings fließen.

Nr. 49   30. 11. 1968

Die Reife von Dutschke

Die Zeit meiner Geburt — war Vorzeit für dich. — Was mir vertraut, war dir fremd. — Um so zu werden, scharfsinnig, unfaßbar, durchquertest du eine Welt, nicht vertraut, nicht behütet. — Solange du nicht geboren warst — dachte ich schon und stritt — über alles, was um mich geschah — redete, während du noch im Schoß lagst wer weiß welcher Mutter… — nicht ich habe sie geschwängert, diese Frau, soviel ist sicher — und doch, wenn ich bedenke, wieviel Zeit verging, zwischen meiner und deiner Geburt — kein Zweifel: ich bin dein wirklicher Vater. — Warum schau ich dich an jetzt wie dein Sohn? — Unsere Erfahrung spricht dieselbe Sprache — unsere Vernunft hat dieselben Begriffe. — Aber du, zu deiner Erfahrung und zu deiner Vernunft, hast auch meine — und das genau macht dich reifer. — Aus all den Jahren vor meiner Geburt — schöpfte ich keinen Gewinn. — Sie sind gestrichen aus meiner Erfahrung, unnütze Tragödie. — Nie brauchte ich ein Wort aus der Sprache meiner Väter. Guten Tod wünsch ich ihnen! — Ihr Schwachsinn und ihre Verbrechen sind ein Nichts in meinem Leben. — Wie du durchlief ich vor meiner Geburt eine lange Zeit und kam — als mysteriöser Barbar — versehen mit allem Raffinement der Kultur — und fremder, unzugänglicher Reife, auf diese Erde. — Mich empfing kein Interesse, niemand sah mich mit kindlichen Augen an — staunte über meine bittere Weisheit. Auf mir ruhten Augen von Vätern… doch Schluß mit dieser Geschichte. — (Sie sind gegangen, begleitet von meinen Flüchen, meiner Gleichgültigkeit, meiner Pein). Dir dagegen gab ich alle Erfahrung — daher hast du meine und deine: das macht dich zum Vater: — Ich hänge an deinen Lippen, die Neues sagen — gereift in der langen Periode europäischer Geschichte, in der ich handelte (naiv, als Kind). Was ist dieses Neue? — Nicht einmal du, nach allem, könntest es sagen. Andere pränatale Geschichten — entstehen an der Schwelle der immer unzufriedenen Welt. — In Deutschland eine kommunistische Partei zu gründen? — Wieviel Widerstand, wieviel Umwege, wieviele Unvereinbarkeiten — wieviel historisch Unmögliches wegen bestehender, ach, Gegebenheiten. — Einer der mächtigsten Unternehmer in Deutschland ist die Gewerkschaft der Arbeiter. — In Frankfurt hofft man, in Heidelberg studiert man und langweilt sich zutiefst. Die Bourgeoisie, aus deren Schoß du unbegreiflich stammst — habe ich selbst gesehen, ihre weißen Gesichter aus Stein. — Fall nicht herein auf ihre ehrlichen Worte — auf ihre gequälte Empfindsamkeit, auf ihre komische Scheu! — Sie haben gräßliche Angst, Vater, Meister. Deine jungen Altersgenossen dafür — gehen geradeaus mitten auf der Straße der Zukunft.

Nr. 49 . 30. 11. 1968

TAGEBUCH FÜR EINEN ZUM TODE VERURTEILTEN

Turin, 20. November 1968 — Panagoulis soll erschossen werden; ein Gedanke, der mir völlig unerträglich ist.

Eingeschlossen in diesem Hotelzimmer, gefangen in all meinen Verpflichtungen, in meiner Zukunft, spüre ich, wie eine merkwürdige Ungeduld über meine Hilflosigkeit in mir aufsteigt. Ich habe in all diesen Jahrzehnten, in denen ich nun schon lebe und »aktiv« bin, immer wieder aufgeschrien bei Nachrichten von Todesurteilen wie diesem, habe aufbegehrt wie jetzt, wo sich mein Schrei heftig und kläglich in den Himmel über Turin erhebt, ich habe gelitten, daß sich alles in mir vor Wut und Aufregung verkrampft hat — aber ich habe noch nie so gelitten wie heute.

Was ist »besonders« an diesem Todesurteil? Ich könnte es nicht sagen. Mir fällt nur eine banale Redensart ein: Das ist der Tropfen, der das Faß zum Überlaufen bringt. Warum das Faß aber plötzlich übervoll ist, begreife ich nicht, warum es bis zum alleräußersten Rand, zum Überlaufen voll ist. Ich habe immer geglaubt, das Faß unserer Resignation sei bodenlos. Aber es ist plötzlich randvoll.

Und was tut man eigentlich, wenn die Grenzen des Erträglichen erreicht sind? Ich habe keine Ahnung. Dabei gibt es nichts simpleres als den Fall Panagoulis. Hier auf dieser Seite habe ich letzte Woche ein Gedicht veröffentlicht, wahrscheinlich, nein, sicher sogar ein schlechtes Gedicht wie alle Gedichte, die man mit Tränen in den Augen schreibt. In diesem Gedicht habe ich die Helden bei Euripides zitiert, die mit der mechanischen Selbstverständlichkeit eines *Deus ex machina* im richtigen Moment das Orakel akzeptieren, das von der Stadt ein Menschenopfer verlangt, dann ihren stereotypen Monolog aufsagen und von der Bühne gehen, um sich abschlachten zu lassen. Der Fall Panagoulis hat eine ähnlich mechanische und unmenschliche Einfachheit. Außerdem erinnert er mich an einen Satz von einem Patienten in Basaglias Anstalt: »Helden sind Produkte einer repressiven Gesellschaft«. In Griechenland herrschen heute Tyrannen wie im Theben oder Argos von Euripides. Aber ich frage mich voller Wut: Wo bleibt Athen? Damals gab es nämlich ein demokratisches Athen, das ebenfalls mit der Mechanik eines *deus ex machina* immer gegen die Tyrannen der Nachbarstädte aufgetreten ist, um die Helden entweder zu retten oder zu rächen. Wo aber bleibt heute Theseus, der hochoffizielle Held der Demokratie, der trotz anfänglichen Zögerns gegen die Gewaltherrschaft einschreitet? Kein Theseus weit und breit. Ich sehe nur hilflose Regierungsoberhäupter und vorsichtige Minister, die Telegramme an Leute schicken, die keine Telegramme wert sind. Panagoulis will keine Gnade, er lehnt sie wie jede andere Beziehung zu den Tyrannen ab. Er will, daß die »Mächtigen« jener Städte, die sich heute als demokratisches Athen begreifen, auf sein Schicksal aufmerksam werden und ernsthaft etwas unternehmen. Vor allem, daß sie den Obristen keine Briefe mehr schreiben. Mit Obristen spricht man nicht – das ist eine elementare Grundregel. Stattdessen gäbe es genug Möglichkeiten, ihnen Angst einzujagen, sie unter Druck zu setzen, sie in die Enge zu treiben. Aber offensichtlich kennt Macht keine nationalen Grenzen: Macht ist überall gleich, und alle Machthaber halten brüderlich zusammen und schicken sich deshalb Telegramme. Übrig bleiben nur ein paar Intellektuelle, Hofnarren wie ich z. B., der hier herumsitzt und seine Hilflosigkeit in einem Jammertext austobt, völlig unfähig, etwas Handfestes zu tun, nur fähig, sich ständig mit dem eigenen Gewissen herumzuschlagen.

Turin, 21. November – Ich falte die Morgenzeitung auseinander, die unter der Türe durchgeschoben wurde. »Wenig Hoffnung für

Panagoulis«. Warum »wenig Hoffnung«? Panagoulis erhoffte den Tod, daher »viel Hoffnung für Panagoulis«. Aber er täuscht sich, er kann gar kein Held werden. In dem Moment, wo er Held genannt wird, exorziert man ihn auch.

Ein alte Erfahrung: Um das eigene Gewissen zu beruhigen, wird von anderen Menschen Heroismus verlangt, genau in dem Moment, wo man feststellt, daß sie gar nicht heroisch sind. Aber wenn man merkt, daß sie tatsächlich heroisch sind, werden sie zu Märtyrern erklärt. Dadurch schafft man Distanz zu ihnen, man katalogisiert sie, macht sie unschädlich, fast ein wenig komisch und auf jeden Fall offiziell. Helden und Märtyrer gehören zum offiziellen Erscheinungsbild repressiver Gesellschaften: Panagoulis der Märtyrer — die Obristen eine unumstößliche Tatsache. So hat alles seine Ordnung. Aber ich als Mensch bringe es nicht fertig, den Tod dieses Menschen zu ertragen. Noch nie haben sich bei mir ein objektiv und generell verletztes Gerechtigkeitsgefühl und nacktes Mitleid zu einem derart hemmungslosen und unerträglichen Gefühl der Rebellion verbunden. Das gleichzeitige Gefühl, nichts tun zu können, erbittert mich maßlos. Der Kampf zwischen Machthabern — gleich welchen Systems, auch eines demokratischen — und einem Menschen, der gegen diese Macht ist, bleibt ewig ungleich. Denn wer Macht hat, kann nur in Machtkategorien denken. Wer die Macht dagegen ablehnt, hat immer bessere bzw. anständigere und weniger vulgäre Absichten. Dennoch erweisen sich auch die »besseren«, diese anständigen und weniger vulgären Absichten, zuletzt meistens als genauso schuldhaft wie das Machtdenken.

Turin, 21. November — Sprechchöre einer Studentendemonstration dringen durch das Fenster im achten Stock: wirre, dissonante Schreie, konventionell, da auch der Lärm einer Demonstration seinen Kode hat, ein Schema, das alle Stimmen zum Unisono vereint. Von weitem hören sich die Schreie jeder Demonstration gleich an; die Entfernung korrigiert das konventionelle und etwas vulgäre Durcheinander von Stimmen, indem sie es mit Hilfe des Raumes filtert, dem der Sinn dieses Protestgeschreis völlig gleichgültig ist. Dadurch werden diese Schreie schmerzhaft mysteriös, als ob sie aus einer anderen Zeit, einer anderen Welt kämen. Von »fern« eben, denn die Schreie der Demonstranten scheinen nicht nur alle gleich, sie scheinen auch die gleichen wie früher zu sein. Es könnten die Schreie der einstigen Faschisten sein oder vergessener Partisanen (im unbeschreiblichen Frühling 1945); überhaupt — Turin sieht von hier oben wie früher aus: seine geraden Straßen verlieren sich im leichten Nebel der kalten, sonnigen Novembertage, und über den braunen, flachen und regelmäßigen Häusergruppen, die in der dunstigen Luft wie auf Gaze gemalt wirken, liegt eine bestimmte Bläue, eine verfluchte Bläue (zaghaft und brutal, Ausdruck der makellosen Unberührbarkeit der Zeit: Himmel und Natur, davor wird alles andere zu Schmerz, und diese Schreie, immer deutlicher, werden zu Schreien aus jeder möglichen Zeit).

Demonstrieren die Studenten mit ihrem Geschrei, das in Panik versetzen kann, für Panagoulis?

Ist dieses mysteriöse Geschrei, das in Wellen heraufdringt, wie aus den Tiefen der Vergangenheit oder aus einem zukünftigen Tag, auch Protest gegen diesen Mord?

Das ist die einzige Hoffnung: die Welt nur noch ein Resonanzboden, der millionenfach ein einziges Gefühl multipliziert. Die öffentliche Meinung — dieser Nährboden für Terrorismen, dieser Brennpunkt aller Resignation — wird in ihren logischen (also irren) Grundfesten durch die Existenz dieser schreienden Studenten erschüttert. Innerhalb der Öffentlichkeit gibt es demnach eine zweite Meinung, die die erste zerfetzt, in Stücke zerreißt, da sie in ihrem Innern explodiert. Auch diese zweite öffentliche Meinung trägt in sich Keime eines späteren Terrorismus, aber sie sprießen erst, sind noch kaum sichtbar. Vorläufig ist sie nur Hoffnung, die gegen die Resignation und das heuchlerische Memento mori der offiziellen Stellen opponiert. Die *tatsächliche* Zukunft wird sie vielleicht vergiften, die *erträumte* Zukunft, der sie zustrebt, macht sie vorläufig noch hinreißend schön. (Wer zur Zeit der Resistenza jung war, wird verstehen, was ich meine). Aber diese jungen Menschen kennen den Tod noch nicht. Für sie ist der Fall Panagoulis eine der ersten politischen Hinrichtungen, die sie bewußt miterleben. Das Faß des Erträglichen ist für sie noch fast leer. In einer Welt von bisher unbekannter demokratischer Fülle findet ihr Bewußtsein Befriedigung an Protest, Aktion, Kampf und einem Gerechtigkeitsgefühl, das nach Erfüllung drängt. Unserem Bewußtsein aber genügt das nicht mehr.

Turin, 22. November — Auch heute morgen wache ich früher auf als sonst. Meine innere Spannung kommt größtenteils von der Arbeit, an der ich in diesen Tagen sitze. Versuche weiterzuschlafen, aber ich kann nicht, denn ich weiß, daß im Dunkeln, neben der Tür, der »Corriere« auf dem Fußboden liegt. Ich stehe auf, hole ihn. »Panagoulis auf die Insel Ägina verlegt. Die Hinrichtung von Panagoulis hat heute morgen nicht stattgefunden und wird nicht stattfinden...«

Alles nimmt wieder menschliche Dimensionen an. Der Tagesablauf in einem Zuchthaus. Das Problem wird wieder historisch. Wir können weitermachen. Die Solidarität ist eine ganz andere Pflicht als das Mitleid. Handeln, kämpfen — das ist erträglich. Kein Memento mori: die Zukunft ist auf Seiten der tschechischen Schriftsteller, der schwarzen Dichter in Amerika und in den Kolonien, auf Seiten von Panagoulis.

Turin, 23. November — Ich verstehe nicht, warum die Schüler und Studenten für ein Versammlungsrecht *in ihren Schulen* kämpfen. Warum *in*? Warum halten sie nicht Versammlungen auf Plätzen ab, in Parks, in Dachbuden? Warum von den »Oberen« dieses Recht verlangen und es womöglich auch noch von ihnen bekommen? Und es dann an Orten praktizieren, die ihrem ganzen Wesen nach keine Orte der Freiheit sein können? Eines weiß ich: Wer Freiheit *verlangt*, kann nachher nichts mit ihr anfangen. Ich bin daher der Meinung, daß die Studenten nicht darum kämpfen sollten, von irgendwelchen Autoritäten die Verwirklichung ihrer Rechte ermöglicht zu bekommen — zumindest sollten sie nicht nur darum kämpfen. Sie sollten stattdessen von sich selbst verlangen, wichtigster und realster Teil der öffentlichen Meinung zu sein. Ich sage das, weil — wie nicht anders zu erwarten — die offizielle öffentliche Meinung bei dieser doppeldeutigen Entscheidung über Panagoulis (d. h. der unbefristeten Verschiebung seiner Hinrichtung) den Ausschlag gegeben hat. Ich will damit sagen: Die brüderlichen Mächte in der Nato, von den USA bis zum Papst, haben im Namen *ihrer* öffentlichen Meinung Druck auf die Obristen ausgeübt und zwar mit der simplen (versteckten) Absicht, die Obristen vor einem Fehler zu bewahren. Daß dabei Mitleid und schlechtes Gewissen auch eine Rolle gespielt haben, war um so hilfreicher...

Wenn diese Tagebuchaufzeichnungen veröffentlicht werden, wird Panagoulis nicht mehr aktuell sein. Vielleicht wäre es sogar besser gewesen, wenn man ihn, wie er in einem naiven Gedicht schreibt, umgebracht hätte: sein Tod wäre nützlicher gewesen. Aber länger als eine Woche auch nicht... Ein anderes seiner naiven Gedichte endet: »Kampf... Kampf... Kampf«. Offensichtlich sind wir zum Kämpfen da, nicht zum Siegen. Sollten wir irgendwann siegreich sein, so werden wir es nicht wissen.

Nr. 50   7. 12. 1968

»Kultur im Dienst der Revolution« (…) ist der Titel eines Artikels der von den »bei den Filmfestspielen in Pesaro anwesenden Vertretern der Studentenbewegung« unterzeichnet ist und in Nr. 5 von »Ombre rosse« (Rote Schatten) erschienen ist, einer schönen, wenn auch eher terroristischen Filmzeitschrift, die in Turin herauskommt (…)

Als Motto steht über diesem Artikel ein berühmter Ausspruch des schwarzen amerikanischen Studentenführers Stokley Carmichael: »Was die Intellektuellen machen, interessiert uns nicht, uns interessiert nur, was sie für uns machen«. »Machen« steht hier meiner Meinung nach für schöpferisches Tun, »poetisches« Machen, in der ursprünglichen griechischen Bedeutung des Wortes, und nicht im pragmatischen Sinne für »agieren« in dem Fall wäre der Satz von Carmichael eindeutig.

Ich finde, dieser Satz ist naiver Ausdruck eines rassischen Minderwertigkeitskomplexes, daher Ausdruck einer schönen und achtenswerten Naivität. Wer sind denn die Intellektuellen? Privilegierte unter lauter Geächteten? Oder Geächtete, die etwas privilegierter sind als die übrigen? Oder Menschen, die entscheidenden Einfluß haben und daher etwas für die Geächteten »machen« können? Wenn das so wäre, wenn die Intellektuellen über irgendwelchen Einfluß und mysteriöse Gönner im Innern des Systems verfügten, oder wenn sie sogar autonome Macht hätten (die sich allerdings zuletzt auch mit der Macht des Systems identifizieren würde), warum dann gerade von ihnen Hilfe verlangen? Hieße das nicht, Hilfe vom Feind oder zumindest von falschen Freunden verlangen?

Die Wirklichkeit sieht anders aus: Auch der Intellektuelle wird von der Gesellschaft geächtet, da man ihm einen Platz am Rande zuweist, ihn abstempelt, diskriminiert, ihm eine Tafel um den Hals hängt: Entweder anpassen oder verschwinden. Auch wenn seine Situation im großen Ganzen sicher angenehmer ist als die des »armen Negers«, so kann ein Intellektueller doch dieselben Erfahrungen von »Andersartigkeit« wie der Neger machen. Die beiden sind Brüder, weil sie gleichermaßen ausgestoßen sind und daher kämpfen müssen. (…)

Der »Neger« Carmichael ist so verstrickt in seine »Andersartigkeit« als Neger, daß ihm alles Weiße privilegiert erscheint. Aber er irrt sich. Das »lebensunwerte Leben«, im Sinne Himmlers, kennt viele Formen! (Wer erinnert sich schon daran, daß auch Zigeuner und Homosexuelle in die Gaskammern getrieben wurden?) Deshalb neigt Carmichael dazu, in den Intellektuellen Vaterfiguren zu sehen, die prinzipiell etwas für ihn tun sollten. Aber auch ich, der Intellektuelle (verstrickt in meine »Andersartigkeit«, die mich erniedrigt, aber auch oft genug tröstet), betrachte den jungen Carmichael wie einen Vater und habe immer das Gefühl, daß er etwas für mich machen könnte.

Hinter diesem Spiel wird jedenfalls eins deutlich: Es existiert kein Unterschied zwischen dem, was ein Intellektueller »macht« und dem, was er »für andere macht« (in unserm Fall die Neger). Ich spreche nicht nur von fortschrittlichen Intellektuellen, die sich solidarisch mit jenen Kräften erklären, die an der Seite der Neger kämpfen, sondern auch von jenen Intellektuellen, die die Integration wollen (…) Auch diese Intellektuellen »machen« etwas für andere, indem sie z. B. Gedichte schreiben. Das ist möglicherweise gar nicht ihre Absicht, aber es bleibt doch eine, wenn auch sehr indirekte Art, etwas für andere zu machen.

Der Satz von Carmichael ist daher pleonastisch und sollte besser heißen: »Der Intellektuelle, unser Schicksalsgefährte, unser Mitbewohner im Getto, nützt uns, was immer er auch schreiben mag. Besser wäre jedoch er würde explizit für uns schreiben.«

(Bei dieser Parallele Neger-Intellektueller möchte ich dem Leser empfehlen — so wie mir das der Turiner Kritiker Carlucci empfohlen hat —, die Seiten nachzulesen, die Marcel Proust der Parallele Jude-Homosexueller in »Recherche«, Band II »Sodome et Gomorrhe« S. 614 ff der »Pléiade«-Ausgabe gewidmet hat). (…)

Noch ein zweiter Punkt: Ist die »subjektive Selbstprojektion« (wie es der eingangs genannte Text formuliert) eines Künstlers Ausdruck einer partiellen oder einer totalen Erfahrung? Zweifellos einer partiellen. Aber vergessen wir nicht, daß nur das Partielle umfassend sein kann.

Daher haben die Studenten recht: Ein Künstler mystifiziert, wenn er die eigene »Selbstprojektion«, die Ausdruck subjektiver und daher partieller Erfahrung ist, zum Ausdruck totaler Erfahrung erklärt. Aber die Studenten haben Unrecht, wenn sie bei dieser Erfahrung das Tiefschichtige übersehen, die »effektive«, nicht die »proklamierte« Totalität.

Man erinnere sich bitte daran: Gerade ich habe ein Leben lang gegen die Intellektuellen opponiert, die ihre subjektiven Erfahrungen als totale und daher überzeitliche Erfahrungen präsentieren, wodurch sie ihrer Dichtung eine Absolutheit verleihen wollen, die der Bourgeoisie das edle Alibi dafür verschafft, daß sie in Wirklichkeit alles in Waren verwandelt. Von wegen Absolutheit!

Die Studenten, die Autoren dieses Artikels, schlagen sich mit einem Scheindilemma herum: Dichtung erscheint ihnen entweder als Ware oder als zeitloser Wert. Das heißt doch nur, daß sie nach wie vor alles mit der bourgeoisen Brille sehen und daher Dichtung zwangsläufig verachten müssen, sowohl als Ware wie als zeitlosen Wert.

Dichtung ist aber:

a) keine Ware, denn sie ist nicht konsumierbar. Es ist Zeit, das einmal klar zu sagen. Der Vergleich des Kunstwerks mit einem beliebigen Produkt und der Vergleich zwischen Adressaten eines Kunstwerks und beliebigen Konsumenten mag ja eine amüsante und halbwegs geistreiche Metapher sein, mehr aber auf keinen Fall. Im Gegenteil, wenn jemand allen Ernstes solche Parallelen zieht, dann ist er ein Dummkopf. Die Dichtung ist eben kein »Serienprodukt«, d. h. sie ist überhaupt kein Produkt. Ein Leser von Gedichten kann ein Gedicht millionenmal lesen, er wird es nie konsumieren. Vielmehr kann ihm nach dem millionsten Mal das Gedicht fremder, neuartiger und skandalöser erscheinen als beim ersten Lesen. Ganz abgesehen davon, daß es keine Eisschränke und keine Schuhe aus Varese gibt, die unsere Nachfahren noch konsumieren könnten (man verzeihe mir diesen nicht gerade tiefschürfenden Scherz).

b) Dichtung ist kein »zeitloser« Wert, denn sie entsteht weder außerhalb der Geschichte, noch kann sie außerhalb der Geschichte gelesen werden. Wenn überhaupt, dann ist sie eine Intensivierung von Zeit und Geschichte (*iperstorica*), denn aufgrund ihrer Vieldeutigkeit bleibt sie in jedem historischen Moment unausschöpflich.

Nr. 51   14. 12. 1968

NACHHUTGEFECHTE

Ich habe vierzehn Tage in Turin gelebt, einer Stadt, die für die Soziologie das sein könnte, was für die Theologie eine *Civitas Dei* ist. Denn so wie die Utopie der *Civitas Dei* Sammelbecken aller theologischen Hypothesen ist, so dürfte Turin lehrhaftes Beispiel aller soziologischen Hypothesen über heutige »Lebensqualität« der großen kapitalistischen Städte sein: eine radiale Stadt, deren Angelpunkt Fiat ist. Niemand hat je eine *Civitas Dei* betreten können, niemand konnte je mit eigenen Augen feststellen, was aus theologischen Hypothesen wird, wenn sie greifbare(!) Wirklichkeit werden. Aber jeder kann nach Turin gehen und alles empirisch überprüfen.

Aus diesem Grund konnte ich feststellen (wenn auch nur oberflächlich und intuitiv), daß Turin tatsächlich die Verwirklichung aller soziologischen Hypothesen ist. Nehmen wir z. B., was die Soziologen über einen Süditaliener sagen, der nach Turin zieht: es stimmt. Dennoch fehlt dieser Stadt das Eindeutige und Glasklare der soziologischen Kasuistik. Ab einem gewisssen Punkt wird das Ganze wieder konfus. Die Soziologen haben zwar ihre perfekten Modelle für alle: für den Großindustriellen mit Frau, den Kleinindustriellen mit Frau, den Intellektuellen, den Studenten, den Arbeiter bei Fiat, den eingewanderten Arbeiter usw. Aber kein Modell, und sei es noch so perfekt, kann die Wirklichkeit voll erfassen. Vielleicht sind die Soziologen auch zu sehr auf die Zukunft fixiert und zu wenig an dem interessiert, was noch an Altem »überlebt«. Das schöne perfekte Soziologenbild wird nämlich ständig durch Überreste aus der Vergangenheit verunreinigt, durch existenzielle, konkret faßbare Fakten eines »Verhaltens im Verhalten«, das die Soziologen sprachlich gar nicht erfassen können.Ich frage mich daher, ob es nicht die Aufgabe des Künstlers wäre, all das »zum Sprechen zu bringen«, was die Soziologen zwangsläufig verschweigen und daher eliminieren. Müßte ein Künstler nicht gerade die Reste beschreiben (die Überreste der bäuerlichen Welt, der Provinzbourgeoisie, die der frühen Industrie den handwerklichen Charakter gegeben hat, die Überreste süditalienischer Lebensformen usw.)? Wenn also in Turin ein Künstler vor der Aufgabe stände, gerade das Unklare und nicht Eindeutige im Leben der Bewohner klar zu machen, all das, was die Soziologen immer klar und eindeutig haben möchten, dann müßte ein solch »instinktiver« Realismus, der sehr viel mehr von Sinnlichkeit als von Ideologie bestimmt wäre, zwangsläufig zu einem »Rückzugsgefecht« *(battaglia di retroguardia)* werden. Ein Gefecht, in dem die wahren Massaker stattfinden. Die falschen Künstler dagegen, die »aktuellen« Modekünstler, die großen Avantgardisten, liefern bei ihren angeblichen »Vorhutgefechten« nur virtuose Schaukämpfe, elegante Florettduelle, bei denen es nie Tote gibt.

Nr. 51   14. 12. 1968

Brief einer Hausfrau

Von all den Briefen, die mich in den letzten Tagen erreicht haben, möchte ich diesen veröffentlichen (…):

»Lieber Pasolini, wir sind freigesprochen! Freuen wir uns im Namen der Poesie und der Gerechtigkeit! Und verzeihen Sie den Plural. Aber wären Sie schuldig gesprochen worden, so hätte man auch mich verurteilt, obwohl ich den Film nur das eine Mal gesehen habe, als er in Savona gezeigt worden ist. Ich fand ihn wunderschön, auch wenn einzelne Personen zu extremen Konsequenzen getrieben werden. Das Komische ist nun für mich folgendes: ich, eine Hausfrau mittleren Alters, himmelweit von Ihnen entfernt, was Kultur und alles andere betrifft, ich fühle mich von diesem Prozeß aus dem einfachen Grund mitbetroffen, weil ich den Film verstanden habe und mich so mit den Personen identifizieren konnte, daß ich sie als ‚wahr‘ und gut empfand. Ich kann mich nicht so elegant ausdrücken, aber ich möchte eins sagen, etwas sehr Einfaches im Grunde: eine Verurteilung — falls es so weit gekommen wäre — hätte den Film getroffen, aber nicht Sie und Ihren Mut (…). Mich dagegen hätte die Verurteilung getroffen, eine Zuschauerin, die durch ihren Beifall mitverantwortlich wird, aber gleichzeitig keine Verdienste und Rechtfertigungen wie der Autor aufweisen kann und daher nur hilflos und dumm als Mitschuldige dasteht. *Aber ich gestehe Ihnen, daß das nichts an meiner Haltung geändert hätte. Denn die Wahrheit kann sich uns überall enthüllen, auch aus weiter Ferne: Entscheidend ist, daß man sie zu erkennen vermag.«*

Der Leser soll selbst die Präzision, die Klarheit und den Scharfsinn dieses Briefes beurteilen. Ich habe die entscheidende Passage hervorgehoben, die zur direkten Waffe (…) in einem weiteren, ähnlichen Prozeß wie dem gegen »Teorema« werden könnte. Es ist tatsächlich logisch, eine Mitschuld des zustimmenden Betrachters zu konstruieren, so wie die Anklage eine Beleidigung des Schamgefühls beim ablehnenden Betrachter postuliert (…). Die Identifikation des Betrachters mit den Personen und dem Autor ist nicht eine Äußerlichkeit oder Oberflächlichkeit, sondern sie ist so existenziell, daß der Film erst dadurch Form bekommt. Ich habe oft gesagt: die Adressaten eines Films sind Teil der Prosodie des Films. Deshalb hat die (so intelligente) »Hausfrau mittleren Alters« recht, wenn sie von Mut spricht, wo vielleicht die Redakteure von »Ombre rosse« (der chinesischen Zeitschrift des italienischen Films) nur wenig Mut erkennen können. Diese Leute mit ihren abstrakten Vorstellungen bedenken nicht, daß das, was ihnen — einem erlauchten kleinen Kreis — wenig bedeutet, für die eigentlichen Adressaten enorm sein kann.

Nr. 52   21. 12. 1968

DROGEN UND KULTUR

Warum nimmt jemand Drogen? Ich kann es nicht verstehen, mir aber in gewisser Weise erklären. Man nimmt Drogen aus Mangel an Kultur.

Ich spreche, wohlverstanden, von der Mehrheit und damit dem Durchschnitt der Drogenabhängigen. Es ist klar, daß einer, der zu Drogen greift, eine Leere füllen, einen Mangel beheben möchte, der ihn irritiert und ängstigt. Drogen sind ein Ersatz für Magie. Primitive werden immer von dieser inneren Leere geängstigt — Ernesto de Martino nennt sie »Angst vor dem Ich-Verlust« — und die Primitiven füllen sie, indem sie bei der Magie Zuflucht nehmen, die ihnen diese Leere deutet und füllt.

Die moderne Welt (...) hat nach der ersten Euphorie (der Aufklärung, Wissenschaft, Technik, des Komforts, des Wohlstands, der Produktion und des Konsums) den entfremdeten Menschen sich selbst überlassen und daher terrorisiert ihn wie den Primitiven ein Gefühl des Ich-Verlusts.

In Wirklichkeit nehmen wir alle Drogen. Ich (soweit ich das beurteilen kann) indem ich Filme mache, andere indem sie sich in irgendwelche Aktivitäten stürzen. »Che« Guevara betäubte sich durch revolutionären Aktionismus (den romantischen Castroismus: erst Praxis, dann Theorie). Auch Arbeit, die zum »Produzieren« beiträgt, wirkt betäubend. Was vor den wirklichen Drogen (d. h. dem Selbstmord) bewahrt, ist immer eine Art kultureller Sicherheit. Alle die Drogen nehmen, sind kulturell unsicher. Der Übergang von einer humanistischen Kultur zu einer technischen Kultur hat den Begriff Kultur in eine grundsätzliche Krise gebracht, deren Opfer in erster Linie die Jugendlichen sind. Aus diesem Grund sind heute fast nur Jugendliche drogenabhängig.

Wer keine kulturellen Sicherheiten mehr hat und daher auch keine Möglichkeit, diese Leere des entfremdeten Ichs zu füllen, und sei es nur durch Selbstanalyse oder ein waches Bewußtsein (für die eigene Lage oder die Klassenlage) ist — banal gesagt — auch ignorant. Die heutige Kulturkrise hat viele Jugendliche zu *buchstäblichen* Ignoranten gemacht, die nicht mehr lesen können oder wenn, dann nur völlig gleichgültig oder lieblos.

Ergänzend sei gesagt: diejenigen Jugendlichen, die keine Drogen nehmen, sich stattdessen aber betäuben, indem sie sich z. B. auf politischen Aktionismus spezialisieren (eine Sonderform des Ignorantentums), haben oft einen schlechten Charakter, sie sind unmenschlich und mitleidlos, in jeder Beziehung unangenehm, genauso wie sie die brutale neokapitalistische Technokultur, (gegen die sie kämpfen) haben will.

Während die »ignoranten« Jugendlichen, die Drogen nehmen, im allgemeinen gutmütig, liebenswürdig, weichherzig, großzügig, apostolisch, unaggressiv und offenherzig sind (eben wie Primitive). Ihr Protest, den sie am eigenen Leib vollziehen, ist viel schrecklicher und bewegender als aller andere Protest. Wenn überhaupt jemand den ersten Stein werfen dürfte, dann sie — falls sie dazu imstande wären. Sie haben im Gegensatz zu den Extremisten, diesen streberhaften Klassenbesten, die wie Bücher (schlechte Bücher) daherreden, alle Brücken hinter sich abgebrochen und sich jede Möglichkeit einer erneuten Integration verbaut.

Aber so schrecklich und bewegend diese Revolte auch sein mag, sie bleibt nutzlos, weil sie keine Kultur hat bzw., sich außerhalb der Kultur bewegt. Schließlich ist es ja auch recht einfach, wie ein Primitiver gutmütig und liebenswürdig und mitleidig zu sein, wenn der Grund nur die Angst vor der Leere der eigenen Existenz ist.

Im übrigen (das ist meine verzweifelte Schlußfolgerung) ist es wahrscheinlich gar nicht mehr möglich, sich von dieser Kulturlosigkeit und kulturellen Gleichgültigkeit zu befreien; wahrscheinlich weil sie untrennbar mit einer umfassenden und tiefen Zukunftsangst verbunden ist. Noch nie hat Zukunft wie in diesen Jahren (wo Zukunftsprognosen zu einer neuen Wissenschaft geworden sind) so viele und häufige Ängste geweckt, die alles Künftige immer mehr als undurchdringlichen Alptraum erscheinen lassen.

Nr. 53   28. 12. 1968

Seit drei Jahren gebe ich mir die größte Mühe, an Weihnachten nicht in Italien zu sein. Ich mache das absichtlich, völlig verbissen und bin aufgelöst beim bloßen Gedanken, daß es mir nicht gelingen könnte; bürde mir deswegen Arbeit auf, verzichte auf jeden Urlaub, auf jede Unterbrechung oder Entspannung.

Ich habe nicht die Kraft, dem Leser von »Tempo« nun erschöpfend die Gründe zu erklären. Das hieße, alten Gefühlen die Vehemenz des Neuerlebten zu geben, oder es liefe auf einen »Besinnungsaufsatz« hinaus, den ich nur durch Poesie erträglich machen könnte, was jedoch nicht auf Kommando geht. Diese Art von Poesie gehört auch zur alten Welt, zur Welt der religiösen Weihnachtsfeiern, und läßt sich daher nicht von ihrer alten Bestimmung trennen.

Daß die Weihnachtsferien meiner Kindheit auch eine idiotische Angelegenheit waren, ist mir völlig bewußt: Eine Herausforderung Gottes durch die Produktion. Ich war damals jedoch noch eingebettet in die »bäuerliche Welt«, irgendwo, in einem geheimnisvollen Land zwischen den Alpen und dem Meer, in kleinen Provinzstädten wie Cremona oder Scandino, Orten mit einer direkten Verbindung nach Jerusalem. Der Kapitalismus hatte die bäuerliche Welt noch nicht völlig »zugedeckt«, aus der sein Moralismus und im übrigen seine Druckmittel stammten: Gott, Vaterland, Familie, Druckmittel deshalb, weil sie das zynische Negativ einer noch existierenden Realität waren: der Realität der überlebenden religiösen Welt. Der heutige Kapitalismus dagegen braucht keine moralischen Druckmittel mehr, es sei denn in Randgebieten oder in Enklaven, die überlebt haben, oder er benutzt sie aus purer Gewohnheit (aber selbst die verschwindet). Dem neuen Kapitalismus ist es egal, ob man an Gott, Vaterland und Familie glaubt. Er hat seinen neuen eigenständigen Mythos geschaffen: Wohlstand. Und sein Menschentypus ist nicht mehr der ritterliche oder religiöse Mensch, sondern der Konsument, dessen Glück darin besteht, Konsument zu sein.

Als ich ein Kind war, bestanden (gerade an Weihnachten) noch brutale, aber handfeste Beziehungen zwischen Kapital und Religion. Heute haben diese Beziehungen keine Grundlage mehr. Sie sind nur noch absurd. Wobei es vielleicht gerade diese Absurdität ist, die mir Angst macht und die mich in die Flucht treibt (in islamische Länder).

Im Italien meiner Kindheit, im faschistischen Italien, diente die Kirche dem Kapital, sie wurde von ihm benutzt und mißbraucht; sie hatte sich selbst zum Machtinstrument gemacht. Sie schenkte der Großindustrie ein Kindlein zwischen Ochs und Eselein. (Und marschierte sie nicht tatsächlich unter den Fahnen Mussolinis, Hitlers, Francos und Salazars?) Heute aber hat sich für mein Empfinden die Kirche noch viel mehr dem Kapital ausgeliefert. Früher konnte sie sich wenigstens noch auf all das beziehen, was sich an Authentischem in der vorindustriellen und bäuerlichen Welt erhalten hatte, z. B. auf all das Handwerkliche, das in der frühen Phase der Industrialisierung noch existierte. Heute dagegen hat sie nichts mehr zu bieten. Sie kann nicht einmal mehr behaupten, ihrerseits das Kapital zu benutzen. Und das Kapital benutzt die Kirche auch nur noch aus Gewohnheit, aus Bequemlichkeit, um Glaubenskriege zu verhindern. In Wirklichkeit kann es mit der Kirche nichts mehr anfangen. Wäre sie nicht mehr da, so liefe alles genauso.

Nun muß jedoch in solchen Fällen ein gegenseitiger Mißbrauch da sein, damit auch beide Seiten ihren Nutzen haben. Deshalb müßte die Kirche streng darauf achten, ihre Feiertage (wenn sie schon so archaisch daran festhält) klar von den Konsumfeiertagen zu trennen. Sie müßte klipp und klar sagen, daß Hostie und Panettone nichts miteinander zu tun haben. Dieses *embrasson-nous* von Religion und Produktion ist einfach grauenhaft, und alles, was daraus folgt, ist für Augen und sämtliche Sinne unerträglich.

Sicher, Weihnachten ist in Wirklichkeit ein antikes, ein heidnisches Fest (die Sonnengeburt) und als solches ursprünglich ein fröhliches Fest; von einer Fröhlichkeit, die möglicherweise auch heute noch in bestimmten Jahreszeiten ausbrechen will, auch bei einer Menschheit, die dabei ist, die Sahara mit mechanischen Ungeheuern urbar zu machen. Aber dann sollten die heidnischen Feste auch wieder heidnisch werden, die industrielle Natur sollte voll und ganz an Stelle der natürlichen Natur treten, auch bei den Festen. Und die Kirche sollte nichts damit zu tun haben. Sie kann nicht weiterhin so bäuerlich und ignorant bleiben, sie kann nicht weiterhin so tun, als wüßte sie nicht, daß Weihnachten ein antikes Fest ist, das *in pagis*, heidnisch also gefeiert wurde, daß es eine Mischung von Archaischem und Mittelalterlichem ist. Die Tradition der Krippen und Weihnachtsbäume muß abgeschafft werden, und zwar gerade von der Kirche, wenn sie in der modernen Welt überleben will. Und das sollten nicht nur ein paar exzentrische Priester wissen, die fortschrittlich und gebildet genug sind.

Als heidnisch-neokapitalistisches Fest wird Weihnachten jedoch immer etwas Brutales haben, wird Kriegsersatz sein wie die Weekends und die anderen Feiertage. In diesen Tagen entsteht eine unverkennbare Kriegspsychose: die individuelle Aggressivität multipliziert sich, die Zahl der Toten steigt schwindelerregend, Blutbäder überall. Man sagt: Schafft viele Vietnams! Aber es gibt sie bereits. Genau bei diesen Festlichkeiten, wo der Ruhetag nichts anderes ist als eine Unterbrechung des Ausgebeutetwerdens, der Entfremdung, der Riten, des falschen Selbstverständnisses, all dessen, was aus der berühmten Arbeit resultiert, heute die gleiche wie damals, als sie auf den Spruchtafeln in Hitlers Konzentrationslagern verherrlicht wurde. Diese Unterbrechung produziert eine falsche Freiheit, läßt einen archaischen Selbstinstinkt explodieren, der sich aggressiv als rücksichtsloser Wettkampf äußert, wo jeder wetteifert, das Mittelmäßige noch mittelmäßiger zu machen.

Ja, ich sage hier Schreckliches. Und ich werde keine Abstriche machen. Keine Nettigkeiten. Keine Beschönigungen. Die Dinge sind nun mal so, und es ist zwecklos, sie zu vertuschen, auch nur ansatzweise zu vertuschen.

Nr. 1   4. 1. 1969

WARUM MIR NINO SO UNSYMPATHISCH IST

Ich weiß nicht, wie ich es erklären soll. In den Tagen vor dem Kampf zwischen Nino Benvenuti und Emile Griffith war ich für Griffith: soweit war alles ganz normal. Ich bin natürlich für die Neger, wenn sie gegen Weiße kämpfen (auch wenn es unter den Weißen viele Neger gibt). Aber wie soll ich diese zusätzliche mysteriöse Antipathie erklären, die es mir so leicht machte, für Griffith zu sein? Von Anfang an, sobald ich die ersten Fotos von Benvenuti gesehen habe — diesen schwarzen Schädel mit Stiernacken und Mafioso-Scheitel, diesen eigenartigen Gesichtsausdruck: halb Baby, halb Lümmel — fand ich ihn abstoßend. Diese mysteriöse Antipathie hat sich dann langsam, langsam in eindeutigen Ekel verwandelt, in jenen Abscheu, den ich immer beim Anblick von Vulgarität empfinde. Auch beim Kampf mit dem Fullmer ging mir das so. Ich war für den Mormonen und nicht für den Katholiken. Aber auch

67

da hat mir die Vulgarität von Benvenuti (damals noch unbewußt) den nationalen Verrat leicht gemacht... Inzwischen ist alles klar. Ich lese in der letzten Nummer des »L'Espresso«, daß Bilder von Benvenuti in allen MSI-Parteibüros hängen und daß er selbst Stadtrat der MSI in seiner Heimatstadt sei.

Ideologien können sich auf schicksalhafte Weise körperlich ausdrücken.

Nr. 1   4. 1. 1969

SALVADORE UND DER FERNSEHFRIEDEN

Ein Loblied stattdessen auf Sandro Salvadore, der nicht bereit war, mit großen Worten im Fernsehen Frieden mit Dino Panzanato zu schließen. Er habe — sagt er — privaten Frieden geschlossen. Warum sich darüber aufregen! Man weiß schließlich, daß Fußballstars verwöhnt sind, denn ein paar Jahre lang werden sie wie junge Götter behandelt. Und was kommt schon einem menschengefüllten Stadion gleich? Selbst das riesige Kinopublikum in tausend und abertausenden von Kinosälen ist nichts im Vergleich zu dieser vitalen, brüllenden und schließlich anbetenden Masse. Nirgenwo identifizieren sich die Menschen derartig mit ihren Idolen. Kein Wunder, daß Fußballspieler immer ein wenig verwöhnt sind. Gerade deshalb ist die Geste von Salvadore so außergewöhnlich.

Nr. 1   4. 1. 1969

IM STADION HAT SICH NICHTS VERÄNDERT

Das letzte Fußballspiel, das ich gesehen habe, war das Spiel Turin–Inter Mailand vor zwei oder drei Wochen. Ich bin an einem grauen Turiner Sonntag mit Mario Soldati ins Stadion gegangen. Turin hat gewonnen, und ich war in dem Fall für Turin, obwohl es mir schwer gefallen ist, denn die »Klasse« — ja, ich wiederhole das gräßliche Wort, die »Klasse« von Inter hat mich fasziniert, auch wenn sie nur in der ersten Spielhälfte und auch da nur gelegentlich sichtbar wurde, besonders bei Corso. (»Klasse« muß nicht sympathisch sein; sie kann wie Schönheit auch etwas Grausames haben.)

Am selben Sonntag hat Bologna 2:1 gegen Rom verloren (unverdient, finde ich). Welch ein Schmerz! Welch ein Schmerz! Ich bin doch ein Bologna-Fan. Nicht weil ich in Bologna geboren bin,

sondern weil ich mit vierzehn Jahren wieder nach Bologna zurück-
kam (nach langen epischen Zwischenaufenthalten in verschiedenen Städten der Poebene) und dort das Fußballspielen entdeckte
(früher hatte ich es immer zutiefst verachtet, denn ich wollte nur
Krieg spielen). Die Nachmittage, an denen ich auf den Caprara-
Wiesen Fußball gespielt habe (manchmal sechs, sieben Stunden
lang ununterbrochen, rechter Flügel damals; meine Freunde haben
mich noch nach Jahren deswegen »Stuka« genannt: wehmütige
Erinnerung), waren *eindeutig* die schönsten meines Lebens. Mir
schnürt es die Kehle zu, wenn ich nur daran denke. Damals war
der Fußballklub von Bologna auf dem Höhepunkt seiner Geschichte: der Klub von Biavati und Sansone, von Reguzzoni und
Andreolo (dem König des Spielfelds), von Marchesi, von Fedullo
und Pagotto. Ich habe nie etwas Schöneres gesehen als die Pässe
von Biavati und Sansone (Reguzzoni war damals schon ein wenig
hinter Pascutti zurückgefallen). Was waren das für Nachmittage im
Stadion! Und nun hat sich alles verändert in diesen dreißig Jahren,
eigenartig. Ich denke an diese Zeit zurück, als wäre ich mit ihr gestorben. Alles hat sich verändert, nur die Sonntage im Stadion sind
unverändert geblieben. Ich frage mich warum...

Nr. 1   4. 1. 1969

MEINE PROVOZIERENDE UNABHÄNGIGKEIT

Vielleicht werde ich besserer Stimmung sein, wenn diese Nummer
erscheint, d. h. in der ersten Woche des Jahres 1969, und vielleicht
wird mir dieselbe Situation unter ganz anderem Vorzeichen erscheinen. Wobei es sich um *meine* Situation handelt, und das Vorzeichen, unter dem sie mir erscheint, das des *Terrors* ist. Ich schreibe diese Zeilen in einem Moment, in dem ich vielleicht besser
schweigen sollte. Jeder Handwerker weiß, daß mit zitternden
Händen nichts gelingt. Tatsächlich, mir zittern die Hände.
    Es gibt keinen genauen Grund für dieses Zittern, für dieses Ge-
fühl, ein eingekreistes wildes Tier zu sein, das jede Würde verloren
hat, ein Gefühl, das mich beim Schreiben dieses wöchentlichen
Pflichtbeitrages völlig erstarren läßt. Es sind ein paar schwer faßbare Gründe, in gewissem Sinne Alltäglichkeiten. Aber sie haben
einen bestimmten Beigeschmack, den ich sehr wohl kenne...

Ich will diese Gründe aufzählen: 1. hat die Polizei immer noch nicht die beschlagnahmten Kopien von »Teorema« freigegeben. Mein Produzent Franco Rossellini ist völlig verzweifelt, da diese Angelegenheit einen unübersehbaren Schaden für ihn bedeutet. Den Leser braucht das also nicht zu interessieren, er mag sich denken: »Das gehört nun mal zum Berufsrisiko der Produzenten. Geschieht ihnen gerade recht…« Tatsache ist, daß damit der gesamte ausländische Verleih und alle damit möglichen Vorführungen blokkiert sind, was die wirtschaftliche Situation eines jungen Produzenten, der alles auf eine Karte setzt, katastrophal werden läßt. Warum wird der Film nicht wieder freigegeben? Hat es etwa keinen Freispruch gegeben? Haben wir etwa keine Freudensprünge gemacht, als wir das Urteil des Gerichts von Venedig hörten? Seit vier Monaten ist der Film in Quarantäne: eine ganze Saison. Unterdessen ist ein anderer Film angezeigt, beschlagnahmt, prozessiert, freigesprochen, freigegeben und wieder aufgeführt worden, innerhalb von rund vierzehn Tagen. Während »Teorema« immer noch am selben Punkt ist. Der Vergleich zeigt deutlich, daß es sich in meinem Fall um eine ganz klare und absichtliche Verfolgung handelt (womit das böse Wort ausgesprochen wäre). Und wenn dem so ist, was erwartet mich eigentlich noch? Und wann und wo? In welchem Sektor der Macht? Wen beleidige ich eigentlich besonders, mit wem rivalisiere ich? (Wie der Leser sieht, bekommt die Situation kafkaeske Züge, sobald man sie auch nur ansatzweise metaphorisch formuliert.) In diesem Kampf fühle ich mich wie ein zertretener Wurm, und ich weiß nicht, wer mich zertreten hat und wer mich weiterhin zertreten will. Nun, ich würde all dies nicht öffentlich äußern, wenn ich einer regulären »Opposition« angehören würde, wenn ich in den Reihen der »Machtgegner« stehen würde; aber auch da bin ich ein Abweichler. Auch im Bereich der »oppositionellen Macht« gibt es Sektoren (gleichfalls obskure und schwer bestimmbare), die mit gezielter Absicht Schläge gegen mich austeilen, mich eliminieren wollen… (und so fort im Vokabular der Verfolgungssyndrome, das mir allerdings, objektiv gesehen, nicht gerade liegt).

2. habe ich von meinem Produzenten persönlich erfahren, daß ein einflußreicher Freund, eine Art Magier, ihm gesagt habe: »Was willst du eigentlich, es ist doch völlig zwecklos, Pasolini helfen zu wollen, früher oder später stecken sie ihn doch ins Gefängnis. Er kann nun mal keine Filme machen, soll er doch Schriftsteller bleiben«. Das mag sich ja ganz witzig anhören, aber es ist einfach terro-

risierend, vor allem, wenn ich mich daran erinnere, daß dieselbe Person, diese mächtige und magische Person, vor rund zehn Jahren zu mir gesagt hat: »Paß auf, du wirst überwacht, die wollen dir was antun«, und dann hat es all diese brutalen Prozesse gegeben, mit denen ich mich bis vor zwei, drei Jahren herumquälen mußte.

3. wollte ich unbedingt, koste es was es wolle, einen Film über das Leben des Apostel Paulus drehen, seit Jahren schon. Das Drehbuch war fertig, meine Phantasie lief auf Hochtouren. Diesen Film kann ich jetzt nicht drehen. Wie und warum — das sei dahingestellt.

4. habe ich zufällig heute morgen erfahren, und zwar von einer Person, die mir immer böse Nachrichten bringt, daß ein Regisseur (der zur oppositionellen Intelligenz gehört) mich heftigst angegriffen hat. Zum soundsovielten Mal zwar, aber es gibt immer einen Angriff, der über das Maß des Ertragbaren hinausgeht, einfach rein zahlenmäßig. Ein bestimmtes Maß an Widrigkeiten kann man ertragen, aber von einem bestimmten Punkt ab wird alles unerträglich.

Nun, was soll ich mir zu Beginn eines neuen Jahres (der Zufall will es, daß sich der Beginn eines neuen Jahres mit der Überprüfung meiner Situation deckt) nun eigentlich vornehmen? Ich bin vollkommen allein. Und darüber hinaus jedem ausgeliefert, der mir Schläge versetzen will. Ich bin verwundbar. Ich bin erpreßbar. Vielleicht gibt es eine bestimmte Solidarität, aber sie ist rein ideell. Daß man im Kampf gegen die Macht eine bestimmte Gegenmacht braucht, daß man Einfluß braucht, versteht sich. Wobei mir in dieser Situation, Gottseidank, der Erfolg meiner Filme zugute kommt: »Oedipus rex« in Frankreich, »Teorema« in Deutschland, »Una vita violenta« und »Teorema« in Buchform in England usw. Vor allem aber der anhaltende Erfolg des »Matthäus-Evangeliums«, besonders in den Vereinigten Staaten usw. usw. Es ist schauerlich, so etwas öffentlich sagen zu müssen. Aber man muß einfach mies und berechnend vorgehen, wenn man für einen gewissen Schutz vor ebenso miesen, aber brutalen »Verfolgungen« sorgen will. Wenn ich das richtig anstelle, dann bleibt mir auch in Zukunft meine Unabhängigkeit erhalten: meine provozierende Unabhängigkeit. Sie ist es nämlich, die all diese Feindseligkeiten gegen mich hervorbringt (viel mehr als der Neid auf meine ich weiß nicht wie exzessiven Erfolge, auf meine ich weiß nicht wie große Produktivität — behaupten meine Freunde jedenfalls —, wobei ich den Neid immer irreal, völlig unerheblich finde). Meine Unabhängigkeit ist meine Stärke; und sie setzt meine Einsamkeit voraus, die zugleich meine Schwäche ist. Ich hasse, wie schon so oft gesagt, die politische Unabhängigkeit. Meine Unabhängigkeit ist sozusagen existenziell. Ein Laster, ohne das ich nicht leben kann, dessen Sklave ich bin. Ohne mich rühmen zu wollen, ohne Eitelkeit: ich liebe die Einsamkeit. Aber sie ist gefährlich. Ich könnte Loblieder auf sie singen und mich in dem Genuß baden, den es mir bereitet, immer und immer wieder solche Loblieder zu singen. Vielleicht ist es eine Sehnsucht nach der vollkommenen Einsamkeit im Mutterleib. Ja, sicher sogar. Aber, sagt mir, wie soll ein Fötus in einer Erwachsenenwelt leben? Ich hätte zu Beginn des neuen Jahres ein ideologisches Kampfprogramm entwickeln können, ein objektiv mutiges Programm (das es dann, mehr oder weniger objektiv, auch sein wird). Aber was bedeutet dieser Mut, einen ideologischen Kampf zu führen letztlich? Kein Verdienst? Anwaltskosten? Das Risiko, für ein paar Monate im Gefängnis zu landen? Irgendwelche diffamierenden Anzeigen? Irgendwelche erpresserischen, rassistischen Hetzkampagnen? Ja, all das. Aber auch das ist, um es zu wiederholen, kein Grund zur Selbstverherrlichung. Es sind nur die Rechte einer bestimmten Existenz, die zwangsläufig mit dem Verderben bezahlt werden müssen. Aber aus solchen Dingen bestehen eben die wahren Tragödien.

Geduldiger Leser, entschuldige diese dummen Klagelieder.

(...)   Nr. 2   11. 1. 69

ITALIEN DAS NICHT ITALIEN IST

Hinter Triest beginnt wirklich etwas »anderes«. Ich wenigstens habe in Italien noch nie etwas Vergleichbares gesehen. Es könnte zwar eine der vielfältigen Facetten sein, aus denen sich Italien zusammensetzt, das stimmt. Aber an der Tatsache, daß wir hier nicht mehr in Italien sind, ist nicht zu rütteln. Besonders für mich — als neunjähriges Kind habe ich in Idria gelebt — ist dieses Andersartige, das tief innen mit Familiärem zusammenfällt, eine Art Trauma, etwas wie lastende Träume, voll hinreißend schöner Landschaften.

Womit ich nicht sagen will, daß die Landschaft in Istrien objektiv schön und hinreißend wäre; aber sie ist einzigartig, unberührt, und eine unbeschreibliche, dunstige Sonne liegt über ihr, über ihren schwermütigen Rosttönen. Neben altvertraut Familiärem (jenem vergessenen Kindheitsgeruch) hat dieses Land etwas, das allen Orten gemeinsam ist, die zurückgeblieben sind und daher noch einer anderen Kultur angehören, Orte, die sich da und dort in Italien oder in anderen Teilen der Welt erhalten haben: alte Bauern mit kleinen Kindern; verlorene Gehöfte in den heißen Berggegenden; Gehöfte, in denen die Sonntage in Melancholie versinken; ein bestimmter Geruch von Holzfeuern oder von eisiger Frostluft. Eng verknüpft mit diesen antiken Erscheinungsformen des Lebens haben sich antike Lebensweisen erhalten. Sie sind noch überall spürbar, man atmet sie geradezu: so hat der Mensch gelebt, mit diesen Gesten, diesem Rhythmus, diesen Gefühlen; und jahrhundertelang hat er sich damit begnügt. Hier, auf diesem Boden, sind diese Jahrhunderte noch spürbar. Diese Erinnerung an meine Kindheit und das spätere Kennenlernen anderer, ähnlicher Orte, die auch überlebt haben, krampfen mir das Herz schmerzhaft und freudig zusammen.

Neues gibt es auch hier, das stimmt: neue Bars, neue Läden, Tankstellen, Mietshäuser. Aber in allem ist etwas Ungeschlachtes und Kraftvolles, das an die antike Welt erinnert, an deren Stelle es getreten ist. Man spürt, daß alles wirklich noch volkstümlich ist, daß die Häuser, die man für Arbeiter gebaut hat, nicht nur ein sozialer Gnadenakt, ein Ghetto sind, sondern richtige Häuser mit entsprechender Würde. Auch die Arbeiter, die aus dem rostbraunen, nackten Istrien kommen, aus einsamen Gegenden wie in Afrika, und dann in Pola mit seinem dunstig stillen Meer in Gruppen herumstehen oder durch die Straßen gehen, haben noch Selbstsicherheit und Kraft in ihren Gesichtern. Man hat das Gefühl, daß sie sich in aller Bescheidenheit als die wahren Herren ihres Lebens fühlen, mag dieses Leben nach außen hin noch so marginal und arm erscheinen. Hier konnte der Kommunismus von Grund auf mit einer alten bäuerlichen Kultur verwachsen.

Fasana ist ein zauberhafter kleiner Ort des alten Venetiens, mit engen Gassen zum Meer hinunter, mit grauem, unregelmäßigem Pflaster, mit kleinen Bogengängen, mit wortkargen und schwermütigen Leuten, die ein wunderbares Venetisch sprechen (das Italienische haben sie vergessen, es ist ganz durch den Dialekt ersetzt). Vor Fasana verliert sich die Insel Brioni im zartblauen Dunst. Tito ist nicht wegzudenken. Die Leute sprechen aber nur zurückhaltend und in Anspielungen von ihm. Hier sind wir, ganz zweifellos, nicht in der Fremde, sondern an einem typisch italienischen Ort.

Nun frage ich mich: wenn ich aus Fasana oder Pola käme, hätte ich dann Heimweh nach Italien? Verspürte ich wie im Traum den Wunsch, wieder Bürger jener verlorengegangenen Nation zu werden, die seit eh und je mein Land geprägt hat?

Vielleicht wenn ich ein einfacher Mann wäre. Vielleicht hätte ich dann dieses Heimweh und diesen stillen Wunsch. Wenn ich aber das wäre, was ich bin — ein komplizierter Mensch —, dann fände ich dieses Italien, das nicht Italien ist, hinreißend. Diese azurene und liebliche Küste, die sich vor einem völlig andersartigen Hinterland entlangzieht.

»Nation« und »Kultur« sind zwei Begriffe, die man auseinanderhalten muß, auch wenn wir sie, einer Jahrhunderte alten Gewohnheit entsprechend, ständig vermischen. Warum lastet eine solche Trauer auf Fasana? Wieso hat diese unsagbar milde Sonne etwas Bedrückendes wie in einem schwer faßbaren Traum? Dennoch gibt es keinen Grund anzunehmen, daß die Bewohner Fasanas in einem Zustand historischer Trauer leben, auch wenn diese Trauer nur halb bewußt und altvertraut ist. Die Geschichte fällt nicht mit der Geschichte einer Nation zusammen. Die Geschichte ist die Geschichte von Kulturen... Aber wem will ich das einreden? Vielleicht auch mir selbst, denn ich bin zum Teil, in einer tiefen Schicht meiner selbst, auch ein Einwohner von Fasana, einer, der hier gelebt hat als er neun Jahre alt war und damals ein anderes, ein antikes Leben erfahren hat.

Nr. 5   1. 2. 1969

Comisso, ein reiner Schriftsteller

Nicht weit von hier, bei Padua, ist Comisso gestorben. Ich habe kürzlich zufällig ein paar Seiten aus seinem unveröffentlichten Tagebuch gelesen, gleichzeitig erinnert mich mein Aufenthalt im Veneto mit dem kurzen Abstecher nach Pola an bestimmte Situationen bei Comisso. Er hat in vergleichbaren Situationen rein instinktiv gehandelt, er hat auf Leben mit Leben reagiert. Schreiben war für ihn nicht innerer Ausdruck, sondern nur Widerschein der Dinge, so überzeugt sind seine Texte, so bar jeden Zweifels. In seinen Manuskripten findet man keine Korrekturen, keine Streichungen, keine Varianten. Die Sicherheit Comissos den Dingen gegenüber ist beinahe brutal, ebenso seine Sicherheit beim Schreiben. Das spontane Hinschreiben war für ihn die einzig mögliche

Schreibweise. Völlig unbekümmert, wie ein Kind-Riese, hat er die Realität ausgesogen. Seine Schriften gehören zum Reinsten und Absolutesten, das unsere Zeit hervorgebracht hat.

Nr. 5   1. 2. 1969

COMISSO, MENSCH UND SCHRIFTSTELLER

»Es ist ein tropisch warmer Abend, immer noch heiß, die Sonne ist untergegangen und hat geschnittene Trauben in der lauen Wärme zurückgelassen«. Ich lese diesen Satz von Giovanni Comisso in einem kleinen Zimmer im Dachgeschoß eines alten Hauses, dessen Fenster auf die Mercerie hinausgehen. Der Abend ist kalt und feucht. Nebelreste vom Tag zuvor liegen über dem Meer. Schritte gelegentlicher Passanten hören sich an, als seien sie auf der Flucht, irgendwohin, an einen Ort, der absurderweise für ein geheimes und simples Glück bestimmt ist. Das Meer jedoch, das ein Festlandbewohner wie ein schlafendes Gespenst lasten fühlt, ist bedrohlich warm. Diese schattendunkle laue Wärme, unbestimmbar wie ein Traum, verbindet diesen gegenwärtigen Abend mit den tropischen Abenden, die Comisso vor ein paar Jahren noch gelebt hat, oder vor ein paar Jahrzehnten oder gestern, beinahe heute.

Auch ich habe sie gelebt und lebe sie. Düster, verhängnisvoll wie er, scheint es heute. Um so mehr, als hier in diesem kleinen Zimmer mit Blick auf die Mercerie junge Burschen sind, einfache, unerfahrene selbstbewußte Zwanzigjährige (vielleicht sogar noch jünger) mit ihren weißen und blauen Pullovern, frischgeputzten Schuhen und jugendlichen Nacken voll Unschuld. Sie lachen unentwegt, auch wenn sie gar nicht lachen wollen. Ihre Lachlust ist so unbezwingbar wie ihre Schüchternheit. Selbst wenn ihr Lächeln manchmal erstarrt, nur eine winzige Perle am Rande ihrer braunen oder hellblauen Augen ist, strahlt es Siegesbewußtsein aus, Kampflust, untrennbar mit ihrer Bescheidenheit verbunden. Dieses Lachen oder Lächeln — oder diese halb lachende, halb weinende Schüchternheit — ist wie die laue Wärme des Meeres. Es verbindet die Kälte dieses Winterabends, den Nebel, die langen, langsam einer nach dem anderen sich hinschleppenden frostigen Tage mit den tropischen Abenden, die wir alle gemeinsam leben in anderen (sommerlichen!) Augenblicken, hier im Veneto zwischen den Weinbergen des Trevigiano oder an der menschenleeren slawischen Lagune mit der doppelten Bläue des Meeres und des Himmels...

Wir sind wie ungeschnittene Trauben. Aber betrachten wir in der lauen Wärme die geschnittenen Trauben.

»Geschnittene Trauben« ist die gewählte Übertragung einer an sich dialektalen Bezeichnung und bedeutet metaphorisch »totes Leben, dessen Körper leblos auf der Erde liegt«. Die »laue Wärme« symbolisiert die Zeitlosigkeit des körperlichen Lebens, dessen Glück auf süße und kaum sagbare Weise ängstigt und daher nur andeutungsweise umschreibbar ist. Jeder von uns spürt in sich einen dumpfen Druck bei dem Wort »laue Wärme«, denn darin schwingt eine Tragik mit, die untrennbar mit der Schönheit des Lebens verbunden ist, immer wenn man sie intensiv durchlebt, in einem Spätsommer etwa, der noch tropisch heiß ist.

Die jungen Freunde lachen und lachen ohne Unterbrechung, ein Lachen wie eine ringelnde Kette, einmal Kettengewirr, einmal gespannte Kette. Ein Lachen, das auch im Morgengrauen nicht aufhört, denn selbst der Schlaf ist nur ein Knäuel dieser Kette. Die Jugend lacht immer, auch wenn sie nachdenklich, verzweifelt oder ängstlich ist. Dieses Gewirr löst sich erst dann, wenn man zur eigenen Verwunderung plötzlich nicht mehr jung ist und das Recht der ewig lachenden Augen anderen gehört. Die laue Wärme vergangener Jahre oder Jahrzehnte hängt, um es noch einmal zu sagen, mit dieser kalten Nacht zusammen, in der man die Fenster offen lassen kann, um die Gegenwart dieses orientalischen Meeres in sich aufzunehmen.

Gerade weil ich Comisso nicht allzu sehr geliebt habe, und zwar wegen der Gefahren, die ich »instinktiv« in seinem Liebeskult ahnte, einem Kult, der nicht von persönlichen Erfahrungen gewürzt war, von der Körperlichkeit der Jugend, ihrer Sorglosigkeit und Unschuld, gerade deshalb schmerzt mich sein Fehlen, sein Tod zutiefst. Was ihn »geschnitten« hat, verletzt mich mehr, sehr viel mehr als das, was jetzt mit der gleichen glorreichen, gerade von Comisso selbst fast aufdringlich verherrlichten Stupidität weitergeht, ohne seine Zeugenschaft, ohne seine scheinbar gierige, in Wirklichkeit aber scheue Teilnahme.

In Wirklichkeit hat sich Comisso der Jugend gegenüber nur mit Worten und Gefühlen ausgetobt. In Wirklichkeit war er mehr Heiliger als Sünder. Ich könnte schwören, daß ihm das bloße Betrachten der Dinge lieber war als der Genuß.

Allein die *Möglichkeit,* die Dinge besitzen zu könnnen, einen jungen Körper, einen Weinstock voller Trauben, eine schwüle Dämmerung oder alles zusammen, alles in einem, war ihm genug.

Ich glaube, daß er sich im Grund diesem orgiastischen, für ihn (zumindest theoretisch) fraglos selbstverständlichen Genuß der irdischen Schönheit des Lebens, kaum je hingegeben hat. Obwohl unentwegt davon fasziniert, hat er wohl selten davon Gebrauch gemacht. Das Machenkönnen befriedigte ihn bereits, die verschwenderische Verfügbarkeit des Lebens. Vielleicht wollte er diese üppige und betörende Großzügigkeit aus Angst vor Enttäuschung auch gar nicht zu sehr erproben. (Das Leben ist wahllos großzügig; kümmert sich nicht um Werte und Gefühle; Schmerz und Lust gelten gleichviel, es verteilt beides völlig gleichgültig nach allen Seiten.) Für Comisso war theoretisch aber das Leben nur großzügig als Freudenspenderin, denn das Leben war für ihn ja nur Freude, und auf Grund anderer Erfahrungen zu anderen Schlüssen zu kommen, wäre daher nur töricht gewesen. Besser daher, das Leben in seiner lauen Wärme nur kontemplativ zu betrachten, als Quell der Freude, als Spenderin glücklicher Körper, göttlicher Stunden in jeder Phase des Lebens.

Comisso hat zum Schutz dieser Selbstsicherheit infantile Barrieren errichtet und hat diese Sicherheit immer wieder in seine Texte, die ebenso unerschütterlich sicher sein sollten, projeziert. Zweifel, Reflexion, Varianten, Streichungen wären ja bereits Beweis »andersartiger« Möglichkeiten gewesen. Und Comisso hätte nie die Tatsache zugelassen, daß es auch Alternativen geben kann. So wie ein Heiliger das nicht kann. Armer Heiliger aus Trevigiano, du Sünder, der so bescheiden, so anspruchslos, mit so »unbekümmerter« Hartnäckigkeit an der Schönheit des Lebens hing!

Nr. 6   8. 2. 1969

EINE SEITE AUS COMISSOS TAGEBUCH

»In der Trattoria fielen mir zwei junge Männer auf, die sich vor allem wegen ihrer kurzen Locken und der strahlenden Aura ihrer zwanzig Jahre ähnlich sahen. Ich bekam Lust, sie mit Worten zu attackieren, sie mit Fragen zu überschütten, wollte alles über ihre Liebschaften wissen und die beiden verteidigten sich brav und logen mir etwas vor, so daß ich schnell begriff, wie wenig Erfolg sie noch in der Liebe hatten, auf

wie vieles sie noch verzichteten, obwohl sich ihnen — hätten sie nur
gewollt, hätten sie nur einen Wink gegeben — die phantastischsten
Möglichkeiten geboten hätten, aber ihnen fehlte der Mut. Der eine be-
hauptete, er könne nur lieben, wenn eine Frau seine Liebe erwidere.
Wie ein Schulmeister dozierte er vor sich hin. Er wußte noch nicht,
daß Liebe erst durch die Aggressivität des Mannes geweckt wird. Als
unerwartet ein Gebirgsjäger hereinkam und sie ihn sahen, schrien sie
auf wie die Wahnsinnigen, ließen mich stehen, stürzten sich auf ihn
und umarmten und küßten ihn. Ich setzte mich derweil ans offene
Feuer und brachte die halberloschenen Scheite wieder zum Brennen.
Da ich mich langweilte, ging ich in den Raum nebenan, wo alle sa-
ßen. Der Gebirgsjäger hatte sich auf einen Hocker neben der Theke
gesetzt und drehte sich wie eine Fahne auf einem stürmischen Berggip-
fel hin und her, unentwegt, bald zum einen bald zum anderen seiner
Begleiter, die in Anbetung versanken. Er war die Zwanzigjährigkeit
an sich, konsolidiert durch Uniform und Anerkennung, die dem Waf-
fentragenden gezollt wird. Seine jugendliche Aggressivität verband
sich mit aggressiven Symbolen: Die Adlerfeder am Hut, die Waffen
(auch wenn er sie gar nicht dabei hatte), all jene Abzeichen, mit de-
nen unser Staat, wie in einem Stammesritual, die Zwanzigjährigkeit
proklamiert. Und alle himmelten ihn an, saßen andächtig um ihn
herum und lauschten dem Schwall von blumigem Kasernenblödsinn,
den er nur gelegentlich mit Flüchen unterbrach, die wie ein Echo auf
den Chor seiner Verehrer klangen. Er hatte sich beim Skifahren ein
Bein gebrochen, tat aber so, als sei das überhaupt nichts, behauptete
sogar, er hätte sich das Bein abgehackt, wenn er sicher gewesen wäre,
daß es mit zwanzig Jahren noch nachwachse, zog das Hosenbein hoch
und spuckte auf den Gips. Sein unförmiges Maul klaffte fast fünfzehn
Zentimeter auseinander, wenn er lachte und Zähne zeigte, die dicht
und glänzend wie Maiskörner aneinandergereiht waren. Und dann
und wann schnellte er seine Zunge heraus, um die Freunde zu foppen,
eine Schafszunge, die gierig nach jedem Grashalm leckt...«

Nr. 6   8. 2. 1969

KROKODILSTRÄNEN

Ich hoffe, daß der Leser so beeindruckt ist von der Schönheit dieser
einen Seite aus Comissos unveröffentlichtem Tagebuch, daß ihm
bewußt wird, wie unangemessen Italien sich von ihm verabschie-

det hat. Wenn irgendein hohes Tier stirbt, ein Literat oder ein Politiker, dann trauert die ganze Nation. Diese dumme, idiotische Nation! Stirbt dagegen ein Dichter, so werden ihm ein paar gleichgültige Zeilen gewidmet mit Formulierungen wie »Dichter und Vagabund«, wobei »Dichter« gleichbedeutend mit »Vagabund« und »Vagabund« gleichbedeutend mit »Dichter« ist. Was mit anderen Worten heißt, daß ein weiterer Hanswurst gestorben ist. Ich persönlich hoffe nur, daß ich früher als die meisten meiner Freunde sterben werde, um nicht ähnliche Krokodilstränen erleben zu müssen. Daß Comisso niemals für irgendjemand den Hanswurst gespielt hat, versteht sich von selbst, auch wenn er ein hinreißend komischer und zugleich bescheidener Mensch war, wie alle ernsthaften Dichter. Weshalb er auch niemand je etwas vorgemacht hat. Weder den Konservativen, für die »ernsthafte Dichter« auch ernsthaft zu sein haben, noch der ganzen Generation von Neo-Schdanows, für die ernsthafte Dichter ebenfalls ernst sein müssen. Aber wenigstens die anderen Schriftsteller, meine Kollegen, hätten, wenn schon nicht Pietät und Trauer — beides unvereinbar mit Comisso, der »unbekümmert« gegangen ist und auf alle gepfiffen hat —, so wenigstens eine Spur von kritischer Intelligenz zeigen können. Ich verstehe einfach nicht, wo die intelligenten Kritiker geblieben sind. Es hat nämlich bis zu Beginn der sechziger Jahre welche gegeben. Dann sind sie plötzlich verschwunden. Aus eigener Erfahrung weiß ich, daß damals in manchen Seelen noch Intelligenz und Pietät geleuchtet haben, wo heute nur noch schwarze Löcher sind, die in irgenwelchen Diensten stehen, dem Dienst einer Partei oder der Kulturindustrie. Oder sie sind völlig ausgebrannt und irren wie Gespenster durch eine neue Epoche. Vielleicht haben sie auch erkannt, daß sie die eigentliche Aufgabe des Kritikers nicht mehr erfüllen können, nämlich die wahren Werte zu postulieren. Die Werte werden jedoch heute längst anderswo errichtet. Während die Jungen (es gibt ein Dutzend hervorragende, nicht schdanowsche Krtiker) noch keine Autorität haben oder sie gar nicht wollen (entweder weil sie bewußt darauf verzichten, was richtig ist, oder weil sie aus Feigheit darauf verzichten, um nicht mit fraternisierenden und erpresserischen Ideologien in Konflikt zu geraten, was falsch ist). Aber ich jammere wahrscheinlich wieder einmal dumm vor mich hin, da ich offenbar das gerechte Ende einer Welt nicht akzeptieren kann.

Nr. 6   8. 2. 1969

Auf den Mauern der Stadt, in der ich in diesen Tagen lebe — in Padua — ist eine Parole aufgetaucht, die ich seit vielen Jahren nicht mehr gesehen habe, mindestens seit 1956 nicht mehr: »Nieder mit den Roten!« Padua ist eine Stadt, auf der nicht umsonst der Katholizismus lastet. Eine tiefe Ängstlichkeit scheint die Leute ständig auf der Flucht zu halten; in den Gesichtern — starken, volkstümlichen Gesichtern — liegt eine Art schattenhafter Wunsch, gar nicht zu existieren oder kaum zu existieren; oder wenigstens keinem zur Last zu fallen; Gastgeber, die es an nichts fehlen lassen, mit reiner Haut und trübem Blick; eine zutiefst geordnete, aber auch zutiefst unwirtliche Welt. Ich glaube jedoch nicht, daß nur in Padua Parolen wie »Nieder mit den Roten!« aufgetaucht sind und daß sich nur hier der »städtische« Geist gerührt hat. Diese Parolen und diese Geisteshaltung sind eine Folge des Selbstmordes von Jan Palach. Wenn ich ein rationales und realistisches Urteil über diesen Selbstmord abgeben sollte, so könnte ich mich nur zynisch und negativ dazu äußern. Wobei ich allerdings Nützlichkeit und Opportunität als Richtschnur nehmen würde. Ich müßte mich fragen: »War es nützlich und opportun, daß sich Jan verbrannt hat?« Und ich müßte antworten: »Nein, es war keineswegs nützlich und opportun. Was hat er denn tatsächlich damit erreicht? Demonstrationen von Sozialdemokraten, von Liberalen und Reaktionären in allen westeuropäischen Großstädten und die ganzen alten antikommunistischen Parolen auf den Mauern dieser Stadt.« Aber ich nehme weder die Nützlichkeit noch die Opportunität als Richtschnur. Hätte Jan so gedacht, dann wäre er vielleicht noch am Leben; aber er hätte nicht die Freiheit gehabt, sich persönlich darzustellen, sich auszudrücken. Auch in seinem Fall war diese Freiheit eine erbarmungslose Sache.

Er hat statt dessen unerbittlich seine Selbstmordabsicht und seine persönliche Verzweiflung verwirklicht. Er hat seinen wahnwitzig idealistischen Entschluß bis zum letzten durchgeführt, hat sein entsetzliches Gedicht bis zur letzten Zeile geschrieben. Wenn er mißbraucht worden ist für irgendwelche Zwecke, um so schlimmer für den, der ihn mißbraucht hat. Hätte er vielleicht seinen Idealismus ducken und auf irgenwelche Stimmen hören sollen, die dann über seine Tat zu Gericht gesessen hätten, und zwar unvermeidlich in vulgärer Art?

Keiner von denen, die diesen jungen Mann für ihre Zwecke mißbraucht haben, hat sich je (sei es aus unheilbarer Dummheit, sei es
aus böser Absicht) die Frage gestellt: »In welcher Umgebung und
auf welche Art hat dieser junge Mensch einen derart hohen Idealismus entwickeln können, der zuletzt zu einem solchen Selbstmord
führt?« Auf diese Frage hätten sie sich antworten müssen: »In einer
roten Welt«. Und das hätte ihre ganzen Demonstrationen und
Spruchbänder in Frage gestellt.

Ich will damit sagen: Für einen buddhistischen Mönch ist eine
Selbstverbrennung Ausdruck einer ganz bestimmten Weltan-
schauung, sie ist — man verzeihe mir den Ausdruck — eine religiöse
Technik, eine Lösung, mit der sein Geist immer gespielt hat. In einer Welt jedoch, die nicht mehr religiös ist, nicht mehr archaisch,
nicht mehr bäuerlich, ist eine solche Idee unvorstellbar. Wer dennoch eine solche Idee entwickelt, sie ernsthaft erwägt, muß von einem Idealismus beseelt sein, der auf seine Weise ebenso unbegreiflich ist wie der des buddhistischen Mönchs. Aber während die
westliche Bourgeoisie — diese wohlanständige, konservative, so-
zialdemokratische oder schlichtweg faschistische Bourgeoisie —
ziemlich ungerührt den buddhistischen Mönch (brutal) rassistisch
diskriminiert, erkennt sie in einem tschechoslowakischen Jungen —
einem Weißen, einem Angehörigen der westlichen Kultur, einem
gebildeten, vernünftigen Bürger einer Industriewelt — einen Bruder; sie ist also auf der einen Seite tief konsterniert und beeilt sich
auf der anderen Seite, diese Konsterniertheit zu verlagern. Dadurch wird die rassistische Ungerechtigkeit deutlich, mit der die
Bourgeoisie einen buddhistischen Mönch völlig anders behandelt
als einen jungen böhmischen Studenten.

Jan hat mit seiner Selbstverbrennung gegen die Sowjetmacht
protestiert. Er hatte alle Ursache für einen solchen Protest (obwohl
die Vorstellung seines Selbstmordes unerträglich ist und jeder von
uns mit aller Kraft versucht, nicht darüber nachzudenken, sich diesen Selbstmord nicht vorzustellen), objektiv gesehen jedoch war
sein Protest nicht antikommunistisch. Er zeigt im Gegenteil, welchen Grad an Idealismus ein junger Kommunist haben kann, der in
einer kommunistischen Welt geboren wurde und aufgewachsen
ist. Ein Idealismus, der ihn befähigt hat, eine Tat zu vollbringen, die
einens antiken Helden würdig ist; eines modernen vietnamesi-
schen Heiligen.

(...)   Nr. 7   15. 2. 1969

TEOREMA:
ICH MUSS MEINEM HERZEN EIN WENIG LUFT MACHEN

Ich bin gerade angekommen und habe eine »Angst im Bauch«, die
fast peinlich ist. In Bergamo habe ich im »Echo von Bergamo« (sic)
lesen dürfen, daß »Teorema« vor wenigen Tagen bei der Uraufführung durchgefallen sei. (Auch »Il Giorno« hat ein Artikelchen gebracht, das sich sehr zurückhaltend äußert). Wegen »Teorema« bin
ich hier in Paris, bei einer der obligaten Pressekonferenzen, und es
stimmt: ich mache mir Sorgen. Im »Pont Royal«, in der plüschigen
Hotelhalle, tauchen Libero di Liberi und Libero Bigiaretti auf: Inbegriff des alten verlogenen Katholizismus, wie er im »Echo von
Bergamo« und ähnlichen Blättern zu finden ist. Paris terrorisiert
mich, tröstet mich aber auch. Sein *aut-aut* ist ernst gemeint und erbarmungslos. Anfänglich hat der Terror dominiert, inzwischen die
Liebe. Auf den Straßen sieht man mehr Bescheidenheit und Verzweiflung, und obwohl viele Leute ärmlich gekleidet sind, wirken
sie gut angezogen. Einen flüchtigen Blick auf eine der alten Straßen,
und man hat das Gefühl in Italien oder Belgien oder Jugoslavien zu
sein. Dieses schreckliche, dieses dekretierende Paris, diese Vaterfi-
gur eines ewigen bürgerlichen Tribunals! Ich mitten drin, immer
wie ein kleiner Junge, der gleich, und zwar völlig zurecht, kastriert
werden wird; ein Tölpel, zu blöd um seine Hausaufgaben zu machen? Die beiden Liberi kommen mir vor wie zwei verlorene Brüder: auch sie haben noch das Paris ihrer Jugend im Herzen, heute
dagegen — ohne Rimbaud! — ein Paris mit seinem erdrückenden
Wachsfigurenmuseum und seiner unsagbaren Alltäglichkeit vor
Augen. Ich werde hier nie das Gefühl loswerden, ein Fremder zu
sein, ein verängstigter Junge, unmöglich angezogen, in diesem Hei-
ligtum, das im süßen Sonnenlicht (schlechter Impressionisten) ba-
det, in dem aber auch junge, armselig gekleidete Burschen leben
wie in Italien (vertraute Jugend!) — selbst wenn mir ein Filmvor-
führer aus Lyon das äußerst schmeichelhafte Kompliment gemacht
hat: »C'est l'année Pasolini«. Ja, ich staune wie ein kleines Kind,
wenn ich es ausspreche: ja, liebes »Echo von Bergamo«, trotz deiner Unverschämtheit, trotz des mangelnden Großmuts der italienischen Presse (soviel ich weiß, hat nur »La Nazione« eine magere
kleine Notiz gebracht): »Teorema« ist zur Zeit *der* Erfolg in Paris.
Vor fünf Kinos stehen die Leute Schlange; was die Einnahmen be-
triff, so steht der Film an dritter Stelle in Paris; in einem Kino hält er

den Besucherrekord, übertroffen nur von James Bond; der Bischof von Paris, Marty, empfiehlt dem Klerus, sich den Film anzusehen (was ich nur aus Solidarität mit dem OCIC erwähne, das heißt mit dem oppositionellen Katholizismus in Frankreich), und die Kritiken in »Le Monde«, im »Nouvel Observateur«, im »Combat«, im »Figaro Littéraire« gehören zu den schönsten Kritiken, die ich je bekommen habe. Nicht zu vergessen der bewegende Beitrag, den eine der mythischen Figuren meiner Filmlehrzeit geschrieben hat: Jouhandeau. So, jetzt habe ich meinem Herzen ein wenig Luft gemacht. Ich bin zur Abwechslung einmal glücklich, auch wenn mein Glück bescheiden genug sein mag, aber wohl jedem verständlich. Ich werde hoffentlich bald nach Paris zurückkehren, um dort wesentliche Teile meiner „Theologischen Geschichte" des Apostel Paulus zu drehen. Und ich brenne darauf, diese Tage zu leben.

Nr. 9   1. 3. 1969

SINNLOSE UND VERZWEIFELTE FRAGEN

Warum hat Lyon eigentlich etwas so ... Bewegendes? Zuerst einmal ist Lyon einfach als Stadt eine Offenbarung. Alle großen Städte sind das, wenn man sie zum ersten Mal sieht. Aber Lyon ist das auf besondere Weise, da es sich sofort als Ganzes präsentiert, wie eine Stadt im Hintergrund eines Altarbildes, wo eine falsche Perspektive die Häuser auftürmt und zugleich Details und Innenräume freilegt, indem sie alles in einem mehr flächigen als tiefen Raum ausbreitet. Dieser Eindruck mag daher kommen, daß Lyon vom Zusammenfluß zweier Flüsse geteilt wird, was in seinem Inneren riesige Doppelperspektiven eröffnet, die dem Stadtbild etwas Kulissenhaftes geben: große Häuser, die alle nach demselben Plan gebaut sind, obwohl sie ganz unterschiedlichen Zwecken dienen (Ausdruck der noch aufklärerisch bestimmten Entwicklung des Frühkapitalismus), bilden die Fluchtlinien, über denen sich wie dunkle Wolken aus Metall die polyedrischen Kuppeln mit grün patinierten Stauen abheben. Wenn man dann durch die Stadt geht und sich genauer umsieht, hat man eine zweite, weniger spektakuläre Offenbarung: die Leute auf der Straße. Was sind das für Leute? Kommt man direkt aus Paris, so erwartet man nichts anderes als provinzielle Pariser. Stattdessen stößt man auf etwas grundsätzlich anderes, auf eine schwer bestimmbare Grobschlächtigkeit, etwas Barbarisches und Bäuerliches. Wieso die Franzosen Lyon das französische Mailand nennen – womit sie Mailand zuviel Ehre antun –, ist mir unklar. Die Mailänder sind Provinzler, mit der Tradition einer kleinen Hauptstadt. Das Bäuerliche haben sie verloren, und von Barbarischem kann keine Rede mehr sein. Der Katholizismus (ein Katholizismus kleiner Dörfer, kleiner Pfarreien, was weiß ich) hat die Mailänder veredelt, hat langsam wohlanständige Leute aus ihnen gemacht. Lyon dagegen macht den Eindruck, als wachse es mitten in einer Wildnis empor, die eben erst von den Franken erobert worden ist, so kriegerisch wirkt hier der Katholizismus noch. Vierschrötige Frauen und Männer mit breiten Backen, breiten Nasen, breiten Schultern, breiten Becken, und junge Leute, die oft wie Subproletarier aussehen oder wie Beatniks, die einem kimmerischen Provinztraum nachhängen. Langsam nimmt dann die Stadtlandschaft ihre endgültige Form an. Was sie heute vor allem definiert, ist die Explosion der neokapitalistischen Industrie (was einem schlagartig, visionsartig, klar werden kann und daher prophetische Züge hat). Wahrscheinlich ist es diese industrielle Explosion, weswegen Lyon das französische Mailand genannt wird. Sie drückt sich in reihenweisen Baustellen, aufgerissenen Straßen, ungeheuren Parallelepipeden aus, die tausendfach von Fenstern durchlöchert sind, und nimmt Lyon sehr schnell den magischen Charakter des ersten Eindrucks. Die vielfältigen historischen Partikularismen, die Geschichten der Fürstentümer, der Gemeinden, der Kantone sind immer rätselhaft, immer eine Spur verbrecherisch und magisch. In den Häusern, wo diese Geschichte noch lebendig ist, spürt der Mensch stets Geheimnisse um sich herum, die entziffert werden wollen und dabei oft die Illusion vermitteln, man sei dem Geheimnis des Menschen schlechthin auf der Spur. Eine ausgesprochen euphorische Erfahrung. Die Frage: Was machen die Leute hier? Warum haben sie gelebt? Warum leben sie? ist vital und sinnlich. Die Antwort ist entweder historisch begründet oder sie klingt sehr fremdartig, sie hat auf jeden Fall die klassischen Züge sowohl des Geheimnisvollen wie des Sinnfälligen. In Tausenden von Dörfern und Städten, auf die der Mensch im Laufe seiner Reisen gestoßen ist, hat er diese Fragen gestellt, und die Antworten haben ihn immer bereichert, auch wenn es nur unklare oder sogar falsche Ant-worten waren. Und wieviel Glanz ist auf die befragten Menschen gefallen, die voll Natürlichkeit die so unnatürliche Tatsache eines »anderen Stils« lebten! Heute sterben, wie man weiß, die historischen Partikularismen, sie verlieren sich in einer kollektiven Geschichte, die Stile verblassen, werden zu Relikten, fließen zusammen in einem einzigen Stil, dem neokapitalistischen, diesem dummen, prätentiösen und im Grunde armseligen Stil. Heute aber betrifft die Frage: Was machen diese Leute hier? Warum leben sie? Sämtliche Menschen auf der Erdoberfläche. Daher sind diese Fragen nur noch hohle, unnütze, rhetorische, verzweifelte, deprimierte Fragen, auf die es keine Antwort mehr gibt, die nicht entweder Dilettantismus oder Unüberlegtheit diktiert hätten.

Nr. 9   1. 3. 1969

EIN TAG IN BOLOGNA

Was macht Bologna so schön? Der Winter mit Schnee und Sonne, die barbarisch blaue Luft über den Mauern. Nach Venedig ist Bologna die schönste Stadt Italiens, eine, wie ich hoffe, bekannte Tatsache. (Ich erinnere mich an einen Traum, 1945 in Casarsa, in dem ich mich in einer Stadt befand, die eine Mischung von Venedig und Bologna war: die Bogengänge spiegelten sich in den engen Kanälen, die Friese aus venetianischem Stein waren rötlich; mitten in einem Quartier, ausweglos wie ein Labyrinth, wo das Laster einen Halbwüchsigen terrorisiert.) Heute findet in Bologna der Kongreß der Kommunistischen Partei statt.

Nur an Weihnachten und an Ostern wirken die Leute so heiter, so voller Vorfreude auf etwas, das immer wieder neu ist. Nur daß heutzutage an Ostern und Weihnachten diese Freude neurotisch und dumm ist. Während hier in Bologna eine Art wohlüberlegter Ruhe diese Freude vermittelt und nicht vergällt. Ich weiß, ich weiß sehr wohl, daß hinter diesem ersten und authentischen Gefühl ein zweites, ein krankes und schreckliches Gefühl steckt, gegen das man ankämpfen muß. (Gegen das ich allerdings nicht mehr anzukämpfen brauche, da ich mich im Guten wie im Schlechten davon befreit habe) Was ich meine ist das Gefühl, in der Horde zu leben, der Herdentrieb, das Gefühl, einem Kollektiv und dem Geist dieses Kollektivs anzugehören, überglücklich, geradezu betrunken zu sein von etwas rein Nominalem, Etabliertem oder einfach allgemein Anerkanntem. Ich komme ins Stadion (beschützt von einem perfekten Ordnungsdienst), werde empfangen vom komplizen-

85

haften Lächeln der Arbeiter, das kindlich und väterlich wirkt, von all den Arbeitern, die hier sind, um für ihre Partei zu arbeiten, so gut sie können, mit ihrer ganzen physischen Kraft, mit ihrem ehrlichen Eifer. Das riesige rote Zeltdach mit den Nationalfarben, die Tribüne mit den *leadern*, die Menge der Delegierten: angespannte, strenge, offene, starke Gesichter — die Gesundheit der Arbeiterklasse ist doch noch nicht ganz Legende, und das Grau ihrer Anzüge und die Würde ihrer Körper sind eben doch nicht bürgerlich, wie man manchmal befürchtet. Sie schaffen wie eh und je die Atmosphäre von 1945, von 1946.

Nr. 9   1. 3. 1969

DON ANDREA: EIN »GELIEHENES« LEBEN

Das triste Gebäude der Pro Civitate Christiana in Assisi wirkt ausgestorben, buchstäblich ausgestorben. Ich begegne keiner Menschenseele, mit der ich sprechen könnte, und schattenhaft irre ich durch die Gänge und das Labyrinth von Treppen und kleinen Gemächern, deren Verlassenheit einen neuen und beängstigenden Aspekt hat: wieviele Gespräche haben sie einst erfüllt, wieviele Diskussionen, Stunden voller Begeisterung und Hoffnung — auch voller Rhetorik, warum nicht, leerer Rhetorik, die manchmal rührender Pakt mit dem Leben ist — und jetzt alles leer, fremd, bitter bedeutungsvoll.

Zuletzt finde ich jemand, der mir hilft und mich zu der Kammer begleitet, wo der Leichnam von Don Andrea aufgebahrt liegt. Eine kleine Schar von Freunden hält Totenwache, meist junge Frauen von der Pro Civitate, alle mit derselben lächelnden Traurigkeit, die wie eine Maske auf ihre Gesichter gepreßt ist, eine Uniform, eine Formel. Diese armen Frauen: der Tod läßt sie nicht weinen, sondern verleiht ihnen eine blinde Gewißheit, daß sich hier, in Don Andrea, eine Wahrheit bestätigt, die unendlich viel größer ist als sie. Auch sein Schweigen, dessen Tiefe fast schwindlig macht, ist Bestätigung. Er lächelt nicht mehr. Wie klar wird jetzt, daß sein Lächeln nur mühsamer Schutz war. Auch als er am Abend vor seinem Tod bei der Messe *lächelnd* vom Tod gepredigt hat und von der Auferstehung, so war es nur einer seiner scheuen und daher humorvollen Verweise auf diesen endgültigen Ernst. (...)

Worüber hat Don Andrea gelächelt? Über was hat er sich auf seine stille Art lustig gemacht, dieser arme Bauernsohn, wie sein guter Papst Johannes? Über sich selbst. Denn das ist die einzig mögliche Form von heiligem Humor in einer Gesellschaft, in der man bestenfalls über die anderen lacht. Die Bauern lächelten noch voller Witz und Schläue, bevor die Standardformeln des bürgerlichen Humors auch dieses Lächeln vereinheitlicht haben (...).

Resignation kann sublim sein wie Heroismus. Wer weiß, was Don Andrea am Anfang seines Lebens, damals in seiner armen bäuerlichen Kindheit, so schrecklich gedemütigt haben mag. Eine Demütigung, die eine unheilbare Wunde riß, da sie seine Person vor aller Augen derart erniedrigte, daß sie ihm für immer wertlos, nebensächlich, überflüssig, fast lächerlich erschien. Er hat resigniert und hat gelächelt, hat alles in die Hände seines Herrn gelegt.

Sein Leben war, wie man im Veneto sagt, nur »geliehen«, weshalb er dem Leben mit einer, soviel ich weiß, geradezu engelhaften Uneigennützigkeit gegenübertrat, die sich aber um so praktischer äußerte, je kontemplativer und auf demütige Weise freier er wurde. Vom quälenden Licht der Tragödie hat er sich abgewandt, auch wenn es ihn weiterhin umgab. Selbst wenn er versuchte, die Tragödie hinter sich zu lassen und zu verbergen, die jetzt von diesem schrecklichen Ernst, den seine Figur umgibt, bestätigt wird, so hat sie doch sein ganzes Leben bestimmt. Darin bestand sein Priestertum: sich resigniert mit einem kläglichen Unglück abfinden, ohne ihm auszuweichen, es nur mit einem verzweifelten Lächeln zu mildern, es Gott demütig anzubieten. Und alles übrige, das sich durch Barmherzigkeit nicht direkt damit in Verbindung bringen ließ, war zweitrangig. Es mag absurd klingen, aber zweitrangig war in seinem Priesterleben auch die Kirche, die er nur resigniert mit ihren Pflichten und Problemen akzeptiert hat. Äußerlich wich er ihnen aus, weil er nicht imstande war, sich mit ihnen offen auseinanderzusetzen, unbewußt mied er sie aber, weil ihn im tiefsten Innern ein Gefühl der Nutzlosigkeit bestimmte.

Was zählt, ist die unerreichbare Heiligkeit, nicht die Kirche. Und einzig dieses Schweigen des Todes hat Wert und ist realer als jeder Gehorsam und jeder Ungehorsam.

Nr. 10   8. 3. 69

Unter dem Titel »Poesie und Irrtum« ist ein Band mit älteren Gedichten von Franco Fortini erschienen, älteren Gedichten, weil sie zwischen 1946 und 1957 geschrieben und publiziert worden sind. Ich will nicht diesen Band besprechen, sondern die Gelegenheit nur für ein paar Randbemerkungen benutzen. Über das Buch habe ich wenig zu sagen; was mich hingegen zu den Randbemerkungen veranlaßt, sind ein paar zusätzlich eingelegte Seiten, ein kleiner Sonderdruck mit 25 Gedichte aus den Jahren 1961 bis 1968. Stilistisch bieten sie, verglichen mit den früheren Gedichten, nichts neues. Sie sind eine erneute pathetische Auseinandersetzung — bestimmt von dekadenten und metaphysischen Merkmalen, die ein wenig an Luzi erinnern — mit Themen, die Fortini schon an anderer Stelle, als Essayist oder Moralist, als politischer Mensch behandelt hat, dort allerdings mit größerer Kraft, Eindringlichkeit und Genialität. Was mir eigenartig erscheint an diesen Gedichten, eigenartig zumindest für mein momentanes Interesse an der politischen Situation, sind die erneuten metaphorischen Verweise auf die Terminologie des Krieges. Ich habe in dieser Kolumne bereits die Illusion erwähnt, die sich einige Führer der Studentenbewegung über einen möglichen Bürgerkrieg machen, der ihrer Meinung nach entweder schon im Gange ist oder demnächst ausbrechen wird, auf den wir uns aber unbedingt vorbereiten müßten, da die Kriegsgefahr eindeutig sei. Ich habe mich mit (bitterer!) Ironie bereits ein wenig über diesen Kriegseifer lustig gemacht, dessen Primitivität sich auf das folgende grobschlächtige, brutale und teilweise auch demagogische Schema reduzieren läßt: den Krieg werden die Arbeiter machen, und führen kann ihn nur die KPI! Ein Bürgerkrieg, in dem junge Intellektuelle unter der Führung der Studentenbewegung oder der »Quaderni Piacentini« kämpften, ist aber einfach unvorstellbar und läßt sich deswegen leicht verspotten. (Was ich ungern tue, obwohl mich etwas Unklares, Bitteres, Ungerechtes dazu drängt.)

Die (alten und neuen) Gedichte Fortinis bestätigen meine traurige Ironie. Alle Gedichte Fortinis erwecken den Eindruck, als seien sie während einer »Kampfpause« geschrieben (was übrigens im Kern der Wahrheit entspricht): die Nacht bricht herein, die Schießereien hören langsam auf, die Kämpfer zünden ein Feuer an, einer spielt auf der Gitarre, ein anderer schreibt einen Brief nach Hause, einer kauert in einem dunklen Winkel, in den kaum das Mondlicht dringt, und schreibt in ein altes Schulheft seine geliebten Verse. Wobei klar wird, daß für Fortini die Zeitlosigkeit des dichterischen Aktes (der notwendigerweise in einer »Pause« stattfindet, in einem Winkel, abseits der großen Aktionen, in einer geheimen Ritze der Geschichte) ihren Wert darin findet, auf einer anderen Ebene Nacherleben des Kämpfens mit Hilfe eines einfachen Registerwechsels zu sein. Hier eine kleine Aufzählung der Kriegsanspielungen in den Gedichten Fortinis. Das zweite Gedicht heißt *Schußlinie* und beginnt: *Hastig und mitleidig — hatten wir gewechselt — gleich bricht der Angriff los.* Das dritte Gedicht hat den Titel: *Rede des Gouverneurs* und endet mit dem Vers: *Beachtet die Feuer auf den Bergen nicht* (Feuer eines geheimnisvollen Heeres). Das vierte Gedicht nennt sich *Nach dem Gemetzel.* Hier ein Auszug: *Auf den Mauern haben sie die großen kaiserlichen Fahnen gewechselt. — Aus den Freunden werden Gespenster — ich muß sie ansehen. — Im Zorn gegen die Zäune aus Schwertern suche ich ein paar Zeilen. — Nicht klagen — — Ich senke den Kopf. Man kann nicht mehr schreiben.* In *Die Schwierigkeiten der Farbenherstellung: Wir, glücklich, wenn wir an der Front — nur Feinde hätten.* In *Von den Hügeln* (Hügel irgendwo zwischen Montale und Partisanenkampf): *Wie sie uns getötet haben und die Namen der Feinde.* Aus *Ratschläge: Trennt in meiner Sprache — die tauben und die klaren Töne nicht — weil sie von notwendigen Freunden und Feinden — auch immer Botschafen bringen.* Aus *San Miniato: Wenn die Toten sähen, würden sie sehen wie ich. Sie würden dieses Geheul hören — von gewaltsam getöteten Leuten…* Das verbindende Element jedenfalls, das man bis vor einem Jahr obligatorisch ein »strukturelles Element« genannt hat, sind die Anspielungen auf Kampf und berechtigte Waffenruhe. Schauplatz ist jeweils eine ländliche oder hügelige Gegend, die a) an die Schauplätze der Partisanenkämpfe erinnert, und b) auf mysteriöse Weise mit der ländlichen Welt der chinesischen Kulturrevolution verbunden scheint. Auch drei Gedichte, die Toten gewidmet sind (Elio Vittorini, Panzieri, dem Vater) erinnern an grabschriftartige Gedichte für Gefallene.

Eine Kriegsobsession also, die auf einer zwangsläufig vieldeutigen poetischen Ebene die Vorstellungen widerspiegelt, die Fortini gegenwärtig von der politischen Situation als einem Ausnahmezustand hat, in dem sich der Dichter entweder in einen Strategen oder einen Soldaten verwandeln muß. Wenn diese Idee Fortinis richtig wäre und der Realität entspräche, dann hätten seine Metaphern auch einen Sinn. Wenn diese Idee dagegen aus der Luft gegriffen ist und bloße Illusion, dann haben diese Metaphern einen anderen Sinn. Ich glaube an die zweite Hypothese. Wie es scheint, hat Fortini das Bedürfnis, sich im permanenten Kriegszustand zu fühlen, weil er nur so existieren kann, nur so eine Existenzberechtigung findet. Der Friede (»die Religion des täglichen Lebens«) ist eine Sache, die ihm nicht beschieden war, sie interessiert ihn nur als Nostalgie, die einen während der Waffenruhe plagt. Als Jude der Herkunft nach, als politischer Mensch aus eignem Willen hat Fortini nie ein Recht auf Frieden gehabt. Und das macht ihn mir zum Bruder, macht ihn mir lieb. Aber seine Blindheit der Realität gegenüber und sein daraus resultierender Fanatismus zwingen mich, gegen ihn zu polemisieren. Wir befinden uns nicht im Krieg. Die Arbeiterklasse und die KPI wollen keinen Krieg. Und was sich die Studentenbewegung einredet, ist die bloße Illusion eines Krieges. Fortini denkt, handelt, bewegt sich außerhalb der Realität, wie ein Dichter eben... Dennoch ist es ihm peinlich, Dichter zu sein: er findet Entschuldigungen, bemüht sich um eine permanente pathetische *capitatio benevolentiae* vor seinen strengen Kampfgenossen, deren einziger Wertmaßstab bei der Beurteilung eines Menschen die Nützlichkeit ist.

Dieser Krieg, auf den sich Fortini unentwegt bezieht, ist nicht ein tatsächlicher Krieg (den man wirklich kämpft), sondern ein rein metaphorischer Krieg, ein zudem eigenartig archaischer Krieg. Er erinnert an zerlumpte Partisanen, an den 1. Weltkrieg mit seinen Schützengräben, seinen Erschießungen, seinen herzzerreißenden Abschieden usw. Dieser metaphorische Krieg ist daher als Vorstellungswelt archaisch und überlebt. Niemand, der hier nicht einen unheilbaren Widerspruch im tiefsten Wesen des Revolutionärs Fortini erkennen könnte. Im übrigen ist er sich dessen selbst bewußt, was ganz deutlich wird in der linguistischen Schamhaftigkeit, mit der er über den »Dichter« schreibt: über den einsamen, mit sich selbst beschäftigten Dichter, der wie eh und je Betrachtungen über »seine« Natur anstellt — mit dem ewigen Laub, den Wäldern und Jahreszeiten. Hier scheint Fortinis größte Sorge zu sein, mit Hilfe einer Kodifizierung, die jedoch leicht dechiffrierbar ist, die schneidende, wilde Verzweiflung jener Askese zu stilisieren und damit verständlich (und verzeihlich) zu machen, deren tiefster Grund das Nichts ist, das alte Nichts im Sinne Leopardis oder

Montales, das von der stupenden Gleichgültigkeit der Natur oder des Menschen, soweit er Kreatur ist, bloßgelegt wird. Etwas, was Fortini vergeblich zu maskieren sucht, indem er auch hier alles in eine Lektion verwandeln will (seine Vorfahren pflegten nicht umsonst mit erhobenem Zeigefinger zu reden), oder indem er sich um die Komplizenschaft des Lesers als Kampfgenossen bemüht. Das Ergebnis ist »aufgewärmte« Poesie, die im Falsett die Gefühle der großen Dichter (der Väter) nachempfindet; von daher ein poetisches Italienisch, das dem Bassanis eng verwandt ist, ein schamhafter »Melos«, der zur völligen Manieriertheit wird. Auch Fortini kennt das Dilemma: er mogelt, indem er vorgibt, er habe nichts damit zu tun, er habe eine ganz andere »Spannung«. Aber nicht nur wer täglich gezwungen ist, sich auf einer demütigenden televisiven oder konsumistischen Ebene zu schlagen, auch er entgeht diesem Muster nicht: Askese (auch wenn sie atheistisch, rein poetisch ist) oder anbiederndes Paktieren mit dem Aktionismus.

Was meine bittere Bemerkung betrifft, der Krieg werde nicht von der Arbeiterklasse und der KPI gewollt, so sagte ich das aus einer unrühmlich neutralen und »realistischen« Haltung heraus. Und als ich sagte, daß die Studentenbewegung keinen Krieg machen könne, so wollte ich damit nur ausdrücken, daß Kriege von Heeren gemacht werden, und daß Heere eben Institutionen sind.

Nr. 11   15. 3. 1969

AUF DEM LAND MIT SOFFICI

An der Gravenna liest mir Cecco einige Passagen von Ardegno Soffici vor, das Buch zwischen seinen alten Händen, knochig wie Stecken, seine beiden kleinen Söhne Raoul und Giovanni neben sich, Passagen, die er in- und auswendig kennt.

Sie handeln von Dingen und Personen vor mehr als fünfzig Jahren. Von Cecco selbst, damals vierzehnjähriger Jäger; von seiner Mutter, einer bäurischen Köchin; von Holzfällern, die sich an einem Regentag in der Osteria versammeln. Die Worte von Soffici werden wieder zur gesprochenen Sprache, wenn Cecco sie mit seiner Aretiner Stimme vorliest, und finden zu einer grammatischen und lexikalischen Absolutheit zurück, die im geschriebenen Text blasser wirkt. Wenn ich um mich schaue — das Flußbett der Gravenna, die breite Flußschleife zwischen den rostbraunen Hügeln, wo man schon den Arno spürt, die schwermütigen, sich in der Wintersonne duckenden Gehölze —, so hat die Prosa von Soffici etwas Altvertrautes für mich (als Kind habe ich sie oft gelesen).

Gleichzeitig weckt sie eine heftige und ungebrochene Sehnsucht nach Malerei in mir, erinnert mich an meine eigenen Bilder, die ich 1939 und 1940 gemalt habe. (Als ich eine Passage höre, in der Soffici bescheibt, wie ein Bild im Halbdunkel der Osteria gemalt wird, mitten zwischen kartenspielenden Holzfällern, draußen das Regenrauschen, wird mir fast schwindlig vor Trauer.) Dann plötzlich ein Bruch in den Erinnerungsträumen: die alte Welt löst sich von der ihr scheinbar ähnlichen Welt, die in Wirklichkeit aber nur totes Relikt ist oder sie in Form artifizieller Beschwörung imitiert. Ich meine die bäuerliche Welt von damals, mit Gehölzen und Holzfällern, mit »richtigem« Essen, mit der klassischen Ästhetik, den Tempeln, träge vom Existieren, den uralten Gewohnheiten, den dauerhaften und absoluten menschlichen Beziehungen, dem herzzerreißenden Abschiednehmen und dem überwältigenden Heimkehren in eine unveränderte Welt, wo die Knaben noch wildern und die Mütter noch gutes Essen in alten Familiengasthöfen kochen: in dieselbe Luft, denselben Duft, dieselbe Sonne. Diese rituellen Lebensformen haben sich jedoch bereits vor einem weit zurückliegendem Wendepunkt aufgelöst. Und ich, hier an der Gravenna, weil ich einen Freund in die Kaserne begleitet habe, fühle nur noch, wie anachronistisch und grausam die Enge ist, die auch Teil jener alten fernen Welt war. Sie entspricht keiner Realität mehr, weil jede Spur von notwendiger Initiation verloren gegangen ist, weil sie nur noch der abgehackte Stumpf einer Welt ist, deren anbetungswürdige Schönheit vollkommen vergessen, verloren ist.

Nr. 11   15. 3. 1969

SAKRILEG

Kayseri ist das antike Cäsarea (das in Kapadozien). Um dorthin zu kommen, muß man ein großes wüstenartiges Tal mit einem See in der Mitte durchqueren, wo keine Menschenseele ist, umgeben von ein paar vereinzelten, gleichmäßigen, violetten Bergen, deren sanfte Abhänge sich kaum wahrnehmbar im Tal mit seiner dunklen regennassen Ebene verlieren.

Zuerst erscheint auf der rechten Seite eine große Fabrik, die, obwohl sie neu ist, schon alt und baufällig wirkt, links ein Dorf für die Fabrikarbeiter, eine bunte Anhäufung von Hütten aller Art, fast wie auf Illustrationen zu Feengeschichten, allerdings Geschichten von armen Feen. Nun gut, die Arbeiter können, wie man weiß, auch in so grotesken Dörfern leben. Dann taucht die Stadt vor uns auf. Immer noch Cäsarea, auch wenn es heute nur noch eine Distrikthauptstadt im tiefsten Anatolien ist. Der Apostel Paulus fällt mir ein und seine Briefe — er hätte sie gestern schreiben können. Der »Cäsar« hingegen (ich muß gestehen, ich weiß nicht welcher), der die Stadt gegründet hat und alle anderen »Kaiser«, die sie später gehalten haben, von den Seldschuken bis zu den Turkmenen, erwecken weniger Liebe in mir. Sie haben das alte Cäsarea zu der armseligen, mittelalterlich-levantinischen Stadt gemacht, die ich im Geiste schon betrete. Ich rieche bereits den Geruch von Gewürzen und Fett in den rauchigen Gassen, wo es von armen Leuten nur so wimmelt, bei deren Anblick man sich immer fragt, wie sie überhaupt existieren können: eine Staubwolke, die sich niederlassen wird und dann — auf der dunklen Erde, über die Hirten ziehen — von unbeweglichen Flächen aus einem Gewimmel kleinster Steinchen aufgefangen wird. In Wirklichkeit fahre ich aber durch eine breite zweispurige Straße, links und rechts moderne Häuser und Kasernen, ein paar Tankstellen, Reihen von Leuten auf den Gehsteigen, dunkel gekleidet, Anzüge mit kurzgeschnittenen Jacken, die eine gewisse Eleganz haben, bis dann plötzlich am Ende eines Platzes die Innenstadt auftaucht. Kayseri ist offensichtlich vor ganz kurzer Zeit dem Erdboden gleichgemacht und auf den Ruinen der alten Häuser neu aufgebaut worden. Einzelne Trümmer sind wie amputierte Glieder da und dort noch zwischen Zement und Glas sichtbar. Im Zentrum umschließt ein Fort mit romanischen Ringmauern ein Suk, wo man, soweit das Auge reicht, nur Plastikzeug und Massenware sieht (außer Käse und Getreideprodukten natürlich).

Von Kayseri nach Ankara sind es drei oder vier Autostunden durch die Wüste von Kapadozien mit ihren Tankstellen. Ankara ist eine emporschießende Hauptstadt mit Wolkenkratzern, die sich zackig in die bizarre Ebene unter dem alten Gebirgszug einschneiden, auf dem sich das antike Ancira einst erhoben hat und noch erhebt, Schicht um Schicht: zwei Reihen von Festungsmauern, eine antike und eine mittelalterliche, der Suk und das Kapharnum. Aber es ist so weit weg, so wenig mit Ankara verbunden, verschwimmt im Dunst. Ankara ist heute eine Art Manhattan, eine zersplitterte, bruchstückhafte Stadt, die sich funkelnagelneu aus dem Dreck erhebt.

Von Rom nach Ankara sind es drei oder vier Stunden mit dem Flugzeug. Ich komme in Rom an: das EUR, die Viale Cristoforo Colombo, die Garbatella teilweise im neokapitalistischen Stil wiederaufgebaut. Der einzige Unterscheid zwischen dem modernen Rom und dem modernen Ankara ist der, daß Ankara noch neuer ist und Manhattan imitiert. Aber in beiden Fällen ist die antike Konzeption der Stadt völlig entstellt: die »Bedeutung« oder das »Gefühl«, das eine klassische oder mittelalterliche Mauer vermittelt, wird zwar immer durch unmittelbar daneben oder sich auch meinetwegen in respektvoller Distanz befindende neue Mauern verändert. Die »Semanteme« einer Stadt verändern sich ständig, die Veränderung kann aber (wie in diesen Fällen) degradierend sein.

Von Rom nach Kayseri ist es ebenso weit wie von Ankara nach Kayseri. Sobald ich in Rom bin, steige ich ins Auto und bin nach zwei Stunden Autostrada in Arezzo. In Rottönen, wohlproportioniert, mit den hinreißend schönen Dimensionen, die alle kleinen Städte der Vergangenheit haben, präsentiert sich Arezzo vor dem Hintergrund flacher, dunstiger Hügel in einer weitgehend kultivierten Ebene, mit all seiner Akuratesse, seiner toskanischen Ordnung. Aber auch hier dann plötzlich auf der rechten Seite, vor dem zarten Grün der Kornfelder, eine große funkelnagelneue Fabrik. Daneben die Arbeiterhäuschen, die ach so praktischen Häuschen, die, weil sie ein ganz klein bißchen wohlhabend sind, es fertigbringen, sogar diese Landschaft ärmlich wirken zu lassen. Und schlagartig wird die hinreißende Erscheinung Arezzos mit seinen schlichten, aber ruhmreichen Geschlechtertürmen, mit den Kirchtürmen, die mehr kommunal sind als klerikal, diese »kleine Unendlichkeit« gestört, verletzt, tyrannisiert, deformiert, entwertet durch den willkürlichen und chaotischen Anblick des modernen Arezzo. Das, wohlverstanden, nicht einmal besonders häßlich ist, denn alles hat sogar ... einen gewissen Charme.

Im Laboratorium, in einem Zufallsexperiment vereint eine imaginäre Achse Kayseri und Arezzo. An den jeweils entgegengesetzten Enden der Achse befinden sich zwei analoge Fälle. Die Transformation eines »Signifikats«, dessen »Signifikant« die Stadt ist, eine Transformation als Ergebnis einer planlosen und sakrilegischen Akkumulation.

Sakrileg für wen?

Für mich, zum Beispiel. Aber ich habe mir genau in diesem Moment vorgenommen, nie wieder gefühlsmäßig auf ein solches Sakrileg zu reagieren, da es nur eine einzige verzweifelte, ohnmächtige und daher nutzlose Frustration bedeutet.

Kein Sakrileg dagegen für einen jungen Amerikaner oder für einen Rotgardisten: der eine ist zynisch und akzeptiert aus purer Unschuld und Unwissenheit einen neuen Typus von Realität (von architektonischer Realität in diesem Fall). Auch der andere ist unschuldig und unwissend (er kommt ja direkt vom Land), aber er ist nicht zynisch, sondern im Gegenteil idealistisch und will bewußt das Alte zerstören, um das Neue zu errichten. Wer von uns hätte Ähnlichkeit mit einem amerikanischen Techniker oder mit einem chinesischen Rotgardisten? Keiner. Dennoch verifiziert sich auch in Italien die offenkundige Analogie zwischen dem »sakrilegischen« Umgang des Technikers und des Rotgardisten mit der Vergangenheit, zum Beispiel in der drastischen Haltung junger Leute, die unterschiedslos »alles« Alte im Namen der Revolution verdammen, wodurch sie sich nur zum Träger eines neokapitalistischen Wertes machen: der totalen Beseitigung alter Machtstrukturen durch die neue Industriemacht. Oder im Kult, den bestimmte Jugendliche mit der kollektiven Arbeit treiben, als ob es sich bereits um eine Kollektivierung der Arbeit im revolutionären oder volkstümlichen Sinne handelte, während die Teamarbeit in Wirklichkeit doch nur einer Forderung der Massenkultur entspricht, der Forderung nämlich nach Entpersönlichung.

Das ist ein Knoten, den wir lösen müssen, eine Entscheidung, der wir uns stellen müssen.

Nr. 12   23. 2. 1969

»ITALIA NOSTRA« WIRD NICHTS ERREICHEN

In Italien gibt es eine Organisation zur Erhaltung des nationalen Kunst- und Landschaftserbes. Sie nennt sich »Italia nostra« (Unser Italien). Ich frage mich aber: Wessen Italien? »Italia nostra« hat gute Kämpfe ausgefochten, auch sehr noble Kämpfe. Aber mein Freund Giorgio (Bassani) und die anderen Freunde, die für »Italia nostra« arbeiten und kämpfen, werden nicht beleidigt sein, wenn ich sie mit ein paar Problemen konfrontiere:

1) »Italia nostra ist gleichbedeutend mit »bürgerlichem Italien«, d. h. einer kleinen bürgerlichen und intelligenten Elite, die es verstanden hat, ihre Privilegien in Kultur zu verwandeln. Aber die ganze bürgerliche Subkultur Italiens identifiziert – daran besteht nicht der geringste Zweifel – Italien nicht mit »Italia nostra«.

2) Die Arbeiterklasse, die heute nicht nur von den alten Mächten beeinflußt ist, sondern vor allem von der internationalen Industriemacht, die sich gerade anschickt, die nationalen politischen Mächte einzuverleiben, kümmert sich keinen Deut um die Heiligkeit der Vergangenheit. Auch die Kommunisten, eben die Arbeiter, verhalten sich den Kulturdenkmälern und der Landschaft gegenüber wie ein neokapitalistischer Techniker, der als emsige Ameise nichts anderes im Kopf hat, als Welt von Grund auf umzugestalten.

»Italia nostra« wird daher nicht das geringste erreichen, solange sie ihren Kampf nicht zu einem politischen Kampf macht. Das hieße, daß sie sich zuerst einmal vom übrigen Bürgertum, das all die Kunstdenkmäler und die Landschaften in Händen hat, deutlich unterscheiden und sich dann von dem freimachen müßte, was sie selbst hat (ebenfalls Kunstdenkmäler und Landschaften): ein mystischer Akt, kaum vorstellbar bei den Mitgliedern von »Italia nostra«. Zweitens müßte die Organisation das »Problem Vergangenheit« bei denen populär machen, die nie an der Geschichte teilgenommen haben, es sei denn passiv als beherrschte Klasse. Auch dieser Vorgang ist fast undenkbar: tatsächlich ziehen die Politiker (wie ich aus sicherer Quelle weiß) die Forderungen von »Italia nostra« gar nicht in Betracht, eben deshalb, weil diese Forderungen nicht populär sind und daher den Politiker, der sie aufgreift, nur unpopulär machen würden.

Hier müßte man zuerst einmal die Politiker am Wickel packen und sie zwingen, sich mit dem »Problem der Schönheit« zu befassen, und sei es nur, indem sie es bei den Wählern populär machten (wenn sie schon solche Angst vor Stimmverlust haben). Die Politiker kann man aber nur am Wickel packen, wenn man neue Methoden des politischen Kampfes benutzt. Ist das denkbar in diesem Fall? Ist das Ideal der Schönheit, das die Mitglieder von »Italia nostra« inspiriert, tatsächlich »politisch« stark genug, um sie auf die Straße zu bringen, um sie Kunstdenkmäler und Landschaften besetzen oder in Hungerstreik treten oder mit der nötigen Brutalität brüllen zu lassen (so brutal, daß sie von der Polizei verprügelt würden)?

An diesem Punkt müßten noch andere Gruppen hinzustoßen, um den zerstreuten Haufen von Leuten zu unterstützen, die verzweifelt alles Vergangene lieben, das Schönheit verkörpert und damit das Gegenwärtige integriert; es müßte sich also eine politische Allianz bilden. Würden dafür die jungen Leute auch auf die Straße gehen? Es wäre ja so hinreißend, wenn sich zur Verteidigung eines alten bourbonischen Gemäuers, das irgendein zynischer Besitzer gerade abreißen lassen will, um Wohnblocks zu errichten, ein — wohlverstanden »extremistischer« — Kampf entzündete. Aber das ist zu schön, um wahr zu werden. Denn revolutionärer Puritanismus und industrieller Puritanismus (wie ich bereits einmal gesagt habe) decken sich und beide erklären gemeinsam die Schönheitsliebe zur Sünde.

Vielleicht mit Recht?

Hier liegt das fundamentale Problem: von Kayseri bis Arezzo läuft eine Front, an der gleichzeitig eine alte Welt zerstört und eine neue (vorläufig grauenhafte) Welt errichtet wird, eine machtvolle Front, die von Sieg zu Sieg schreitet, von Triumph zu Triumph. Ihr Vorrücken ist unaufhaltsam.

Deshalb leben Menschen wie ich, Besitzer der Vergangenheit, in einem Zustand völliger Frustration. Nie zu gewinnen, immer zu verlieren, das erbittert. Aus diesem Grund müssen wir uns der folgenden Entscheidung stellen: entweder wir kämpfen »wirklich«, um auch gewisse Erfolge zu erreichen (im Sinne unserer alten Kultur), oder wir geben zu, daß wir Komplizen dessen sind, was ich »Sakrileg« nenne, was aber heute identisch mit Geschichte ist.

Nr. 12   23. 3. 1969

ES GIBT NOCH ROMANESKE LEBEN

Eine kürzliche Untersuchung im »Giorno« war dem Roman gewidmet. Ich habe sie überflogen, in Eile, und festgestellt, daß meine befragten Kollegen sich nicht verausgabt haben. Zwischen Apokalypse und der Reduktion auf praktische Fragen schwankend, kamen sie mir doch recht unsicher vor, und die Ergebnisse daher wenig ergiebig. Ob der Roman tot ist oder weiterlebt, ist im übrigen eine falsch gestellte Frage (zumal wenn man sie mit literarischen oder oberflächlich soziologischen Begriffen angeht). Der Roman, so wie ihn Barthes sieht, ist jenseits des Geschriebenen beheimatet. Die Frage muß daher lauten: *Gibt es noch romaneske Leben oder nicht?* Und: Wenn es noch romaneske Leben gibt, warum machen die Schriftsteller keine Romane mehr daraus?

Es steht außer Frage, daß auch das heutige Leben noch romaneske Strukturen hat. In der Wirklichkeit – also jenseits des Geschriebenen – ereignen sich unentwegt Abenteuer. Ich brauche nur einen Moment mich umzuschauen, um festzustellen, daß alle »Wechselfälle« des Lebens nach wie vor romanesk sind. Der Leser denke nur an irgendeine noch so banale, aber »reale« Liebesgeschichte. Oder an den ersten Arbeitstag eines jungen Mannes oder eines jungen Mädchens in einer Fabrik, einer Firma, einem Büro oder einer Schule. Ist das nicht ein romaneskes Ereignis? Oder der letzte Arbeitstag eines älteren Mannes, der in Pension geht. Ist nicht auch das romanesk? Kurzum, unser Leben ist immer noch voll von purer Existentialität. Es stimmt zwar, daß das Leben heute dazu tendiert, diese Existentialität und seine Zufälligkeiten zu verlieren; die Menschen neigen immer mehr dazu, alles, was ihnen zustößt, als geplant und normal zu betrachten; die Zivilisation des technischen Zeitalters und die Serienproduktion vereinheitlichen Millionen von Schicksalen und nehmen dem Leben jenes Staunen vor dem Lauf der Dinge, das dem Wesen des Romans entspricht. Es stimmt ebenfalls, daß jede vorindustrielle Zivilisation vom ersten Moment an, wo sich Menschen zusammengeschlossen haben, *Schicksalsmuster* geprägt und damit alles in feste Bahnen gelenkt hat (auch die möglichen Anomalien, da das praktische Leben in den Mythos projeziert wurde: neben den physischen Vater einen mythischen Vater, neben den physischen Tod einen mythischen Tod usw.). Diese *Schicksalsmuster*, durch Kodifizierung des Existierenden entstanden, hatten ihren festen Wert in diesen Gesellschaften, d. h. innerhalb einer Entropie, wo jeder Einzelne Träger von Werten war und als solcher sein Leben, im Guten wie im Schlechten, als eine zu erfüllende Pflicht lebte. Zivilisationen sind aber bis heute immer partikularistisch gewesen; hier eine, dort eine, die eine entwickelt, die andere rückständig.

Die weltweiten Infrastrukturen gab es noch nicht. Die Nationen sind ein Überrest dieser vielteiligen Welt, in der jede Zivilisation ein geschlossenes Universum mit eigenen Werten war, die sich im ebenfalls vielseitigen und partikularistischen Innern dieser Zivilisationen entfalteten. Aus dem Zusammentreffen dieser Partikularismen entstanden die historischen Wechselfälle, das eigentlich Romaneske. Was war der Einbruch der Dorer in Griechenland anderes? Jeder (nationale, gesellschaftliche, religiöse, ethnische usw.) Partikularismus war für die anderen Partikularismen das *Anderswo*. Und *das Gefühl des Anderswo* schuf in der Realität das Romaneske und in der Literatur den Roman.

China zur Zeit von Marco Polo war ein *Anderswo*, auch wenn es nur dem Namen nach bekannt war. Und dieses *Anderswo* war eine Gegenwelt, die auch das Alltägliche, das Bekannte, das langweilige *Hier* zur Selbsterfahrung und daher zum Staunen werden ließen. Wenn eine Reise nach der unbekannten Welt Chinas sehnsüchtige Spannung und höchste Erregung weckte, dann wiederholte sich etwas von dieser Spannung und Erregung in einer Reise nach Fiesole. Die Reise war der Archetypus des Romans, die wahre oder ideale Kenntnis eines *Anderswo*. Oder das Gegenteil (das Negativ) all dessen: das absolute Vertrauen in die Werte der eigenen Entropie. (China innerhalb seiner Mauern). In diesem Sinn bedeutete der Roman eine vertikale und horizontale Reise, ein Aufstieg oder Abstieg in der Werthierarchie der eigenen Gesellschaft. Entweder eine Reise zum Horizont oder zum Zentrum der Macht. Es gibt keinen Roman der Neuzeit, in dem das zentrale und strukturierende Thema nicht eine dieser beiden Errungenschaften wäre.

Heute kann man mit Recht sagen, daß dieses *Anderswo* gar nicht mehr existiert, bzw. endgültig verschwindet. Weltweite Infrastrukturen wie die Fluglinien haben die chinesischen Mauern zerstört. Die nationalen Mächte und all die Patikularismen sind nur noch bruchstückhaft vorhanden, die Industriemacht dagegen ist international und umfaßt als industrielle Entropie praktisch die gesamte Menschheit. Man kann nicht mehr »zum Horizont« aufbrechen, als ob das bereits ein Abenteuer wäre, als ob man damit noch ein *Anderswo* fände. Und wenn es das Geheimnis nicht mehr gibt, dann gibt es auch keine phantastische Begegnung mit den eigenen Werten mehr. Und das Gegenteil, ein abgeschirmtes Leben im eigenen autarken Partikularismus, wird ebenfalls unmöglich, weil die Werte nicht mehr partikularistisch sind. Ein »Nationalismus« z.B. des gesamten Globus ist undenkbar. Auch ein (im Grunde phantastisches) Verlagern des *Anderswo* ist unmöglich, da ein *Anderswo* gar nicht mehr existiert: wir leben alle im *Hier*.

Theoretisch ist es so. Für drei Milliarden Menschen jedoch ist das immer noch Zukunft (auch wenn man den Eindruck hat, es handle sich um eine unmittelbar bevorstehende Zukunft). Etwa drei Milliarden Menschen können nicht ins Flugzeug steigen und teilweise nicht einmal in einen Zug oder ein Auto. Ihre Infrastrukturen sind immer noch die klassischen und mythischen, sie reisen zu Pferd, auf dem Esel oder dem Kamel oder zu Fuß.

Aus diesem Grund habe ich behauptet, daß die große Mehrheit der Menschen heute noch, objektiv gesehen, ein romaneskes Leben führt, ein Leben, das durch die Existenz des *Anderswo* etwas Phantastisches bekommt, durch Reisen, Abenteuer, Entdeckungen, Zufälle, Wiederfindungen, Schicksalsschläge, Verträge, Bankrotte, glückliche Ausgänge. Aber die Schriftsteller gehören zur Elite, die im Flugzeug reist oder wenigstens weiß, daß all das zu Ende geht. Wie könnte man noch so tun, als ob man es nicht wüßte?

Ich habe schon mehrmals in dieser Kolumne gesagt, daß es heute fast schicksalhaft ist, daß dichterische Inhalte überlebte Inhalte sein müssen, Ausdruck einer Nachhut (retroguaria). Das gilt für den Roman offensichtlich nicht, weil es das Romaneske entweder gibt oder nicht gibt. Und wenn es nicht mehr existiert, kann es nicht herbeitheoretisiert werden, auch nicht aus noch so tief empfundener und noch so inbrünstiger Liebe zu den Menschen, die jenseits der Buchseiten noch ein altertümliches Leben führen: ein romaneskes Leben.

Nr. 13   29. 3. 1969

EIN MENSCH ZWEITER KLASSE

Ich möchte diesmal dem Leser ein Dokument vorstellen, einen Leserbrief, und möchte die Autoren einer kürzlich bei Bompiani erschienenen Anthologie bitten, dieses Dokument zu prüfen. (Bei der Anthologie handelt es sich um »Die Analyse der Erzählung« mit Texten von Barthes, Greimas, Bremond, Eco, Gritti, Morin, Metz, Todorov, Genette). Wie bewegt ich selbst war, als ich diesen Brief erhalten habe, der ein Leben schildert wie aus einem Roman von Dickens, sei nur am Rande erwähnt.

„Liebster Pier Paolo! Ich bin sicher, daß Dich dieser Brief ein wenig überraschen wird, vor allem wird Dich überraschen, daß ich Dich duze, daß sich ein Kamerad nach fast dreißig Jahren noch Deiner erinnert. Es ist wohl notwendig, einen Schritt zurück in die Vergangenheit

zu machen: *Wann und wo haben wir uns gekannt? Wenn Du in Deinen Erinnerungen gräbst, wird Dir vielleicht einfallen, wann ich Dir begegnet bin. Ich war schon einige Male drauf und dran, Dir zu schreiben, auch als ich noch im Ausland lebte (...) Ich heiße (Name folgt), die Freunde nennen mich Nino (...) Ich habe Dich gekannt, als Du noch ins Gymnasium gingst, Du kamst in den Ferien immer zu Deinen Tanten, zusammen mit Deiner Mamma und dem Bruder Guido nach Casarsa di Delizia (Udine), wo ich damals lebte. Ich habe Dich damals beneidet, Pier Paolo, ich habe Dich aus dem einfachen Grund beneidet, weil Du lernen und studieren konntest, während bei mir zu Hause alles nur reichte, um jeden Tag ein paar kärgliche Mahlzeiten auf den Tisch zu stellen. Ich habe Dich stumm beneidet um dieses Privileg, das mir leider nicht vergönnt war (...) Ich war damals ein armer Bursche, mein Vater war gestorben, als ich noch ein kleines Kind war, ich hatte nichts, aber auch gar nichts, arbeitete mit großem Fleiß in verschiedenen Berufen, aber ich blieb immer ein armer Bursche, denn die Zeiten waren eben hart, und hart waren auch die Menschen. Als der Krieg ausbrach und viele Italiener aus wohlhabenden Familien alles taten, um sich ihrer Pflicht zu entziehen, habe ich kniefällig um die Ehre gebeten, dem Vaterland dienen zu dürfen. Kniefällig sage ich, weil man nicht einmal beim Militär genommen wurde, wenn man, wie ich, schlechte Augen hatte. Man gewährte mir diese Ehre, mir armem Verblendeten, es gelang mir sogar, Offizier zu werden, aber welch ein Jammer nach den Ereignissen im September 1943! Ich kehrte enttäuscht und von allem und allen verbittert heim und schlug mich schlecht und recht durch bis zum Kriegsende. Weder vor noch nach dem Krieg besaß ich irgendetwas; Italien war für mich immer noch ein feindliches Land, nur gut für opportunistische Geier und servile Schurken, für die machiavellistischen Menschen, für die Dynamischen, wie man heute sagt. Ich war leider nicht aus diesem Holz geschnitzt, ich besaß all diese Gaben nicht, das Leben war mir daher nicht wohlgesonnen. Und so kaufte ich mir zuletzt von geborgtem Geld (das ich später zurückbezahlt habe) ein Billet 4. Klasse für ein Schiff nach Südamerika. Ich landete in Venezuela (Maracaibo), sechstausend Lire in der Tasche und keine Ahnung von dem Land, seinen Sitten und Bräuchen, von seiner Sprache, ein Land, in dem es durchschnittlich vierzig Grad heiß ist. Aber ich war so voll Hoffnung, mit einem so eisernen Willen gerüstet, es diesmal zu schaffen, koste es, was es wolle, weil sonst alles zu Ende gewesen wäre. Die folgenden Jahre und unzählige Opfer haben mich eine gewisse soziale und wirt-*

schaftliche Stellung erringen und somit die Demütigungen der Vergangenheit vergessen lassen. Heute bin ich ein kleiner Industrieller, der einen Teil seines Kapitals in Amerika verdient hat. Vor ein paar Jahren habe ich hier in Italien eine Fabrik gebaut, habe einen gewissen Besitz. Jedes Jahr komme ich ein paar Monate hierher und kümmere mich um meine Geschäfte. Ich bin nie ein Egoist gewesen und bin es heute erst recht nicht, ich höre immer auf mein Gewissen (…) Auch ich war ein Emigrant und betrachte mich heute noch als einer, (…) auch wenn ich zwanzig Jahre in einem fremden Land gelebt habe und diesem Land alles verdanke und es als zweites Vaterland liebe. Aber glaube mir — es ist so bitter, auswandern zu müssen! Man kann sich nur auf seine eigenen Kräfte verlassen, weh dem, der krank wird, das ist ein Luxus, den sich ein Emigrant nicht leisten kann, und die Vertreter des eigenen Landes sind eine auserwählte Klasse, sie schauen dich mißtrauisch von oben bis unten an, als ob du ein Mensch zweiter Klasse wärst. Sie kennen die Tragödien und die Demütigungen all der Leute nicht, die gezwungen sind, sich in der Fremde das Stück Brot zu verdienen, das ihnen das eigene Land verwehrt hat. Sie kennen sie nicht oder sie tun so, als ob sie nichts davon wüßten (…) Wie Du siehst, bin ich kein Intellektueller, auch kein Schriftsteller, ich schaue, wie ich durchkomme, ach, ich armer Mensch, wenn ich das nicht ein Leben lang getan hätte, so wäre ich nicht nur einmal, sondern viele Male zugrunde gegangen. Ich bin froh, daß ich Dir geschrieben habe, es ist mir, als ob ein Stein von meiner Brust gefallen wäre, den ich lange Zeit mit mir herumgetragen habe."

Nr. 13   29. 3. 1969

GEWISSENSQUALEN WEGEN EINES ERMORDETEN HUNDES

Ein fünfundzwanzigjähriger Bursche hat mit einer Eisenstange einen Hund erschlagen; hat ihn dann mit einem Messer aufgeschlitzt und Herz und Eingeweide gegessen; auch sein Blut hat er getrunken.

Dann streifte er durch die Felder, in der Gegend von Ancona. Als die Carabinieri deswegen auf ihn aufmerksam wurden und ihn stellten (wahrscheinlich, um ihn ins Irrenhaus zu bringen), machte er falsche Angaben zur Person. Das heißt, daß er sich seiner Tat durchaus bewußt war, daß er offenbar einen obsessiven Plan ausgeführt und keineswegs in einem Zustand der Unzurechnungsfähigkeit gehandelt hatte. Ebenso ist zu vermuten, daß er Schmerz und

Scham über diese Tat empfunden hat. Einige Zeit später konnte man dann in der Zeitung lesen, er sei vor kurzem verschwunden, und man habe ihn schließlich in einer Zisterne gefunden.

Wenn die Zeitungen Formulierungen wie „durch die Felder streifen" gebrauchen, dann scheinen sie linguistisch einen Akt zu normalisieren, der bereits als solcher zum Kodex der normalen Verhaltensweisen gehört. Normalität also, nichts als Normalität, mit der Absicht, alles zu entdramatisieren. Das Entdramatisieren gehört schließlich zu den journalistischen Pflichten. (Außer bei rassistischen Kampagnen. Anders gesagt: Die öffentliche Meinung will wie eine Bestie besänftigt werden, wenn es um das geht, was sie nicht hassen will. Dagegen muß sie aufgehetzt werden, sobald sie hassen will. So waren z. B. die Zeitungen ganz offensichtlich enttäuscht, als sich die Vermutung bestätigte, daß das Kind aus Viareggio nicht, wie erwartet, von einem Unhold umgebracht worden war; die öffentliche Meinung hatte aber gehofft, ihren rassistischen Haß befriedigen zu können, weshalb alles entsprechend dramatisiert worden war. Die zuverlässigste Vermutung, die im Grund einzig zuverlässige Vermutung, daß nämlich der kleine Ermanno von Gleichaltrigen während eines Streites umgebracht worden war, wurde dagegen zu einem traurigen und unschönen, sich aber letztlich im Rahmen der Normen bewegenden Vorfall bagatellisiert. Keine Spur mehr von Lynchjustiz und rassistischer Wut. Im Gegenteil: Bei solchen Gelegenheiten pflegt sich eher konsterniertes Mitleid breitzumachen.)

Die »Irren« holt man also in die Normalität zurück, indem man die armen Teufel durch die Felder »streifen« läßt. Was sich in ihrem Inneren abspielt, interessiert nicht: Sie sind nur Körper, die umherstreifen, Erscheinungsformen ohne Innenleben. Oder von solcher Inferiorität, daß man lieber darüber schweigt. Wie gut kann ich mir die rauhe Landschaft bei Ancona vorstellen, halb winterlich, halb frühlingshaft, ein sinnloser Winter, ein Frühling, der keine Lust hat zu kommen. Und den Seelenzustand des umherirrenden Burschen kenne ich nur allzu gut, diese entsetzlichen wellenartigen Schmerzen eines gehetzten wilden Tieres.

Wir bewegen uns vorwärts, indem wir unentwegt Dämme hinter uns errichten, damit unser Lebensstrom nicht in die Vergangenheit zurückfließt und somit die Gegenwart entleert. Oft brechen diese Dämme, die letzten vor allem, jene, die wir gegen vorangegangene Generationen errichtet haben, gegen die Epoche vor uns.

Zumindest aber gibt es immer ein Durchsickern, und unser Leben fließt daher teilweise auch immer wieder in die Vergangenheit zurück. Manchmal, wie im Fall des Burschen von Ancona, werden die Dämme bis zum Grund weggespült, und der Strom des Lebens fließt zurück, nicht in die vorangegangene Generation oder Epoche, sondern um Jahrtausende zurück, in die Vorgeschichte. Wie weit kann der Strom des Lebens zurückfließen? Gibt es eine Grenze? Die Religionswissenschaftler, nehme ich an, könnten den vorgeschichtlichen Zeitpunkt sehr genau bestimmen, zu dem der junge Bursche aus Ancona regrediert ist. Aber wie weit kann man regredieren?

Vor einigen Wochen habe ich in Kapadozien (warum eigentlich gerade dort?) einen der wunderbarsten, strahlendsten Träume meines Lebens gehabt. Und ich bin mir sicher, daß ich etwas Erlebtes geträumt habe. Meine Mutter war in dem Traum anwesend, wenn auch unsichtbar. Der Traum spielte in einem großen Zimmer, mit einem großen Tisch, einem Zimmer, das alle Zimmer in sich vereinte, in denen ich einstmals in Bologna, in Sacile, in Cremona gelebt hatte. Aber mir war klar, daß dieser Traum das Bologna im Jahre 1922 darstellte. Ich war gerade zur Welt gekommen, und ich habe mit absoluter Konkretheit und Präzision geträumt, welch ungeheures Glücksgefühl das war, zum erstenmal zu essen und zu schlafen. Wer hätte je daran gedacht? Es hat einen Moment gegeben, wo ich zum ersten Mal gegessen habe und dann eingeschlafen bin, ...

Nr. 14   5. 4. 1969

EIN UNGELIEBTES KIND

Heute nacht im Halbschlaf habe ich eine jener Erleuchtungen gehabt (die Psychologie nennt sie »hypnagogische Halluzinationen«), die mich im allgemeinen Gedichte schreiben lassen. Ich will sie stattdessen in Prosa übersetzen: Alles Alte, alle alten Bauwerke, alle antiken Dinge aus Stein oder Holz oder anderem Material, die Kirchen, die Türme, die Fassaden der Paläste, — all das, anthropomorphisiert und wie vergöttlicht als einzigartige und bewußtseinsbegabte Figur, erkennt auf einmal, daß es nicht mehr geliebt wird, daß es nur noch überlebt. Und deshalb beschließt es, sich umzubringen, beschließt einen langsamen und stillen, aber unaufhaltsamen Selbstmord. Und sogleich fängt alles an, was jahrhundertlang »ewig« erschien und es auch in Wirklichkeit war, zumindest bis vor zwei oder drei Jahren, sich aufzulösen, alles zugleich, wie erfüllt von einem gemeinsamen Willen, einem gemeinsamen Geist. Venedig stirbt dahin, die Felsen von Matera wimmeln von Ratten und Schlangen und brechen in sich zusammen, Tausende von (herrlichen) Gehöften in der Lombardei, in der Toskana, in Sizilien zerfallen; auf Fresken, die unzerstörbar schienen, zeigen sich auf einmal unheilbare Schäden. Die Dinge sind so bedingungslos und starrköpfig wie Kinder: was sie beschlossen haben, ist endgültig und unumstößlich. Wenn ein Kind spürt, daß es nicht geliebt wird — wenn es sich überflüssig fühlt —, beschließt es unbewußt, krank zu werden oder zu sterben, und tut es dann auch. So auch die alten Dinge, die Steine, das Holz, die Farben. Ich habe das in meinem Traum klar gesehen, wie eine Vision.   Nr. 14   5. 4. 1969

ENTTÄUSCHTWERDEN UND RECHTHABEN

Ich sage bei jeder sich bietenden Gelegenheit: enttäuschtwerden ist Leben, Rechthaben ist der Tod. Jetzt muß ich von einem Fall berichten, wo ich recht gehabt habe, also von etwas Totem.

In der vorletzten Kolumne habe ich behauptet, daß sich der »sakrilegische Umgang mit der Vergangenheit« — der so typisch für einen jungen, auf Technik fixierten Durchschnittsamerikaner ist (mit seinem dümmlichen Ehrgeiz, die Welt von Grund auf zu erneuern, und seiner völligen Stumpfheit historischen »Stilen« gegenüber) —, daß sich dieser Umgang mit der Vergangenheit auch bei jungen Italienern feststellen läßt, die glauben, sie vollzögen revolutionäre Handlungen, dabei jedoch, ohne sich dessen bewußt zu sein, nur typische Verhaltensweisen der Konsumgesellschaft realisieren. Die Vergangenheit zu zerstören, ist eine idealistische revolutionäre Notwendigkeit (im Falle der Roten Garden), ist aber zugleich Ausdruck des durch und durch zynischen Technokratentums eines jungen, auf Technik fixierten Durchschnittsamerikaners.

Opfer dieses Widerspruchs (der wie üblich an Schärfe verliert, sobald er bewußt und entsprechend popularisiert wird) sind jene Studenten aus Genua, die über Fresken des Cinquecento die obligaten revolutionären Slogans geschrieben haben. Es gibt auch (wohlverstanden, ohne daß sich die Protagonisten dessen bewußt wären) einen »linken« Faschismus, dessen partikularistischer Charakter etwas »typisch Italienisches« hat. Aber das ist weniger wichtig: entscheidend ist der Akt als solcher, der physische Akt, die Brutalität, die sich als Mut ausgibt usw. Entscheidend ist der »sakrilegische Umgang mit der Vergangenheit«, den wir unbedingt klären müssen: Ist es ein Sakrileg der Rechten oder der Linken? Ist es ein zynisches oder ein idealistisches Sakrileg?

Nr. 14   5. 4. 1969

Motoren sind Tabernakel

In einem seiner letzten Bücher sagt Jung, daß die Obsession mancher Menschen, fliegende Untertassen wirklich gesehen zu haben und sie als objektiv existent anzunehmen, der unbewußte Wunsch sei, wieder dem Überirdischen zu begegnen, Zeuge, wenn schon nicht des Göttlichen, so doch wenigstens des Heiligen zu werden. Demnach wären die fliegenden Untertassen so etwas wie ersatzweise Engel. Ich zweifle nicht im geringsten daran, daß es so ist.

In dem Buch »Die biologische Zeitbombe« ist von der Zukunftsmöglichkeit eines Autos mit »eingepflanztem« lebendigem Menschengehirn die Rede. Elsa Morante hat mir gegenüber behauptet, daß es sich dabei um eine phantastische Projektion handle, die nichts anderes sei als eine Wiederkehr des alten Zentaurenmythos.

Ich zitiere diese beiden wissenschaftlichen Werke (zugegeben etwas oberflächlich journalistisch), weil sie mich an ein Phänomen erinnern, das ich tagtäglich mit Augen und Ohren wahrnehme: siebzehn, achtzehn, neunzehnjährige Burschen, völlig ausgebrannte Gestalten, die nichts anderes über ihre Arbeit und ihre Freizeit sagen könne als pure, simpelste Fakten wie »Ich bin Mechaniker. Meine Freundin heißt Maria. Wir haben uns gestern abend getroffen. Wir haben zusammen geschlafen.«, wachen schlagartig auf – wie Automaten, die sich plötzlich in Menschen verwandeln – wenn sie von Motoren erzählen. Plötzlich leuchten ihre Augen, ihre Stimme wird warm, eine leise Zärtlichkeit schwingt in ihren Reden mit. Für ein Armaturenbrett kennen sie auf einmal Worte der Liebe und Anbetung. Das passiert mir – ich wiederhole es – tagtäglich, und ich gebe mein Ehrenwort, daß ich nicht aus rhetorischen oder stilistischen Gründen übertreibe. Soweit ich weiß, hat sich von den ganzen Erscheinungsformen des Heiligen (das zwar noch in der sklerotischen Form des weiterverbreiteten volkstümlichen Aberglaubens überlebt, in dieser Form aber so rückständig, so abgrundtief von unserer Zeit entfernt ist, daß es in Wirklichkeit bedeutungslos ist) einzig und allein etwas im Motorenkult erhalten, diesem monströsen Weiterleben des Göttlichen. Der Motor ist heute Ort und Objekt des Sakralen. Wer dieses Objekt anbetet, hat immer auch das Bestreben, sich mit diesem erwählten Objekt zu identifizieren: Ich bin mein Motor (womit wir die übliche Verbindung von religiösen und psychologischen Motiven hätten), oder: Mein Motor ist mein eigentliches Selbst. Oder: Ohne Motor fehlt mir die Verbindung zum Göttlichen.

Die Motoren sind Tabernakel.

Wir können feststellen, daß dieser Motorenkult in der modernen, religiös degenerierten Welt die Wiederauferstehung des klassischen Gottes jener Kulturen bedeutet, die seit der französischen Revolution zwar langsam erloschen, aber bis vor wenigen Jahrzehnten noch in Resten existiert haben (etwas simpel ausgedrückt). Was im Motor neu aufersteht, ist nicht der *Deus Otius* der Urmenschen, kein Uranos, den Zeus und Anverwandte umgebracht haben, sondern Zeus selbst kehrt wieder, nachdem seine Solarisation alle Siebe der Aufklärung passiert hat. Eine Explosion des Irrationalen, mit anderen Worten: die letzten Zuckungen der magisch bäuerlichen Welt, die unseren Religionen die heutige Form gegeben hat, mit all den Schichtenbildungen ihrer heute noch vorhandenen Formen.

Ich glaube nicht, daß sich dieses Phänomen lange erhalten wird, denn es lebt aus dem historischen Zusammentreffen von alter bäuerlicher Welt, soweit sie überlebt hat, und neuer technischer Zivilisation, die nicht anders konnte, als sich auf der niedrigsten Ebene als Verkörperung von Macht darzustellen.

Zu erwarten ist eine total areligiöse Zukunft. In unserer Epoche jedoch — das ist unübersehbar — fliegen die Engel als UFO herum und der Mensch, der mit seinem Motor verwächst, will sich immer noch mit dem Göttlichen identifizieren.

Nr. 14   5. 4. 1969

»*Hinaus, die Rathäuser und Präfekturen, die Kasernen und die Banken, die Amts- und Notarstuben, die Pfarrhäuser und die Elendshütten seien verbrannt, die Paläste besetzt, die feisten Bürger mit ihren Huren aus den Fenstern geschmissen. Unverzüglich zünde man die Magazine an, wo die Lebensmittel und Stoffe sind. Zerstört die Telegrafendrähte, die Schienen und alle anderen Verbindungswege... Barrikaden, Steinhagel, kochendes Wasser und Glassplitter, Nägel mit dicken Köpfen (für die Kavallerie) und Schnupftabak oder Dynamitbomben geworfen... jeder handle aus eigener Initiative und lege Feuer, überall wo Unrecht begangen worden ist und wo es begangenes Unrecht zu rächen gilt. Viel müssen wir hassen, wenn wir in Zukunft viel lieben wollen. Die Revolution machen wir ohne Führer, wenn welche auftauchen, dann kriegen sie als erste eins auf den Pelz.*«*

Ein — schlecht übersetzter — Auszug aus einer besonders anarchistischen Rede Cohn-Bendits? Oder aus einem Manifest einer marxistisch-leninistischen Gruppe, frisch vom Gymnasium, in Versilia oder Piemont, wo man noch solches Italienisch schreibt? Es ist ein Auszug (»in keiner Weise geschönt«, wie der Autor des Buches meint, der diesen Text zitiert, Pier Carlo Masini in »Geschichte der italienischen Anarchisten«, Rizzoli) aus »Il pugnale" (Der Dolch), erschienen im April 1889 in Paris. Gründer dieser Zeitschrift waren Pini und Parmeggiani, zwei nach Frankreich geflohene Anarchisten, die der Verhaftung durch die Polizei entgehen wollten. (Damals war Crispi an der Regierung und zwischen Italien und Frankreich bestand eine Spannung, die an Kriegsgefahr grenzte; die Anarchisten kämpften für ein gemeinsames Vorgehen des französischen und italienischen Volkes gegen die jeweilige Regierung). Entscheidend ist, daß weder Pini noch Parmeggiani ein gegen den Staat gerichtetes Vergehen begangen hatten, sondern nur gegen einen anderen Anarchisten, gegen Ceretti aus di Mirandola, der »Il sole dell'avvenire« (Die Sonne der Zukunft) herausgab. Es handelte sich also nur um einen inneren Richtungskampf im Namen der »reinen Lehre«, der »anarchistischen Intransigenz«.

Aber abgesehen von dieser beunruhigenden und geradezu angsteinflössenden Analogie zu Haltungen der »reinen Lehre« und der »Intransigenz«, wie wir sie heute bei »spontaneistischen« revolutionären Gruppen finden (Analogien die zeigen, wie uralt und tief verwurzelt die italienische Tradition des »Linksfaschismus« ist, der auf einer widersprüchlichen Haltung zum Moralismus und Qualunquismus gründet, indem er davon zugleich angezogen und abgestoßen wird) — schauen wir uns eine Zeile des zitierten Textes an: »... Nägel mit dicken Köpfen (für die Kavallerie) und Schnupftabak oder Dynamitbomben geworfen ...« Hier finden wir weniger offensichtlich, aber gerade deswegen bedeutungsvollere und überraschendere Analogien zu bestimmten heutigen Haltungen, vor allem die Mischung aus Sarkasmus und verbaler Gewalttätigkeit. Die erste Komponente ist schwer faßbar, die zweite ist explizit und elementar. Es gibt (oder gab) ein Zeremoniell der studentischen Gewalt: Ein gewisser Spott (mit einem kriminellen Unterton, scheel und etwas bedrohlich), vermischt mit offener Gewaltandrohung. Eine Art, sich allem zu entziehen, sich nicht zu kompromittieren, Zeit zu gewinnen, um die Kräfte des Gegners einschätzen zu können, seine möglicherweise besseren Argumente von vornherein lächerlich zu machen, kurzum, sich einen Bereich magmatischer Freiheit zu schaffen, der vielseitig nutzbar ist. In dieser Taktik vermischen sich zweifellos etwas Entsetzliches und etwas Naives auf untrennbare Weise.

Ich habe aus dem Buch von Masini einen Text ausgewählt, der Analogien zum »bewußten« politischen Kampf der Studenten zeigen könnte. Was in Wirklichkeit mehr bewegt und verblüfft in der Geschichte der Anarchisten sind die Parallelen zu den *wirklichen* Verhaltensweisen, den natürlichen und spontanen Verhaltensweisen der modernen Jugend. Anarchie in Reinkultur bei Jugendlichen, *die nichts vom Leben erwarten*: die nicht arbeiten, nicht an die Zukunft denken, sich apathisch treiben lassen — im Grunde auch ungebildet sind und in einer Art kulturellem Unterholz leben —, die Drogen nehmen usw. Die sich eher zugrunde richten als integrieren lassen. Ihr heroischer und unfruchtbarer Radikalismus leidet vielleicht an mangelnder Vitalität, ist im Grunde auch ein wenig vulgär (auch darin Ausdruck der Subkultur), verglichen mit ihren anarchistischen Vorfahren im ausgehenden 19. und beginnenden 20. Jahrhundert. Ihre Haltung jedoch, die weder Kompromisse noch Ausflüchte, weder Nachgiebigkeit noch Schwäche angesichts der »Autorität« und der »Repression« kennt, ist identisch. Identisch sind auch die Sprachformen: damals war der Marxismus noch nicht verbreitet, es gab ihn praktisch nicht, heute dagegen ist er bereits wieder unbekannt. Es ist offensichtlich, daß es sich um eine direkte und unschuldige Wechselbeziehung zwischen System und

Systemangehörigen handelt, ohne Vermittlung. Und tatsächlich kommen die heutigen anarchistischen Verhaltensmodelle aus den Vereinigten Staaten, wo es zwischen Dissens und Autorität nicht die Vermitlung gibt, als deren Trägerin sich bei uns die Kommunistische Partei versteht.

Hat der anarchistische Protest vor hundert, vor siebzig Jahren überhaupt keine Spuren hinterlassen? War der Protest, der in einem Moment auftauchte, wo der Kapitalismus in voller Blüte stand, eine Totalität, die noch von nichts ernsthaft bedroht war und daher dazu tendierte, mit der gesamten Wirklichkeit zusammenzufallen?

Ich weiß keine Antwort. Aber wenn dieser Protest keine Spuren hinterlassen hat, ist eins sicher: er muß zu einem Zeitpunkt, wo der Kapitalismus wieder in einer gewissen Blüte steht wie damals (vor den organisierten kommunistischen Parteien und vor der Russischen Revolution) von neuem erwachen und von neuem dazu tendieren, sich mit der gesellschaftlichen Wirklichkeit in ihrer Gesamtheit zu identifizieren. Weshalb er nichts anderes ist als Widerspiegelung dieser Wirklichkeit. Eine alte Mechanik. Aber alle, die das wissen, können nur hilflos der Wiederholung zuschauen. (...)

Nr. 15   12. 4. 1969

EINE STUNDE UND FÜNFZIG MINUTEN VON NEW YORK

...Auf dieser fünften Stufe — des Baumes, der vom Gipfel lebt — und immer voll Früchte, und nie die Blätter verliert. — Warum überfällt mich Verzweiflung nicht auf der fünften Stufe, sondern in elftausend Meter Höhe. Schluß — mit der Selbstironie, so kommt man nicht weiter. — Kaum Grund zum Lachen, außerdem völlig unnötig — dieser nach vierzig Jahren wiederentdeckte Humor. — Es gibt doch gar nichts zu: alles kommt daher, daß meine Eltern — mich nicht in der Wildnis ausgesetzt haben. — Warum, Vater, Mutter, habt ihr mir nicht das Schicksal einer Waise bestimmt? Eh? — Ich rieche den Duft der kleinen steinigen Täler. — Nie wäre ich Priester geworden — Erpresser, Offenbarungen schreiend, die nichts sind als Worte, die alle um ihn herum verstehen—: In großen und kleinen Steinen sehe ich keine Ideogramme, ich nicht. — Ich sehe die wirklichen Steine der Idriaberge. — Und darum, und darum — weil ich keine Waise bin — lerne ich jetzt über mich selbst zu lächeln — wie Autoritäten zu lächeln pflegen.

Nr. 18   3. 5. 1969

QUEEN'S COLLEGE – 5TH AVENUE

Ach, wenn doch jede meiner Silben zweideutig wäre — und alle Verselemente fakultativ! — Stattdessen plaudere ich mit einem schmucken Apostel des SDS (im Queen's College, in einem Refektorium). — Ein abgrundtiefer Schmerz packt mich — als ich zufällig in der 5th Avenue, Nr. 100, in einem Korridor — ein völlig leeres Büro des SNCC sehe. — Eine Reihe von zusammengewürfelten Stühlen links usw. — rechts eine qualvoll puritanische Wand — mit eine Afrikakarte. — Völlig leer, sage ich! Der Antikörper — haucht hier seinen Geist aus, besiegt von den potenten Antiseptika der Macht. — Äußerlich *a nice fellow*, der alles philosophisch nimmt — während innerlich der engagierte Dichter Qualen leidet: aber diese nötige Quantität von doppeldeutigen Silben — und fakultativen Elementen nach einem streng selektiven Schema programmiert.

Nr. 18   3. 5. 1969

AN DEN UFERN DES EUFRATS

Der brave Bürger — für den Mekka im Südwesten liegt … wenigstens etwas — sehe einen Fetzen blauen Himmel in Richtung Raqqua. — Ah, ihr Russen, ihr artistokratischen, nein charismatischen Russen. — Unsichtbar wie die Kreuzritter dort unten in ihrem Krak — wie ihre verstreuten Gebeine — ihre traurigen introvertierten Gebeine … — euch bezeugen nur eure Werke (militärische, übrigens, um genau zu sein). — Aber die Gebeine … — wo sind sie geblieben? — Der riesige Nachmittag über den bleichen Erosionen weiß es, aber er schweigt. — So unermeßlich das Alter — und alles zerfallen. Nicht, daß die Syrer euch allzu sehr liebten—: wohl aber die Militärs, die allerdings. Kahlgeschorene Köpfe wie hinter dem Sauro. — In diesen unschuldigen Köpfen steckt nur ein Gedanke — und viel Appetit. Der ländliche Alptraum ist überstanden —: man ißt. Man ißt in Homs — man ißt in Aleppo. — Gewaschen, geschoren, gekleidet, mit Schuhen an den Füßen —: Brave Söhnchen des vielbrü-

stigen Vaters — von Menschenopfern und Dürre befreit — verblö-
det durch die »geistige Katastrophe« — nackt unter den Uniformen
— wie Würmer — wie Kinder. — Ein freundliches Nicken genügt —
sie strahlen zurück, fallen dir zuletzt um den Hals, so müssen sie lachen. — Breschnew und Kossygin, die lachen nicht, versteht sich. —
Leibhafte Machtgötzen, die keine Trinkgelder verteilen — (höchst
unpopulär, muß ich gestehen) — aber Lebenszeichen geben sie von
sich, undechiffrierbar —: Flucht in Flugzeugen, genau (ein Dutzend) Luftbrücke (eine). — Derweilen stehen die Leute Schlange
vor den Kinos, genau wie in Sezze. — Und was die indischen Filme
betrifft, so ist ihre Stupidität derart verbrecherisch — daß Indien eines Tages blutig bezahlen muß. — Wo sind die Gebeine? Wer es
weiß, sage es dieser Kreuzfahrerseele — die philosophierend — über
allzu planiertes Land schreitet — von der Gewißheit besessen, Opfer zu sein, vielleicht nur Versuchstier — eines Pogroms, das in seinem Land auf dem Programm steht. — (Nichts zählt von all dem
hier in Italien, nur Battipaglia). Verschwand mit ohrenbetäuben-
dem Krachen — nur der Schatten bleibt, jene Gebeine von Prakti-
kern … — Was höre ich? — Lärm von Hammerschlägen? — In dem
halbzerfallenen Theater ein tiefer persönlicher Schmerz — : ein Be-
tonpfeiler — als Anblick so qualvoll, um ernsthaft an Selbstmord zu
denken. — Umsonst, völlig umsonst, habe ich gelobt, gottesläster-
lich zu sein! — Glückliches Resafa, noch nicht von Masten umstellt!
— In Aleppo übrigens keine einzige viktorianische Kutsche mehr.
— Der Suk zerstückelt, durch eine »Straße der Versöhnung« zer-
schnitten. — Die Konsumgier macht aus den Männern hier — einen
Haufen von Bovaristen, die einen Bourghiba erwarten. — Überall
Zeichen des Zerfalls. — Glückliches Sergiopolis, bis heute von der
grünenden Wüste geschützt! — Auch das Tal von Haaran, auf der
anderen Seite der erodierten Terrassenhügel — Miniatur aus rüh-
rend winzigen Pinselstrichen — wird nicht mehr lange bestehen:
das Meer der Kornfelder — tief im Boden verwurzelt, ist von Straßen durchzogen. — Schon beherrschen Betonzisternen das Blick-
feld — verdrängen die Grabhügel. — Die Häuser, aus gutem Grund
bienenstockartig gebaut — *in illo tempore*, aber geschichtlicher Zeit,
uns daher nahe — kontaminiert von horizontalen, rechteckigen
Hütten — (wie Settebagni, Settecamini). Das Lehm*débacle*. — An
den Ufern des Eufrat — auf uraltem Boden — das Grün der Vegeta-
tion hauchdünn — leicht wie ein Nachmittagsschlaf an der Sonne.
— In Wirklichkeit alles leuchtend orange und weiß — das Grün nur

ein brüchiger Schleier, der bei der leisesten Berührung zu Staub zerfällt. — Lange Reihen mit halbzerfallenen Giebeln, zernagt, faltig wie das Gesicht eines majestätischen Künstlers aus Pisa — *der nie einen Regenbogen gemalt hat* — beherrschen das Land: eine Droge für mich. — Mein Herz hüpft, wenn ich die kegelförmigen Lehmhäuser sehe — jedes einzelne, intakt, vor den grünen und blutroten Feldern — unter der stechenden Sonne — archaisch aufgetürmt als menschliches Zentrum! — Die stechende Sonne, die auf Kreuzfahrer schien, Praktiker wie wir. — (Wo sind die Gebeine?) — Wohlverstanden: das Geschlecht (als bloßer Körperteil) — degradiert in so primitivem Leben. — Kann nicht aufblühen im trockenen Lehm. — Genießt keine Achtung. Ist eher komisch und nur funktional. — Modell für den Koitus liefern die Esel. — Deshalb das unterwürfige Lächeln.   ·

Die Sakralität ist billiges Duplikat. — Trägheit allein vereint alles noch einmal. — Der barbarisierte Eufrat will nur noch Beton. — Und die Menschen wollen industrielle Keuschheit, ohne davor Ausschweifungen kennenzulernen. — Hinter der ganzen Rhetorik ist die Dritte Welt sehr dumm. — Für alle, in den lieblichen Tälern — wo man das unvergleichliche Glück der Unabhängigkeit genießt —: die große Genugtuung, Nation zu sein — *wie die anderen* auf diesem Fundament — auch die Dicken haben heute *ihre Würde zu verteidigen* — (wie die erfahrenen Europäer, die dicken und die dünnen, sogar die jungen. — Sich vorstellen: daß Bequemlichkeit von der Natur entfremdet — wo sublime Esel Vorbilder sind — wo Greise mit bloßem Hintern herumlaufen — und die Jungen nur das eine Ideal haben, dienstfertig zu sein). Also, entweder nationaler Moralismus oder sozialistischer Moralismus! Indien, wie schon gesagt, wird seine Dummheit blutig bezahlen. — Die sozialistische (chinesische) Republik von Tansania? — Sie, zum Beispiel, wird sich glücklich preisen, den Papst empfangen zu dürfen, der seinerseits den tansanischen Studenten versichern wird, wie richtig ihre Protestmärsche gegen den Minirock sind. — (Was übrigens auch nicht verhindert, daß die Kurie in spätestens zwanzig Jahren endgültig nach Hollywood muß). — Wo sind ihre Gebeine? Wo, Heiliger Simon, sind deine Gebeine? — Welcher Erdteil, welches *Anderswo* — konzentriert sie im Irreversiblen? — Ah, Qualat Sm'aan, Ort, dem Himmel am nächsten, vor allen Orten der Welt sei du bestimmt für meine Gebeine — die Gebeine eines alten Mannes mit neurotischen Herzbeschwerden — der seine poetische Ader wiederentdeckt (etwas derart Nutzloses, denn welche Zukunft habe ich vor mir?) — Es stimmt, daß die Schwestern von Zuppin und Zuppon — scharenweise am Sonntag hier einbrechen und herumschwärmen. — Dafür bieten arabische Knaben (unter jungfräulicher und unheilvoller Sonne geboren) — rote Blumen an (wie Klatschmohn, nur festere Blüten) und graue Blumen — vielleicht arme Brüder der Asphodelen: für das Hundertstel einer Kopeke. — Im Tal oben silbrig weißes Gestein — unten die Erde wie Trester (mit traurigen Furchen) — dazu die Farbe des Himmels — eine unsägliche Lieblichkeit, abstrakt wie das Paradies. — Hier, ja, hier müssen Gebeine begraben sein! — Und alles Begrabene wird auferstehen. — (Wenigstens glaubt das der Sohn friaulischer Bauern). — Wie ein Wahrsager spüre ich in allem Gewißheit. — Habe deshalb im übrigen wenig begriffen. — Das Wort »Rückkehr« ergreift mich mehr. — Höre ich Hammerschläge? Wehrlose Fläche des Qualat Sm'aan. Und überhaupt: Wenn ein Dichter keine Angst mehr einjagt — soll er besser die Welt verlassen.

ANMERKUNG DES VERFASSERS:

In Italien lesen ein paar tausend Menschen Gedichte. Die Illustrierten dagegen werden von Hunderttausenden gelesen. Es besteht also ein offensichtliches Mißverhältnis zwischen den oben abgedruckten Texten und ihren Adressaten. Nun sind diese Verse als Notizen für ein Reisetagebuch entstanden, das ich ausschließlich für diese Kolumne schreiben wollte. Die Versuchung, diese Notizen als Verse zu formulieren, war unwiderstehlich: ich konnte einfach nicht anders. Jetzt kann ich höchstens ein paar Erklärungen nachliefern, die möglicherweise eine kleine Hilfe darstellen. Die Vieldeutigkeit der Dichtung hat eben nichts mit dem Wortlaut zu tun.
»Eine Stunde und fünfzig Minuten von New York«
Der Hauptgedanke ist der, daß Humor typisch für die bürgerliche Gesellschaft ist und zwar typisch für den bürgerlichen Rationalismus, der immer »entheiligen« will. Die mythischen, die sakralen Epochen mußten nicht über sich selber lachen. Die Helden dieser Epoche waren oft »ausgesetzte Kinder« (Ödipus, Romulus und Remus).
»Queen's College — 5th Avenue«
Der SDS verkörpert die fortschrittlichste Strömung der amerikanischen Studentenbewegung. Auch der SNCC ist eine Studentenorganisation. Er ist seinerzeit hauptsächlich aus der Absicht entstanden, die Interessen der Farbigen zu verteidigen, und hatte im letzten Jahrzehnt seine heroische Phase. Heute ist diese Organisation durch den farbigen Extremismus bedeutungslos geworden.

»An den Ufern des Eufrats«

Der »Krak der Ritter« ist ein berühmtes syrisches Kastell, errichtet von einem Kreuzfahrerheer. — Der »vielbrüstige Vater« bezieht sich auf die ursprünglich androgynen Vaterfiguren. — Resafa (das antike Sergiopolis) ist eine Ruinenstadt 150 km von Aleppo entfernt. — Die »billigen Duplikate« meinen degradierte Glaubensformen und Riten. — Der Heilige Simon (der Säulenheilige) ist in einem Tal bei Aleppo begraben, und sein byzantinisches Sanktuarium wird von den Arabern »Qualat Sm'aan« genannt.

Nr. 18   3. 5. 1969

GROSSE UND KLEINE MONSTER

Während ich schreibe, ist die »Affaire Lavorini« nach wie vor ungeklärt, es zeichnen sich aber Umrisse ab, die im Kern genau dem entsprechen, was ich vorausgesagt habe. Folgende Punkte:

1) Der Durchschnittsmensch (gleich öffentliche Meinung), der durch die Presse repräsentiert und sozusagen offizialisiert wird, braucht auch heute noch wie vor tausenden von Jahren seinen »Sündenbock«, hat also ein unausrottbares Bedürfnis nach Lynchjustiz. Die Opfer kommen weiterhin regelmäßig aus den Reihen der »Andersartigen«. Wir sind also, mit anderen Worten, immer noch mitten in der Himmler-Ära. Die Lager warten.

2) Der »Andersartige« (ein Krimineller, Homosexueller, Armer oder Süditaliener: in eine dieser Kategorien wird das Opfer regelmäßig eingereiht) muß als »Monster« präsentiert werden.

3) Im Verhalten der drei angeklagten Jugendlichen aus Viareggio und ihrer Freunde sind drei Faktoren klar erkennbar: Ihre politische Einstellung (reaktionär; Anhänger der Monarchistischen Partei); ihre Vergangenheit in Erziehungsanstalten; und drittens der Erpressungsversuch.

Der erste Punkt ist bedeutungslos. Diese Bande aus Viareggio hätte ebensogut ein Anziehungspunkt für republikanische, sozialistische oder kommunistische Jugendliche sein können. Jugendliche, die stehlen, schlechten Umgang haben, sich prostituieren usw. bekennen sich im Gegenteil sehr oft und auf ganz anständige und sympathische Weise zur Arbeiterbewegung.

Der zweite Punkt ist dagegen grundsätzlich bedeutsam: die Erziehungsanstalten sind nichts anderes als Zentren zur Verbreitung der Kriminalität. Hier verliert die Kriminalität ihre — wie soll ich sagen — »Unschuld« und nimmt kleinbürgerliche Züge an, weil sie von außen, vom Kleinbürgertum, eine Moral übernimmt. Diese Moral dient in keiner Weise einer inneren Erneuerung, sondern schafft nur das »negative« ideologische Fundament für die eigentliche Kriminalität.

Der dritte Punkt, der Erpressungsversuch, beweist das eben Gesagte. Einem kriminellen Jugendlichen, der direkt aus einer Welt der Armut kommt (einer in sich geschlossenen Welt, mit eigenen Moralgesetzen, autochthonem Verhalten wie im römischen oder süditalienischen Subproletariat) käme es nie in den Sinn, einen Erpressungsversuch zu machen. Darauf kommt er erst, wenn er entweder in einer Erziehungsanstalt gewesen ist oder mit der kleinbürgerlichen Welt in direkten Kontakt gekommen ist. Erpressung setzt den kleinbürgerlichen Moralismus voraus, seine ganze Heuchelei, seine Verhaltenszwänge, die zur unantastbaren Norm geworden sind (es sei denn, man verzichtet auf den sogenannten guten Ruf und damit auf einen Platz in der Gesellschaft).

Ich empfehle all den erlauchten Inspektoren und den so ehrenwerten Inspektorinnen mit ihrem humanitären Anspruch, eine statistische Untersuchung machen zu lassen. Ich behaupte, Erpressungsversuche werden wenigstens von siebzig Prozent aller Jugendlichen angewandt, die einmal in einer Erziehungsanstalt waren, und zwar gilt das vor allem für Norditalien, da werden Erpressungsversuche dreimal so oft gemacht wie in Süditalien.

4) Was die Annahme betrifft, es gäbe so etwas wie die »Unschuld« des Opfers (als Korrelat zur Monstruosität des Täters): die Untersuchungen in Viareggio zeigen deutlich, daß eine solche Unschuld nicht existiert und daß niemand je das engelhafte Opfer eines Teufels ist.

5) Die Feigheit der Presse. (Ich will niemanden persönlich anklagen. Einmal weil ich kein Ankläger bin, zweitens weil auch die einzelnen Journalisten Opfer sind, sei's der eigenen Ignoranz — mein Gott! Ein Minimum an Information! — sei's der beruflichen Zwänge, kurz gesagt des Gehalts. Wie dem auch sei, die Presse hat jedenfalls massiv dazu beigetragen, in Viareggio ein Klima der Hexenjagd zu schaffen. Auch linksgerichtete Blätter haben Wasser auf die Mühlen dieses grauenhaften »Elternkomitees« geschüttet, das wir einem Faschistenblatt aus Rom verdanken.)

6) Aus all dem geht hervor, daß der kleinbürgerliche Durchschnittsmensch, der nach seinen »Monstren« schreit und dann regelmäßig — falls nicht rechtzeitig gelyncht wird — enttäuscht abziehen muß, in Wirklichkeit selbst ein kleines Monster ist. Daher also, biblisch gesagt, eine Strafe Gottes.

Nr. 19   10. 5. 1969

DIE ALTE STUDENTENHERRLICHKEIT

Gestern abend auf dem Weg nach Hause hat mich in der Nähe der Via Veneto ein Polizeiaufgebot zu einer langen und langweiligen Umleitung gezwungen. Ich fragte einen Parkplatzwärter, was los sei, und er hat mir — stolz, etwas zu wissen — auf seine unbeholfen bäurische Art geantwortet: »Ist doch Matrikelfest«. Und tatsächlich, nicht weit davon entfernt stand ein Grüppchen von Studenten, die sich heldenhaft an zwei arme und konfuse (dem Aussehen nach ausländische) Straßenmädchen heranmachten; auf den Köpfen nicht nur ihre Studentenhüte, sondern obendrein noch wie Hanswurste mit Seidenmantillen behängt.

So ist das also. Die alte Studentenherrlichkeit lebt immer noch. Und die Polizei macht ihr den Weg frei, als ob der Papst persönlich vorbeiziehe.

Genau vor einem Jahr habe ich ein Gedicht über die Studenten geschrieben, das von der Masse der Studenten völlig naiv wie ein Konsumartikel rezipiert d. h. duch primitivste Simplifizierung seiner eigentlichen Bedeutung entfremdet wurde. Tatsache ist, daß ich diese Verse für eine Zeitschrift »der Wenigen«, für »Nuovi Argomenti« geschrieben hatte. Auf infame Weise wurden sie dann von einem Massenblatt, dem »L'Espresso«, veröffentlicht (obwohl ich meine Zustimmung nur für einen Auszug gegeben hatte). Der Titel, den dieses Massenblatt dem Gedicht gab, hatte nichts mit meinem Titel zu tun, sondern war pure Erfindung, ein reißerischer Slogan (»Ich hasse euch, Studenten«), blieb aber in den hohlen Köpfen der Konsumentenmasse als mein Titel hängen. Ich könnte Zeile für Zeile nachweisen, wie sich meine Verse, aus dem, was sie objektiv waren (für »Nuovi Argomenti«), durch die Publikation in dem Massenblatt in das verwandelt haben, als was sie nachher galten. Ich will nur auf die Passage hinweisen, die sich auf die Polizisten bezieht. In meinem Gedicht sage ich, daß ich mit den Polizisten sympathisiere, weil sie die Kinder armer Leute seien, viel mehr

117

sympathisiere als mit den Herrensöhnchen der römischen Architekturfakultät (damals in der Valle Giulia). Keiner der Konsumenten hat gemerkt, daß das nichts anderes war als eine *boutade*, eine kleine rhetorische und paradoxe Spitzfindigkeit, um zuerst einmal die Aufmerksamkeit des Lesers zu wecken und ihn dann auf das zu lenken, was in den folgenden zwölf Zeilen wichtig ist, in denen die Polizisten als Zielscheibe eines doppelten Rassenhasses dargestellt werden. Die Machthaber können nämlich die Armen – die Besitzlosen dieser Erde – nicht nur einer rassistischen Verachtung aussetzen, sie können sie auch zu Werkzeugen machen, auf die sich dann zusätzlich ein zweiter rassistischer Haß richtet. Die Kasernen der Polizei werden daher als »Getto« gesehen, als ganz besonderes Getto, dessen »Lebensqualität« viel geringer ist, als die der Universitäten. Keiner der Konsumenten meines Gedichts hat das begriffen, alle haben sich stattdessen am ersten Paradox festgebissen, das doch so offensichtlich zum Formenschatz eines unverblümten *ars retorica* gehört.

Ich will dem Leser nun nicht erzählen, wie vielen Repressalien ich nach dieser (im Sinne der Massenkultur) verfälschten Veröffentlichung ausgesetzt war. Sogar Leser, die das Gedicht in »Nuovi Argomenti« verstanden hätten, wurden Opfer dieses fatalen Prozesses, als sie es im »L'Espresso« lasen. Ich werde nicht vergessen, wie Occhetto in der »Rinascità« sich nicht nur in seiner Kritik auf meine ersten beiden Zeilen beschränkte, statt auf das Dutzend Zeilen zu achten, die dann folgten (vielleicht achtet er jetzt darauf, nachdem das Problem der Polizei »explodiert« ist und die »Unità« Leserbriefe von Polizisten veröffentlicht, die genau das bestätigen, was ich gesagt habe), sondern er hat auch die Formulierung »Ich sympathisiere...« in einen anderen Ausdruck verwandelt, den er einfach erfand, weil er ihn für gleichbedeutend hielt. Ebensowenig werde ich den infamen Artikel eines gewissen Rino Meneghello in »Mondo Nuovo« vergessen, in dem er mich Feigling nennt und den Tod meines Bruders zitiert, der, seiner schlecht informierten Moralistenversion nach, als Partisan von Faschisten ermordet worden sei, während er in Wirklichkeit von »roten Faschisten« (wie er selbst einer ist) ermordet wurde.

Und jetzt wieder dieses Meer von Studentenhüten, die – wie mir Elsa Morante sagte, die sie von ihrer Terrasse aus gesehen hatte –, die Piazza del Popolo überschwemmten (immer von wohlgesonnenen Polizisten offiziell beschützt). Es wäre ja nicht schwer, jetzt am Ende des akademischen Jahres 1969, in dem so gar nichts passiert ist, zu sagen: »Bitte sehr, da habt ihr sie (von den gerechten Ausnahmen abgesehen), die paar Tausend Studenten aus 'Trento und Turin, aus Pisa und Florenz', von denen ich in meinem Gedicht gesprochen haben, diese neue Studentengeneration, die zugleich die neue Bürgergeneration ist, mit der ich es von nun an zu tun habe, gegen die ich weiterhin kämpfen muß, so wie ich gegen ihre Väter gekämpft habe«. Ich sage das nicht, um »Vittoria« zu singen, ich sage es mit tiefer Bitterkeit im Herzen, mit einem Gefühl der Mutlosigkeit, das mir größte Lust macht, das Kämpfen ein für allemal aufzugeben, mich aus dem Trubel zurückzuziehen, mich nie wieder um den ganzen Ärger zu kümmern, für mich zu bleiben.

Nr. 20   17. 5. 1969

DIE SIEGE VON MERCKX SIND SKANDALÖS

Als ich kürzlich in einer der ersten »Etappen-Diskussionen« (dank jener traumartigen Video-Verbindungen zwischen den Studios) mit Adorni sprach, erinnerte ich an einen Radrennfahrer vor fünfundzwanzig Jahren, an Severino Canavesi.

In einer der ersten Kolumnen dieses Jahres habe ich berichtet, wie ich mit Mario Soldati in Turin ein Fußballspiel besucht habe und dabei feststellte, daß sich in einem Stadion im Vergleich zu früher, vor fünfundzwanzig Jahren, eigentlich überhaupt nichts verändert hat. Der Sport in meiner Kindheit und der Sport heute. Was hat sich nicht verändert, was hat sich verändert? Nichts hat sich verändert, alles hat sich verändert. Ein Widerspruch, den die Athleten (die Fußballspieler, Rennfahrer) heutzutage »verkörpern«, wobei ich mit Körper sowohl einen »Ort«, einen »Sitz« meine wie das Instrument einer »Technik«. (Dem interessierten Leser empfehle ich dazu das Buch des Anthropologen Mauss über »Körpertechniken«, erschienen bei Einaudi). Was ich sagen will: bei dieser »Etappen-Diskussion« habe ich besonders auf die physische Präsenz des Rennfahrers geachtet: der rührende, anbetungswürdige Sportler, der so vulgär interviewt wurde (die Fernsehreporter mögen mir, falls sie mir wohlgesonnen sind, verzeihen) und trotz dieser ganzen Vulgarität etwas Strahlendes hatte — wie Charly Chaplin auf Schlittschuhen am Rande des Abgrunds: er stürzt nicht, nein, er stürzt nicht, weil er »unschuldig« ist. In dieser Unschuld steckt ein Idealismus, dem kein noch so beschränkter, zynischer, sadistischer, witzelnder, kleinbürgerlicher Fernsehgeist etwas anhaben kann. Dancelli, traurig wie ein kleiner Junge, der klar und demütig die Ungerechtigkeiten dieser Welt sieht, ohne deswegen zu resignieren oder bösartig und arrogant zu werden. Der intelligente Taccone, der kritischer ist, vielleicht, weil er im Gegensatz zu Dancelli aus Süditalien stammt. Er kämpft nicht nur, sondern versucht auch, ein Bewußtsein für die realen Bedingungen dieses Kampfes zu entwickeln. (Ich benutze nicht grundlos in diesem Fall die Terminologie der »Unità«). Und nicht zu vergessen die drei, wie üblich, anonymen Hilfsfahrer, die zu irgendeiner Reform interviewt wurden. Ihre erstaunliche Resignation, wenn es um die brutalen und stupiden Kampfbestimmungen geht, ihre bescheidenen Ambitionen. (Besonders dieser junge Toskaner, der seinen Traum »wie im Traum« lebt). Nach der Einladung seitens der Organisatoren sagte ich nur zu, weil man mir versprach, mit Merckx über die Verbindung von Nationalismus und Sport diskutieren zu können, ein Problem, das ich auch in einer der Kolumnen angeschnitten hatte. Ich weiß nicht, aus welchem Grund im letzten Moment ohne Vorankündigung Merckx gegen Adorni ausgetauscht wurde (das einzige kleinbürgerliche, wenn auch hübsche Gesicht unter all den sympathischen und volkstümlichen Gesichtern der Radrennfahrer. Adorni wird ganz bestimmt ein erfolgreicherer Fernsehansager als Sportler werden!). Wir haben über dies und das geredet, im Grunde über nichts. Aber eines ist mir dabei intuitiv klar geworden, sozusagen als Entschädigung, und zwar was sich im Vergleich zu früher im »Körper« eines Athleten verändert und was sich nicht verändert hat: der Konflikt zwischen Realität und Irrealität hat sich radikalisiert. Realität ist existentiell, sie ist schön und sie ist häßlich. (Bei den Radrennfahrern — Arbeitern, Bauern — überwiegt das Schöne, das Unschuldige, und wenn Klassenbewußtsein wie bei Taccone dazukommt, hat sie nichts von stupider Aggressivität.) Irreal ist dagegen die bürgerliche Massenkultur mit ihren Medien. In Dancelli, in Taccone wird dieser Konflikt zweier Welten in menschlichen Figuren aus Fleisch und Blut verkörpert. Ihre sympathische Menschlichkeit ist nicht totzukriegen, aber da ist gleichzeitig etwas, das dazu tendiert, diese Menschlichkeit gewaltsam zu unterdrücken — und die Sportler spüren das. Vielleicht nur ansatzweise an den täglichen Ungerechtigkeiten, die sie praktisch erfahren. Sie wagen nicht, offen darüber zu reden, sondern beschränken sich auf Anspielungen. Wären sie ehrlich, würden sie unbequem für das Fernsehen und für ihre Manager. Es gibt für einen Athleten nur eine Art, seine Freiheit voll zu verwirklichen: frei um den Sieg kämpfen zu können. Die Siege scheinen aber heute einem regulierenden und repressiven Willen zu unterliegen, der demütigend für die Rennfahrer ist. Physisch sind sie zwar dieselben wie vor fünfundzwanzig Jahren, aber ihre reale Verbindung zu uns hat unwiderruflich einen Prozeß der Entfremdung und Verfälschung durchlaufen. Merckx ist ein so grandioser Sportler, weil er unbeeinflußt von all dem siegt. Der Körper von Merckx ist stärker als der Konsum, der sich seiner bemächtigen will. Die Siege von Merckx sind skandalös.

(...)   Nr. 23   7. 6. 1969

PORNOGRAPHIE IST LANGWEILIG

In einer der letzten Kolumnen habe ich mich etwa folgendermaßen geäußert: wenn irgendwelche erwachsenen Menschen beschließen, pornographische Filme zu machen und andere erwachsene Menschen beschließen, sich diese Filme anzusehen und eine dritte Gruppe von erwachsenen Menschen dagegen einschreitet, so ist das undemokratisch, heuchlerisch und moralistisch: ein moralisch äußerst fragwürdiger Akt.

Dazu möchte ich folgendes ergänzen:

1) Da unsere Gesetzgebung aus dem Faschismus stammt und nach wie vor weiterbesteht (und weiterbestehen wird, solange nur an ihr herumgeflickt und heuchlerisch reformiert und sie nicht endlich von Grund auf erneuert wird), sind die einzigen Erwachsenen, die gegen dieses Geschäft zwischen Produzenten von pornographischen Filmen und Konsumenten eingreifen dürfen, die Behörden. Die anderen, die das tun, machen sich nur lächerlich, da sie sich anmaßen, die »Moral« anderer Erwachsener zu schützen, die doch ihre eigenen Herren sind, Menschen die zwar als Kinder einen Vater gebraucht haben, jetzt aber das volle Recht besitzen, nach eigenem Gutdünken zu entscheiden.

2) Die Produzenten der quasi pornographischen Filme (der sogenannten »sexy« Filme: ein Wort, das ich nur schaudernd aussprechen kann, so ordinär ist es) verdienen viel Geld. Das bedeutet, daß es Millionen von Zuschauern gibt, die bereit sind, sich eine Eintrittskarte für diese wunderschönen Filme zu kaufen. Was wie-

121

derum heißt, daß das folgende Phänomen ein Teil der italienischen Wirklichkeit ist: Millionen von Italienern lieben die Pornographie. Ist das ein Wunder? Ist es denn weit her mit der »Kultur« der italienischen Nation? Sollen wir das etwa verstecken, oder, noch schlimmer, repressive Lösungen dafür finden, wenn es doch Teil unserer gesellschaftlichen Wirklichkeit ist? In den fünfziger Jahren ist auf einmal das Problem der Elendsbehausungen explodiert. Und war das etwa eine Lösung des Problems, daß der damalige Ministerpräsident Andreotti verboten hat, diese Realität der Elendshütten, der zerlumpten Menschen zu zeigen? Armut und Pornographie: das eine ist eine Volkskrankheit, das andere eine Kleinbürgerkrankheit. Aber Italien war ja immer so wohlerzogen und so diskret, seine Krankheiten schamhaft zu verstecken! Hat es etwa keine Armen mehr gegeben, nachdem man sie versteckt hat? Gäbe es etwa keine Liebhaber der Pornographie mehr, wenn man ihnen verbieten würde, pornographische Filme anzuschauen? Das Autoritätsprinzip darf nie soweit gehen, pornographische Filme zu verbieten.

3) Pornographische Filme sind unästhetisch, nein, sie sind grauenhaft häßlich, um genau zu sein, und sie sind meiner Meinung nach auch sehr langweilig. (Ich habe nur einen einzigen pornographischen Film gesehen und bin nach der Hälfte gegangen, einmal, weil er so unästhetisch und zweitens, weil er so unglaublich langweilig war.) Aber all diese Filme sind trotzdem nicht langweiliger oder ästhetisch unangenehmer als wenigstens die Hälfte der kommerziellen Filmpruduktion.

4) Ich könnte zwar behaupten, daß zumindest für mich als Filmemacher nichts gefährlicher ist als pornographische Filme: sie provozieren das Eingreifen der Zensur, die sich exemplarische Sündenböcke sucht und dabei zwei Fliegen mit einem Schlag treffen kann: einmal kann sie sich ideologisch und politisch fortschrittliche Filme herausgreifen, und gleichzeitig kann sie damit exemplarisch Vorurteilslosigkeit und Freiheit bestrafen, da gerade diese Filme, in intimer Kohärenz mit ihrem geistigen Gehalt, auch auf sexuellem Gebiet vorurteilslos und frei sind. Als Autor eines Films wie »Teorema« z. B. müßte ich als erster gegen halb-pornographische Filme wettern, da sie in gewisser Weise der Anlaß für die Verfolgung sind.

5) Zusammenfassend heißt das dennoch: ich kann pornographische Filme höchstens vom ästhetischen her verdammen, und die

Liebhaber pornographischer Machwerke muß ich zwar streng, aber auch nachsichtig beurteilen (da man objektiv die historischen Hintergründe unseres kulturellen Tiefpunkts berücksichtigen muß, der die Leute zum Konsum solcher Filme drängt). Jene aber, die sie verdammen, sind a) diejenigen, die einen pornographischen Film nicht von einem Kunstwerk unterscheiden können oder b) so tun, als ob sie einen pornographischen Film nicht von einem Kunstwerk unterscheiden könnten.

Diese Menschen leben und handeln auf demselben Niveau wie die Produzenten und Konsumenten von pornographischen Filmen. Ihre Dummheit, ihre Ignoranz, ihr Mangel an gutem Geschmack, ihre Unsensibilität oder ihre bösen Absichten bzw. ihr übles politisches Kalkül sind genauso vulgär wie die der Produzenten und Konsumenten von pornographischen Filmen: beides sind Produkte einer Subkultur und der offensichtlichen Unfähigkeit, ästhetisch, das heißt uneigennützig urteilen zu können.

Nr. 23   7. 6. 1969

BRIEF AUS KAPADOZIEN

Lieber Leser, ich bin weit weg von Italien (in Nevsheir, einer Stadt in Kapadozien, dem Zentrum Anatoliens). Seit Tagen habe ich keine italienische Zeitung mehr gesehen, ich weiß nicht, was die Regierung macht, weiß nicht, was die Opposition macht, weiß nicht, wer den Giro d'Italia gewonnen hat, wie der letzte Stand der Dinge im »Fall Lavorini« ist. Wenn ich das zu Hause erzählen würde, dann hieße es, ich sei »aus der Welt«. Aber was heißt »Welt«? Ich bin eben nicht in Italien. Vieles, was mich dort lebhaft und ernsthaft interessiert, ist schlagartig bedeutungslos geworden: da ist nur Leere, wo vorher nichts war als ... Chaos. Sicher ist das auch die momentane Desorientierung, das Übermaß an neuen Eindrücken, aber ich komme mir doch so vor, als sei ich völlig entwurzelt, meinem eigentlichen Erdreich entrissen, und habe daher das gar nicht unangenehme Gefühl, mich einfach treiben zu lassen (durch die Welt).

Italien mit all seinen ernsten, unvermeidlichen Problemen ist nur noch eine große Leere. Nur noch ein Haufen Asche für den, der neue Feuer sieht. Ich könnte mit Leichtigkeit auf eine Rückkehr verzichten, ohne Bedenken, ohne Bedauern, weil ich wahrscheinlich das Gefühl hätte, daß Italien gar nicht mehr existiert. Oder wenn, dann nur als unbedeutende und lächerliche Angelegenheit.

In diesen Tagen ist auch in der Türkei der Nationalfeiertag begangen worden, und in den fahnengeschmückten Städten haben Truppenparaden stattgefunden, sind Reden voll Vaterlandsliebe und -treue geschwungen worden usw. Diese ganze türkische »Realität« ist imstande, die analoge italienische Realität« in Frage zu stellen. Wenn das Nation ist, so ist es eine Totalität, die keinen Platz für andere Totalitäten läßt: das »Nationalgefühl« kann seiner Natur nach nicht objektiv sein, es schließt alles andere aus. Alles Außerhalb ist simples und pures »Anderswo«, ist irreal. Ich befinde mich, in bezug auf Italien, in diesem »Anderswo«. Und es geht mir hervorragend hier. Das meine ich nicht antinationalistisch. Ich erzähle, genauer gesagt, beschreibe nur einen Traum.

Für die Filmaufnahmen habe ich einen Helikopter benötigt. Die Armee hätte mir einen beschaffen sollen. Dazu muß man sagen: die Türkei ist eine von der Armee gestützte laizistische Republik. Vor ein paar Tagen sollte ein Gesetz vom Senat verabschiedet werden, das bereits vom Parlament gebilligt worden war, ein Gesetz zur Rehabilitierung bestimmter politischer Gefangener. Aber die Armee hat für den Fall, daß dieses Gesetz durchkommt, Repressalien angedroht. Die dadurch enstandene Krise konnte nur aufgefangen werden, indem die endgültige Verabschiedung des Gesetzes auf die Zeit nach den bevorstehenden Neuwahlen verschoben wurde. Die politische Spannung hält jedoch unvermindert an. Wenn schon kein Helikopter: denselben Effekt werde ich auch, allerdings schlechter, mit dem Zoom von irgendeinem Turm aus bekommen ... mehr oder weniger weit oben. Eigenartig an dieser Geschichte mit der Armee ist der Eindruck, daß es gar nicht die höchsten Stellen waren, die da aufbegehrt und gedroht haben, sondern die mittlere Hierarchie, das heißt die Obristen.

Um vom türkischen zum italienischen Nationalismus zu springen: vor meiner Abreise war in Italien viel von einem möglichen Staatsstreich die Rede. Man hat von »Generälen« gesprochen, kann sein aus purer Gewohnheit. In Wirklichkeit scheint nicht der Generalstab, sondern die mittlere Hierarchie die Unruhe zu schaffen. Gewalt ist immer Ausdruck von Schwäche oder Unsicherheit. Das hieße, daß in der Türkei, in Italien, in Argentinien, in Griechenland sich die Obristen schwach und unsicher fühlen (wenigstens unbewußt oder teilweise unbewußt) und daher zu Gewaltakten neigen. Im allgemeinen ist man schwach und unsicher, wenn man etwas verloren hat, etwas Materielles, unter Umständen aber auch etwas Immaterielles. Verlust desorientiert.

Nr. 25   21. 6. 1969

Eine Welt wird zerstört

In Nevsheir funktioniert der Gedankenmechanismus meines »Bezugs zur Wirklichkeit« wie immer — auch zu der Wirklichkeit, die nicht das Glück hat, türkisch zu sein. Ich brauche also Italien nicht, um zu denken.

Ich möchte noch einmal betonen, daß es nicht die alten antinationalistischen Lieder sind, die ich hier singe. Der Antinationalismus setzt eine Nation voraus, um sie negieren zu können. Mich interessiert es dagegen recht wenig, Italien zu negieren (dieses Interesse ist überholt). Dennoch, jetzt, wo mir Italien physisch negiert ist (wie in einem Traum), beschäftigen mich dieselben Probleme wie in Italien. Das es sich dabei um türkische Probleme handelt, ist reiner Zufall. Es sind die Probleme der modernen Welt, zum Beispiel das Problem, daß frühere Welten ersetzt werden, indem man sie zerstört. Zu sehen, wie die alten Dörfer Kapadoziens zu Grunde gehen, schmerzt mich wie der Anblick der Felsen von Matera, die langsam zerstört werden.

Nr. 25   21. 6. 1969

Als »Arme« kostümiert

Vorgestern abend gegen halb zehn Uhr habe ich das kleine Touristenhotel in Urgüp verlassen (ich bin erst gestern in das entsprechende, noch nach Farbe riechende Neubau-Hotel in Nevsheir umgezogen), angelockt von fremdartigen Phänomenen im nächtlichen Dunkel (die Nacht ist hinter dem Cassino immer noch die antike Nacht mit ihrer natürlichen Ausgangssperre und ihrer natürlichen, alten sakralen Angst): chorartige Stimmen, gelegentliches Händeklatschen und der trockene Glanz elektrischer Beleuchtung irgendwo im Dunklen. Alles nicht weit weg vom Hotel.

Beim Näherkommen sah ich hinter einer Absperrung eine helle Treppe wie in einem Stadion, voll von schwarzgekleideten Leuten.

Ein Freilichttheater also. Eintritt mußte man nicht bezahlen. Ich ging hinein und setzte mich zu den hintersten Zuschauern dieses Amphitheaters. Auf der nackten Steinbühne (mit einem ebenso nackten Mikrophon in der Mitte und zwei, drei symbolischen Requisiten: einer Steinmauer und zwei schlecht gemalten Fensterchen — von einer Existentialität, die nicht mit Intellektualismus, sondern mit wirklichem und antikem Elend zu tun hatte) rezitierten ein paar junge Leute, offensichtlich Studenten, eine Art bäuerliche *vaudeville*. Sie waren als »Arme« kostümiert, was doch erstaunlich unverfroren war an diesem Ort, wo *alle* arm gekleidet sind. Waren sie sympathisch? Oder doch eher unangenehm? Sicher, sie waren sympathisch: treue zukünftige Bürger dieser Republik, integer und integriert, nichts anderes im Herzen als braven Untertanengeist angesichts einer erpresserischen Macht, die das Leben als Einheit, als Absolutheit darstellt.

Nach einer Weile kam ein anderer junger Mann, auf der Brust stolz ein Abzeichen, das ihn als Organisator auswies, und brachte mir einen Stuhl, um mich bequemer sitzen zu lassen. Er tat das mit der Liebenswürdigkeit und dem Respekt der antiken Gastfreundschaft, ohne die geringste Spur von Unterwürfigkeit. Auch der Bürgermeister von Urgüp und der Rektor kamen, um mich zu begrüßen, auch sie mit dieser antiken Liebenswürdigkeit, die so gar nichts Serviles hat. Das ließ mich spüren, wie sehr ich hier zur Welt der Autoritäten gehöre. Ich, hier, als Regisseur, mit einem Aufnahmeteam, mit der Callas usw. usw., das bedeutet einfach Macht, ganz objektiv. Ich versuchte, möglichst demokratisch meine Machtrolle zu spielen was die Situation aber nur noch verschlimmerte ... Ich beobachtete den Bürgermeister, ihn, der hier in Wirklichkeit die Macht repräsentiert (in diesem nationalistischen und militaristischen Staat) und der dennoch ein wirklich demütiger Mensch ist. Wer weiß, was in den Köpfen derer vorgeht, die an die Macht glauben (d. h. an Ordnung und ihre fraglosen Normen) und Teil von ihr sind. Kein Zweifel, daß sich ihnen das Leben als ein wundersames, überreiches, glanzvolles, heiliges und mythisches Ganzes präsentiert. Es ist das zweite Mal innerhalb kurzer Zeit, daß meine Gedanken um dieses Problem kreisen. Es hat mich auch vor ein paar Tagen in Rom beschäftigt, als ich einen Film von Mikló Jancsó gesehen habe, »Die Verdammten von Sandor« (kalligraphisch, und im Grunde weniger schön als erwartet). Dort in der großen und so ästhetisch wirkenden ungarischen Steppe kommen ein paar »Andersartige« auf überschäumend vitalen Pferden angaloppiert. Vertreter der Macht, Beamte, Minister, was weiß ich. Ihr plötzliches Erscheinen hat mir den Atem geraubt. Empfindet das ein Opfer beim Anblick seiner Schlächter, seiner kraftstrotzenden, vom Schicksal begünstigten Schlächter? Empfindet das ein zum Tode Verurteilter beim Anblick derer, die Macht über Leben und Tod haben? Im Film sind diese Gestalten tatsächlich Wunderwesen, die nie einen Zweifel gekannt haben, die nie als Rasse erniedrigt worden sind, die das Leben so akzeptieren, wie es ist! Sie sind naturhafte Menschen geblieben mit der ganzen ursprünglichen Kraft. Es ist nicht immer wahr, wie Newton, der *leader* der »Black Power« sagt, daß »der Körper schwarz« ist (für das schmutzige Gewissen der komplexbeladenen und puritanischen Weißen, die die Macht haben); wahr ist auch, daß für Neger und andere Erniedrigte der Körper, das heißt das Geschlecht, weiß ist. Ein überwältigendes, unerreichbares, grausam gerechtes, qualvolles Weiß.

Nr. 25   21. 6.1969

EINE FATALE DASEINSWEISE

Nach mehr als einer Woche habe ich die ersten italienischen Zeitungen bekommen, habe sie genommen, kurz hineingeschaut und sie in einem unkontrollierbaren Anfall von Schmerz, Beschämung und Wut in den Papierkorb des kleinen Touristenhotels in Nevsheir geworfen.

Warum? Wegen alter Geschichten. Ein übler Scherz, dessen »Gefühl« langsam, langsam das geformt hat, was man Erfahrung nennt.

Es gibt glückliche alte Menschen: auch ich werde einer sein. Vorläufig schmerzt mich dieser üble Scherz noch, als ob ich ein kleiner Junge wäre. Ich spiele wieder einmal mit dem Gedanken, die Nationalität zu wechseln, um mich von diesem unwürdigen, ungerechten Schmerz zu »befreien«. Wenn ich inzwischen nicht mehr glaube, daß persönliches oder kollektives Eingreifen (von Parteien oder Bewegungen) etwas gegen das fatale ETWAS unternehmen kann, das die Daseinsweise einer Nation bestimmt (einer so ignoranten, proviziellen, beschränkten, terrorisierenden, ungerechten Nation), so bin ich doch noch nicht weise genug, mich an diese

Idee gewöhnen zu können. Außerdem ist man nie weise, wenn es um die Eigenliebe geht. Die italienischen Zeitungen beleidigen meine Eigenliebe.

So weit weg von allem (zufällig, wie man stirbt) spüre ich, wie schlecht ich jener Wahrheit diene, die auch nicht eine Spur von Mitleid kennt oder kennen darf.

Nr. 26   28. 6. 1969

UNBEHAGEN

Ein Festtag, ein Ruhetag. Und auf einmal, nach all der Sonne, verwandeln dieselben Gründe, die diesen Tag mit Heiterkeit erfüllen sollten, alles in lastendes Unbehagen. Grundlose Gründe. Vielleicht das erste Segment der abfallenden Bahn, welche die Sonne in fremden Ländern unbeirrter als sonst durchläuft. Man beginnt den Dingen direkt in Auge zu schauen, wie das Kind, das einst neurotisch weinte. Ringsum der Apennin, damals, aber die Sonne stand ebenso gleichgültig über dem flehentlichen Schluchzen. Sie lief ihre Bahn, sonst nichts. Und die Pappelreihen am kiesigen Flußbett (hier in der Türkei wie in Italien) vor den Hügeln, Komplizen der gnadenlosen Härte des großen Vatergestirns, schienen in ihrer Reglosigkeit voll Trauer große Dinge sagen zu wollen: jene Dinge, die der Dichter in der Jugend mutig angeht und dann, im Alter, verschweigt.

Nr. 26   28. 6. 1969

DAS KIND IM TAL

Nevsheir hat nach der tatsächlichen Prähistorie eine zweite erlebt: die der säkularen Erwartung der westlichen Vernunft. Ich möchte zwar das Tal beschreiben, aus dem ein Kind etwas heraufschreit, auf das ich nachher zu sprechen komme... Aber ich muß zuerst festhalten, daß diese Erwartung die Menschen hier dazu gebracht hat, sich voll guten Willens — voll des uralten guten Willens, der im Laufe der religiösen und regionalen Geschichte entstanden ist — sich, — (wie Jung sagt) »so wenig wie möglich mit Prozessen und Fakten auseinanderzusetzen, die unserer rationalen Erwartung nicht entsprechen«. Elektrisches Licht, Asphalt, kleine Pappkartonhäuser, Zement usw. sind das schöne Ergebnis. Und noch eine Baracke und noch eine! Was für ein herrliches Ereignis ist doch die Entdeckung — jedenfalls solange sie neu ist — dessen, was (ebenfalls Jung) ein »rational orientiertes Bewußtsein« nennt.

Zum Tal selbst. Kaum ist man draußen aus Nevsheir — wo täglich ein Bus mit alten Französinnen und Amerikanerinnen ankommt —, legt sich Rosa und verwunschener Ocker, wie der alter Schläuche, ein wenig opak und stumpf, und prosaisches zartes Gelb mit einem Stich ins Bräunliche, zusammen mit einem irren schwefligen Gelb, über die Erosionen … Ich will keine Kunst-Prosa schreiben, bloß — die ganze Gegend ist ein einziges Auf und Ab von derart verrückten kleinen Tälern, daß man nicht anders kann: poetische kleine Kornfelder (terrassierte handtuchgroße Äckerchen); Korn, das von oben wie gemalt und vom Alter korrodiert aussieht; poetische Gemüsebeete, Zwiebeln in ganz ganz dichten Reihen; poetische Weingärtchen, kaum größer als ein Blumenkohl, eins neben dem anderen auf den Trapezen aus weißem Lehm (eingezwängt zwischen kleinen Mäuerchen und Hauswänden, die oben in Spitzen enden, in ganzen Schwärmen von pyramidenförmigen Spitzen). Auch Obstbäume, vereinzelt, mitten in der Landschaft, so rein, so vollkommen, daß einem die Augen feucht werden. Allein mit ihrem kleinen Schatten. Dunkel mineralisches Grün in den wenigen Apfel- und Kirschbäumen; Mandel- und Pistazienbäume dagegen in Hülle und Fülle; ebenso eine dornige Olivenart (falls es überhaupt Olivenbäume sind). Oft stehen die kleinen Bäume aufgereiht nebeneinander vor einer Terrasse, die zur Thebais geht, solidarisch mit der milden, senkrecht stehenden Sonne. Mandelgrün, Apfelgrün, das Graugrün der buschigen Olivenbäume (wie versteinerter Rauch); und rechts und links wird das Rosa der konischen Dächer, die sich hundertfach über den elfenbeinweißen Friesen abheben, von einem zweiten geheimnisvolleren und transparenteren Rosa der sanft abfallenden Berghänge furios plissiert.

Immer wieder tauchen kleine Esel in den Tälern auf (mit riesigen Sätteln aus weißem Ziegenfell auf dem Rücken). Es ist ihre Jahreszeit, und sie zeigen das auch — aber wenn sie sich wieder getrennt haben, suchen sie weiter Nahrung mit ihren langen Köpfen, die voll bitterer und unsäglicher Weisheit sind.

Unten im Tal schreit das Kind zu uns hoch: »Wir bum bum auf die Amerikaner«. Es spielt, es fabuliert, obwohl Fabulieren selten so präzise ist. Das poetische und heilige Tal stellt schnell die Intimität wieder her, die unser gegenseitiges Zurufen gestört hatte. In Wirklichkeit war es ein Monolog, da wir, von unten gesehen, nur Schatten im Gegenlicht waren. Eine Stunde vor Sonnenuntergang. Auch das Kind war von uns aus gesehen nur ein Schatten, der hinter den Schatten zweier Esel herlief, die vor sich hintrotteten, dicke Mütter auf dem Rücken mit Sack und Pack. Das Kind schrie immer weiter sein »Bum, bum« und »Wiedersehn, Messiers« und wieder »Bum, bum auf die Amerikaner«. Dann verschwand es in den Obstgärten.

Was sagen die »Obristen« in der Hauptstadt dazu, diese nicht mehr unentbehrlichen Herren? Schreiben sie etwa ihr Testament, vielleicht bevor sie zum lezten Mal einen Aufstand proben? Widersprüchliche Testamente, natürlich, in denen »die antiamerikanische Haltung amerikanisch ist, insofern sie antikommunistisch ist«, wie es ein linkes Blatt formulieren würde. Aber in Uchisar, Avcilar, Ortohisar, Urgüp gibt es neben dem Nationalgefühl, das alle Menschen, die nicht das Glück haben, Türken zu sein, zu unbedeutenden Wesen reduziert, zu armen Tröpfen, unfähig, das Leben zu genießen, noch ein anderes Gefühl, ein widerborstiges kleines Gefühl, das ein wenig — wie soll man sagen — rebellisch ist: der Tourismus? Die Dollars? Ah, weltweiter Hochmut, einzige Kraft, die aus nichts etwas erschaffen kann. Er schuf seinerzeit die türkische Nation (wie die anderen Nationen auch) und schafft heute ein Land, das sich im Machtbereich des Dollars ausbreiten darf, genau in dem Moment (wie unser linkes Blatt sagen würde), wo revolutionäre Erkenntnis aus dem Munde eines Zehnjährigen den Protest gegen den Dollar schreien läßt. Verklemmter Hochmut verzerrt die Gesicher der Türken zu frustrierten Grimassen, wenn ein Wasserhahn nicht funktioniert; aber stolze Freude läßt ihre Brust schwellen a) beim Anblick einer Truppe des (armseligen) Heeres, die unter der roten Nationalfahne vorbeidefiliert; b) beim Anblick eines Wasserhahns, der funktioniert wie in Europa.

Schlußfolgerung: Viel Prosaik erwartet uns in den kommenden Jahren.

Nr. 26   28. 6. 1969

In einem dieser kleinen Täler — auf dem Kiesgrund des Flusses, ringsum Korn — und Pappelreihen und dornige Olivenbäume, die sich silbrigweiß vom Rosa der hundertfachen Dachspitzen abheben — kommt mir eine kleine absurde Menge entgegen, ein Bild, das sich gewaltsam in die Netzhaut eingräbt.

Das Licht — das stimmt — ist das Licht der Träume. Am Horizont die letzten Strahlen. In zwei, drei Minuten wird die Sonne verschwunden sein und nur noch Grau herrschen, göttliche Düsternis, rosa durchzogen. Aber jetzt fällt noch das blonde Licht auf das Gras, den Kiesgrund, das Korn und spiegelt sich blendend im Hintergrund der Thebais. In diesem Licht wirkt alles irreal.

Die Menge, die auf uns zukommt, besteht aus Italienern und Türken: einige arbeiten mit, einige sind nur neugierige Zuschauer, die mitlaufen, gucken, immer halb vorm Wegrennen. Buntscheckige Kleider; jeder trägt in dieser internationalen Schar, was er will. Es sind kaum hundert Leute, von denen uns knapp dreißig auf dem trockenen Flußbett entgegenkommen, während die andern übers Tal verstreut sind — auf den Terrassen, an den Felsen, im Gestrüpp.

Vor dem dämmrigen Abendhimmel mit weißen Wolkenbändern, keine Spur von Rot, am Rande des kiesigen Flußbettes, zeichnen sich schwarz die Figuren von Filmleuten ab, die um eine Kamera herumstehen: Sie gehören nicht zu uns, sondern zu irgendeinem Fernsehteam, das, wie üblich bei solchen Gelegenheiten, auch hier herumwirtschaftet.

Ein Bild weiter unten im Flußbett schneidet sich vor allem in meine Netzhaut ein: türkische Arbeiter, die einen V-förmigen Wagen vor sich herschieben, ringsum weitere Leute mit zusätzlichen Arbeiten beschäftigt. Alle ganz auf ihre Arbeit konzentriert. Dahinter, auf einmal, eine Gruppe, die eine bewegte, aber säuberlich komponierte Ordnung zusammenhält, wie auf dem Bild eines flämischen Malers. In der Mitte eine Frauengestalt. Sie ist bis zur Brust mit einem weißen Schleier bedeckt, hinter dem man kaum das Gesicht und das lange, kunstvoll frisierte Haar erkennt. Unter diesem Schleier hängt ein Bündel von riesigen Goldketten, die einen dunklen Ton wie kleine Kuhglocken von sich geben: sie hängen über eine blaue, mit Silber eingefaßte Kutte — scheinbar uralt — wie die Gewänder in den Schatzkammern der Museen, von denen es immer heißt, sie würden beim Berühren zu Staub zerfallen. Unter der Kutte ein langes Gewand, dessen Zipfel von zwei oder drei Personen sorgsam in Kniehöhe gehalten werden. Sie kommt wie eine verhüllte Königin daher. Hinter ihr eine kleine Gefolgschaft: die teue Kammerdienerin, rot und grün gekleidet, die beiden magischen Hündchen an der Leine, so unschuldig wie zwei Insekten, zwei kleine Schmetterlinge, die zum ersten Mal herumflattern, und dabei schon so hinfällig wie Märchenkönige. Und dahinter all die anderen mit ihren technischen Geräten in der Hand, alle, die nicht wissen, wieviel dieses sterbende Sonnenlicht…

Nr. 26   28. 6. 1969

DIE STUDENTEN DER VIA VENETO

Rom, 16. Mai 1969

Sehr geehrter Herausgeber!

Wir haben uns in jenen Studenten wiedererkannt, die P. P. Pasolini am Abend des Matrikelfestes in der Via Veneto gesehen hat (»Tempo« 20). Er nennt uns »Hanswurste«, und vielleicht haben wir auch diesen Anschein erweckt, aber unsere Verkleidung sollte bloß den Passanten unsere Ausgelassenheit zeigen und die Gemüter ein wenig von den Alltagssorgen ablenken. Offenbar können all die Pasolinis traditionelle Bräuche nicht ertragen, da sie übersehen, wieviel menschliches hinter all den Äußerlichkeiten steckt: »Arme Straßenmädchen« und »unbeholfen bäuerlich« redende Parkplatzwächter wird Pasolini mit seinen Werken sicher nie bereichern können! Dafür erwähnt er in seinem Artikel Elsa Morante, die von der Terrasse aus ein »Meer von Studentenhüten« gesehen habe, »das die Piazza del Popolo überschwemmte«: die Ärmste! Aber dieser Schriftsteller, dem alle so arm vorkommen, woran ist er denn so reich? Sind es nicht gerade seine armseligen Schriften und seine jämmerlichen Filme, in denen widernatürliche Liebespraktiken gezeigt und propagiert werden, die den Straßenmädchen zusätzliche Kunden zuführen, während wir Studenten die Mädchen nur einen Augenblick von ihrer Jagd auf Abenteurer ablenken und ein wenig zerstreuen wollten, ohne allzu sehr auf ihr trauriges Los zu achten? Aber der Schriftsteller nimmt das zum Anlaß, den Massen wieder einmal zu versichern, daß er gegen alle kämpft, und daß »er gegen uns kämpfen wird, wie er gegen unsere Väter gekämpft hat«: 1969, ein neuer Leopardi! (…) Aber vielleicht wird er es

sich noch einmal überlegen: er ist doch müde vom Kämpfen! »Die alte
Studentenherrlichkeit lebt immer noch«, *stellt er verbittert fest, da er
unter den Studenten keine verwandten Seelen zu finden glaubt, die
für die gleichen Ideale kämpfen wie er. Sollte er womöglich auch deswegen aufhören zu kämpfen, so wären wir stolz, in Pasolini diesen
Entschluß bestärkt zu haben.*

*Wir Studenten hatten Gelegenheit zu lesen, was Pasolini über uns
denkt; möge der Schriftsteller demokratisch zur Kenntnis nehmen,
was ein paar Studenten über ihn und sein Werk denken.*

Eine Studentengruppe

Ich habe noch nie einen derart pleonastischen Brief gelesen. Er besteht aus einer einzigen simplen Feststellung, die sich auf primitive,
beängstigende und wehleidige Art ständig wiederholt: wir sind,
was wir sind, und wir haben getan, was wir getan haben. Wieso haben eigentlich diese jungen Leute das Bedürfnis verspürt, mir in einem Brief das zu bestätigen, was ich bereits gesagt habe? Die Erklärung ist sehr einfach: sie sind sich der Leere und der Redundanz ihres Schreibens überhaupt nicht bewußt. Sie glauben offenbar im
Gegenteil, dieser Brief sei eine »Richtigstellung«. Und dann wollen
sie dem Leser auch noch weis machen, sie hätten sich aus Nächstenliebe so hanswurstmäßig verkleidet und die Mädchen nur an-
gepöbelt, um sie ein wenig zu zerstreuen. Bah, es wird doch wohl
keinen Leser von »Tempo« geben, der so einfältig wäre, dieses
peinliche Geschwätz auch noch zu glauben? Ich will es nicht hoffen. Was mich betrifft, so habe ich sie ja mit eigenen Augen gesehen.
Oder wollen sie vielleicht mir etwas weis machen? Schließlich sind
meine Romane geradezu Orgien der physiognomischen Wahrneh-
mung. Die Physiognomien dieser aus angeblicher Nächstenliebe so
albern verkleideten Burschen waren unmißverständlich. Wenn
man sie allerdings einzeln betrachtete, ihre existentielle Nacktheit,
ihre physische Unschuld, dann konnte man auch etwas fast Pathe-
tisches erkennen, denn ihre Anpöbeleien waren trotz der ganzen
kleinbürgerlichen Studentenvulgarität auch Ausdruck reiner Ju-
gendlichkeit, die sich nie ganz unterdrücken läßt. Und was die
Straßenmädchen betrifft, so mußte man kein großer Psychologe
sein, um die nackte Panik zu erkennen, die in ihren Augen leuchte-
te, wie bei scheuenden Pferden, die nur ziellos, sinnlos fliehen wollen. Die beiden Mädchen standen da — umringt von der kleinen
Meute, deren Geschrei sie anprangerte, abstempelte, den Umste-

henden auslieferte, sie zu dem machte, was sie für die Polizei sein müssen, damit sie im richtigen Moment gegen sie vorgehen kann — und versuchten wenigstens mit ihren verängstigten Pferdeaugen die Studenten zu beschwichtigen, diese Besessenen zu exorzieren, die sich bei ihrer vulgären Attacke völlig naiv auch noch im Recht glaubten. (Vulgär sage ich nicht wegen der sexuellen Komponente, die das Ganze hatte, sondern wegen der Art des Auftretens. Junge Burschen aus dem Volk bringen es selten fertig, so vulgär zu sein, auch wenn sie gewalttätiger und roher auftreten). Die Heuchelei nun, mit der sich diese jungen Leute selbst und ihr Handeln beurteilen, charakterisiert natürlich auch die Art, wie sie mich beurteilen, wenigstens als Schriftsteller. Wieso soll ich »demokratisch« akzeptieren, was ein paar Studenten »über mich und meine Werke denken«, wenn aus ihrem Brief klar hervorgeht, daß sie meine Werke gar nicht gelesen haben?

Schön, die Schlußfolgerung kann nur heißen, daß die Studentenspäße, dieses ekelhafte Klassenprivileg, das früher einmal Ausdruck des Verbrechertums der Reichen war, heute zum Verbrechertum der Mittelschicht geworden ist und sich nicht nur in Handlungen äußert, sondern auch in Urteilen, die der Handelnde abgibt. Mich wundert das nicht. Das durchschnittliche italienische Universitätsleben hat die Studentenbewegung verschlungen, versenkt in einem Meer von Studentenhüten. Es ist wirklich schlimm.

Nr. 27   5. 7. 1969

DIE STRÄFLINGE VON PARMA

Parma, Mai 1969

Lieber Pasolini,

Wir sind eine Gruppe von Gefangenen. Für jemand wie Dich, der gewohnt ist, Außenseiter zu verteidigen und über sie zu schreiben, mag das als Vorstellung genügen. Du wirst von den Ereignissen wissen und sie sicher verfolgt haben, die in den letzten Tagen die »Gefängnisfront« in Aufruhr versetzt haben. Es wäre uns sehr recht gewesen, wenn Du in dieser Kolumne, die man Dir reserviert hat, etwas dazu gesagt hättest. Leider verbreiten recht unqualifizierte Leute auch heu-

te noch in Form tränenreicher Artikel ein falsches Mitleid, oder sie schreien weiterhin unglaubwürdig nach Autodafés, weshalb wir nur ganz wenigen Leuten von der Presse trauen. Du bist einer davon. Du hast schon oft das Elend und seine Folgen viviseziert. Du hast oft ohne Angst vor übler Kritik bestimmte Probleme unseres Landes aufgegriffen, dieses Landes von Polizisten, Gesetzgebern und Bürokraten (...)

Wie Du wissen wirst, befinden sich ein paar Tausend Gefangene im Aufstand. Die rohe Gewalt ist dabei zu recht verurteilt worden: sie war ein Fehler! Aber wer kann uns in den Gefängnissen dieses Landes bei einem konstruktiven Gespräch vertreten? Wer ist autorisiert, über Menschen zu sprechen, die ein uraltes Problem darstellen, das tief in einer verfehlten Gesellschaft wurzelt, einer Gesellschaft, die sich heute mit Modernität tarnt, ohne daß die elementarsten Voraussetzungen erfüllt wären? Weiß eigentlich die gutbürgerliche Welt, daß keiner im Gefängnis das Recht hat, ein Gespräch mit der Presse zu verlangen? Ich versichere Dir, daß die meisten Gefangenen mit diesem System überhaupt nicht einverstanden sind: alle möchten eine sinnvolle, konstruktive und demokratische Auseinandersetzung. Sie sind zwar überzeugt, daß sie für das begangene Verbrechen bezahlen müssen, sie halten wahrscheinlich nur ihre Strafe für zu hoch, vor allem da ihnen diese Strafe von einer faschistischen Strafgesetzgebung auferlegt wurde, deren ursprünglicher Zweck nichts anderes als die Verteidigung eines Regimes war. Aber abgesehen davon sind wir kaum je auf Gruppen gestoßen, die einen Aufstand machen würden ... um abzuhauen oder über die Frauenabteilung herzufallen. Man macht es sich zu leicht, wenn man einen zutiefst menschlichen Protest, der aus der Verteidigung elementarer sozialer Grundsätze erwächst, zum »Aufschrei der Bestie« reduziert! Ein Grundprinzip der modernen Kriminalistik sagt, daß kein Mensch seiner Veranlagung nach ein Verbrecher ist, sondern daß er es aufgrund seiner Umwelt, seiner Unbildung, seines sozialen Status usw. wird. Daraus folgt, daß oberstes Ziel bei einer Therapie des Verbrechens Heilung sein müßte, die Heilung des ... Patienten. Nun ist man in Italien nicht nur weit davon entfernt, den Gefangenen für einen Patienten zu halten, sondern er wird im Gegenteil meistens als eine Art Untermensch betrachtet.

Wie Du siehst, ist alles rundherum ein einziger Bankrott und hat überhaupt nichts mit den humanen und sozialen Normen zu tun, die von den italienischen Gesetzen und internationalen Vereinbarungen sanktioniert werden, die uns theoretisch an die Seite sehr viel fortschrittlicherer Nationen stellen müßten.

Daher das eigentliche Anliegen unseres Briefes: Wir hoffen, daß Du Dich für gründliche und strenge Untersuchungen unserer Situation einsetzen wirst, seien es parlamentarische, seien es journalistische Untersuchungen.

Die Häftlinge des Gefängnisses von Parma

Liebe Freunde,

alles was ich tun kann, ist, zu bestätigen, wie absolut recht Ihr habt. Das ist wenig genug, ich weiß. Aber auf direktem Weg kann ich nicht mehr tun als das. Indirekt vielleicht ein wenig mehr, da Euer Problem nur eine Variante jener Probleme ist, die ich jedesmal aufgreife, sobald ich eine Feder in die Hand nehme oder mich hinter die Kamera setze. Mein ganzes Werk — zumindest in meiner Vorstellung — ist nichts anderes als ein Kampf gegen die Macht (d. h. ein Kampf des Sohnes gegen den Vater). Eure Situation als Menschen zeigt noch klarer und unbestreitbarer die Gemeinheit und Stupidität der Macht. Die Macht bestraft Euch wahrhaft! Und es wäre zum Lachen wenn dabei etwas anderes als Brutalität herauskäme. Die Bestrafung mit allem, was dazugehört, ist ein archaisches und mittelalterliches Überbleibsel, und die Demokratie sollte sie nicht nur abgeschafft, sondern sogar als Begriff getilgt haben. Wenn sie es nicht getan hat, so kann das nur heißen, daß wir eine falsche Demokratie haben.

Ihr müßt anachronistische Qualen und Demütigungen erdulden, die nichts mit einer modernen Welt zu tun haben; ihre Absurdität macht alles nur noch unerträglicher. Als der Begriff der Strafe noch ein gängiger und natürlicher Begriff war, konnte sie auch leichter ertragen werden, sie konnte sogar herbeigesehnt werden (als sogenannte Sühne, die etwas Dunkles, Mehrdeutiges ist, da sie die Idee einer vorgeschichtlichen Urschuld einschließt). Aber heute ist die Vorstellung, jemand zu bestrafen, einfach nur abstoßend. Der Begriff des Verbrechens sollte endgültig vom Begriff der Schuld getrennt werden, andernfalls bleibt die Kette des Bösen ein *circulus vitiosus*: Schuld erzeugt Strafe und Strafe erzeugt Schuld — da gibt es kein Entrinnen. Die Schuld kann nur durch Vergebung ein Ende finden, aber Vergebung kommt auch von oben: da ist wieder eine Macht, die vergibt. Das Verbrechen dagegen hat einen Anfang und ein Ende: es ist eine Episode, die sich nicht wiederholen muß. Was eine Wiederholung verhindern kann, ist nicht die Angst vor Strafe (die im Gegenteil dazu beiträgt, die Schuld »absolut«

und endlos zu machen), sondern das Bewußtsein, das eine freie Entscheidung trifft. Die Gefängnisse müßten Orte sein, wo das Bewußtsein die Möglichkeit bekommt, aus dem *circulus vitiosus* von Schuld und Strafe auszutreten und freie Entscheidungen zu treffen. Die Gefängnisse müßten also Schulen sein. (Wohingegen in Wirklichkeit die Schulen dazu tendieren, Gefängnisse zu sein.)

Nr. 27   5. 7. 1969

DIE ANDERE TÖDLICHE FREIHEIT

Tom Mboya ist ermordet worden. Für mich war Tom Mboya nicht ein bloßer Name, eine entlegene Abstraktion. Ich habe ihn mit meinen eigenen Augen gesehen, ich war ihm physisch nahe, ich habe ihn reden hören. Vor ungefähr zehn Jahren, kurz vor der Befreiung Kenias, als die »Mau Mau« noch aktiv waren: so sehr aktiv, daß ich eines Nachts, als ich allein durch Nairobi streifte, von einem Lastwagen mit englischer Polizei angehalten und zwangsweise ins Hotel gebracht wurde.

Eines Nachmittags streifte ich — natürlich völlig unbekümmert, weil mir Vorsicht aus ideologischen Gründen falsch erschien — durch die Stadt und geriet in der Peripherie zufällig auf eine der großen platzartigen Freiflächen, die so typisch afrikanisch sind, Plätze, die für mich zu den schönsten Orten der Welt gehören. Auf diesem muldenförmigen Platz waren Hunderte und Aberhunderte von Kiyuyu zu einer Versammlung zusammengekommen. Die Rednertribüne, auf der jemand stand und redete, war mitten in der großen farbigen Menge. Dieser Redner war Tom Mboya, und er sprach mit der Leidenschaft der großen historischen Momente. Kenia sollte nach einem blutigen Partisanenkrieg die Freiheit bekommen. »Uhuru«, schrie er immer wieder. Und die Menge schrie im Chor zurück: »Uhuru« (Freiheit). Ich wollte mich unter die Leute setzen, und sofort machten mir die Umsitzenden Platz, damit ich als einziger Weißer auch bequem unter ihnen sitzen konnte. Als sie dann erfuhren, daß ich Italiener bin, waren sie alle glücklich. Warum? Weil die Italiener einen Partisanenkrieg gegen die Deutschen geführt hätten, einen Partisanenkampf wie sie. Und das sagte mir ein einfacher Arbeiter, von dem ich nie eine solche Bemerkung erwartet hätte. Wir waren also Brüder.

Tom Mboya ist nach der Unabhängigkeit ein Gemäßigter geworden und hat schließlich neokolonialistische Positionen vertreten. Vielleicht ist er immer von den Engländern unterstützt worden. Sicher hat ihn ein junger Schwarzer umgebracht (der vor zehn Jahren noch ein Kind war), im Namen einer neuen Freiheit.

Alle Befreiungskriege nehmen dieses traurige Ende. Überall in der Welt, in jedem beliebigen Land, das mir dazu einfällt, sehe ich das brutale Schauspiel von Befreiungskriegen, die in Enttäuschung und Restauration enden. Wird das auch in Vietnam passieren: kann anderes erwartet werden? Wenn dem so ist, hat es dann überhaupt einen Sinn zu leben, es sei denn, verzweifelt und fast stumpfsinnig der ersten unbeholfenen Idee von Freiheit treuzubleiben, die uns in der Jugend zum Handeln treibt?

Nr. 29   19.7.1969

DIE RECHTE DES LEBENS

In dieser sinistren Meeresstille scheint das Leben wieder auf seine alten Rechte zu pochen. Sommer, die Sonne, die Sonntage im Freien. (Heute, als ich mit Ninetto am Trasumenischen See herumstreifte und versuchte, durch die kultivierten Felder zum Seeufer zu kommen, bin ich auf ein paar Apfelbäume gestoßen, die man ihrem Schicksal überlassen hat, da sie offenbar niemandem mehr nutzen. Wer hätte Ninetto davon abhalten können, ein paar dieser Äpfel zu pflücken? Auch ich konnte der Versuchung nicht widerstehen. Es waren wunderbare Äpfel, die unsagbar gut schmeckten. Unter diesem verwaschenen Sommerhimmel, im zwiespältigen ländlichen Frieden schmeckten sie paradiesisch, nach Sonne und Regen in einem. Seit langem habe ich keinen so heftigen physischen Genuß mehr gespürt). Sind die Rechte des Lebens etwas anderes als die anonymen Akte der »Religion des täglichen Lebens«, die sich auf stupende Weise wiederholen und nichts erzeugen als das, manchmal heitere, Gefühl ihrer Vergänglichkeit? Und da sie deshalb nicht vorwärtstragen, sondern zurück, sind sie letzlich nicht Akte der Todessehnsucht?

Seit einem Jahr geht es nicht weiter. Der Fluß der Geschichte, der uns alle mittreibt (da wir alle die gemeinsame Illusion haben, die Zeit bewege sich vorwärts), stagniert. Wir geben der Trägheit nach, legen die Waffen nieder, die physischen und ideellen, wir widmen uns anmutigen Dingen. Und je schlechter einer gekämpft hat, um so schlechter genießt er die Tage des Friedens. So sind wir geschaffen, wir Menschen, wir armen Bestien.

Nr. 29   19. 7. 1969

ALLES IST OFFEN

Zufällig habe ich die Rezension eines neuen Bändchens von Montale gelesen (»Außer Haus«). Ich stelle fest: a) Es ist völlig uninteressant geworden, daß die Landschaft Montales die »ligurische« Landschaft ist (in Anführungszeichen), weil heutzutage die ligurische Landschaft, völlig entweiht, ihren provinziellen Zauber verloren hat, *res communis omnium* geworden ist. b) Es gibt keinen Platz mehr für partikularistische Landschaften in einer Welt, wo sich alles einreiht in die internationale landschaftliche Einheitsfront.

Warum greift mir der Titel des Buches ans Herz? Gibt es noch ein »Zuhause« als feste Tatsache, als realen Ort? Die Mauern des Zuhauses sind eingestürzt. Alles ist offen, ohne Intimität. Fragt doch die heutigen Jugendlichen, die genau »außer Haus« ihren Ort suchen! Auch ich, obwohl ich nicht mehr jung bin, obwohl ich die Ruhe eines großräumigen und schönen Hauses liebe, in dem man arbeiten kann, spüre, daß es die Poesie des Zuhauses nicht mehr gibt, daß sie im Gegenteil lächerlich und anstrengend geworden ist. Das Bedürfnis nach Rückzug, Privatsphäre, Diskretion, Schutz, all dem, was das Haus im 19. Jahrhundert vermittelt hat, ist kein Bedürfnis mehr, sondern nur Relikt eines Bedürfnisses, ganz abgesehen davon, daß dieses Bedürfnis immer ein Privileg war. Der gute Salon, der kleine Garten... Diese gräßliche Krankheit des italienischen Literaten..., die ihn dann den Faschismus akzeptieren ließ... als Haß auf alles Fremde und Außenstehende, als Norm, erzwungene Arbeitsamkeit, Wohlanständigkeit (ich meine natürlich nicht Montale) ... läßt sich heute nicht mehr vom Bild jener Literatur trennen, die eine Dame, das Glas anmutig in der Hand, amüsiert liest...

Ich denke dabei ganz besonders an den *Premio Strega*, der in diesen Tagen verliehen wird, das brutale Bündnis zwischen wohlanständigem Literaten und wohlanständiger Dame im guten Salon... (Dennoch möchte ich dem Leser das Buch von Fulvio Tomizza

139

empfehlen, das, wie mir scheint, dieses Jahr den Preis bekommen wird. Es ist ein Buch von hohem literarischem Wert, ein wirklich »geschriebenes« Buch, wie man ihm selten noch begegnet. Auch dort gibt es ein »Landschaftsbild«, die istrische Landschaft, aber da sie Niemandsland ist, weder italienisch noch slawisch, verliert sie das provinziell Harmlose und wird dramatisch. Sie ist nicht einmalig und absolut, sondern eine Landschaft von vielen und daher vieldeutig. Das Buch beschreibt diese Landschaft ohne Ironie und ohne Humorismus. Alles wird ernstgenommen. Daher die mythische Spannung dieser außergewöhnlichen literarischen Handschrift.)

Nr. 29   19.7.1969

EIN GROSSES HISTORISCHES EREIGNIS

Kann ein Mensch aus der Geschichte seiner Zeit austreten (auch wenn er weiß, daß diese Geschichte nur eine Illusion der menschlichen Optik, ihm aber zum Schauplatz seines Bewußtseins mit all den dazugehörigen Bindungen geworden ist)? Nein, er kann nicht. Ein solches Austreten aus der Geschichte, bei dem man die Sehweise eines Nachgeborenen oder eines Cherubins vortäuschen müßte, ist besonders beliebt bei Reaktionären, und die rechtsgerichtete Presse ist voll von Schreibern, die sich solchen Akten der Selbstverleugnung widmen, die jedoch nur dazu dienen, das spiritualistische Bedürfnis der Kleinbürger zu befriedigen (die doch selbst, ohne es zu wissen, jene ruchlosen Materialisten sind, die sie so sehr hassen).

Wenn also ein Mensch nicht aus dem Lauf der Geschichte austreten kann, in den sein ganzes Bewußtsein eingezwängt ist, dann kann er auch nicht die historischen Ereignisse seiner Epoche *sub specie aeternitatis* beurteilen. Tut er es doch, so ist er ein Heuchler.

Daß der Mensch auf dem Mond gelandet ist und dort seine ersten Schritte getan hat, ist zweifellos ein großes historisches Ereignis. Wieso interessiert es aber in Wirklichkeit so gut wie keinen? Wieso ist es ein Thema, das höchstens die schlichte Neugier und ein Aktualitätsbedürfnis befriedigt?

Ich drehe zur Zeit einen Film und bin daher nicht allein. Ich verbringe den ganzen Tag mit wenigstens sechzig Leuten, die mit mir arbeiten. Da ich außerdem im Freien arbeite (zur Zeit in Grado), sehe ich Dutzende und Aberdutzende von anderen Personen:

Komparsen, Schaulustige, Aufsichtspersonal, Carabinieri, Besitzer der Drehorte, Freunde, die für einen kurzen Besuch vorbeischauen usw. Ich bin also mindestens vierzehn Stunden am Tag unter Leuten.

Nun, in der ganzen Zeit hat nie jemand von der Mondlandung gesprochen. Und wenn ich »nie« sage, dann meine ich wortwörtlich »nie«. Morgens vergesse ich manchmal die Zeitungen zu kaufen, und wenn ich bei Gelegenheit doch etwas über die Mondlandung lese, dann nur die fetten langweiligen Schlagzeilen. Ich habe den Eindruck, als ob die ganze Presse in einer emphatischen Welle schwimmt. Sie bläht die Ereignisse auf, als wäre alles ein Muß, ein fester Vorsatz: die Mondlandung ist ganz enorm, also müssen wir auch enorme Schlagzeilen und Artikel bringen. Dennoch spürt man, daß gar kein Interesse an dieser Enormität besteht.

Wie war das z. B. bei dem Fußballspiel Milano-Manchester? Bestand da etwa kein Interesse an dicken Schlagzeilen und Riesenartikeln? Sicher, es ist ungerecht, daß dieses Fußballspiel ein größeres *reales* Interesse geweckt hat als die Mondlandung, daß es auf *realere* Weise die Gefühle angesprochen hat. Aber es ist einfach Tatsache.

Warum empfinden die Menschen (zumindest in Italien) — ich eingeschlossen — eine Abneigung, sich gefühlsmäßig von dem Apollo-Unternehmen berühren zu lassen oder sich gar leidenschaftlich damit zu identifizieren?

Was mich betrifft, so kann ich ein paar Gründe nennen: mich stört zum Beispiel, um damit anzufangen, der Name »Apollo«, dieses lächerliche und rhetorische humanistische Relikt, das so heuchlerisch als »Zeichen« für ein Produkt modernster technischer Zivilisation herhalten muß. Dann empfinde ich eine eigenartige Abneigung gegen die drei Astronauten, die vom Typ her perfekte Durchschnittsmenschen sind, Beispiel dafür, wie man heute zu sein hat: unästhetisch, aber funktional, völlig phantasie- und leidenschaftslos, dafür aber erbarmungslos praktisch und gehorsam, ohne die leiseste Fähigkeit, kritisch oder selbstkritisch zu sein: rundherum Machtmensch. Dann stößt mich der kleinbügerliche Hintergund dieser drei Männer ab: diese blonden Kindlein, so hübsch und schon so gezeichnet von einer völlig konditionierten Zukunft, und diese drei Ehefrauen, die mit derartig schamloser Gedankenlosigkeit die Rolle spielen, die man von ihnen verlangt: Penelopen, ja, treue und recht spröde Penelopen, die im richtigen Moment alles auf Kaffee und Kuchen reduzieren können, den sie

den Nachbarinnen offerieren (tief im Herzen seelenruhig überzeugt, daß ihr Mann nach Hause zurückkehrt und dann aufhört,
ein Held zu sein). Ich verabscheue die ganze amerikanische Offi-
zialität, die das Unternehmen umgibt, diesen Agnew an der Spit-
ze...

Sind das nun ausschließlich persönliche Idiosynkrasien eines
ewig unzufriedenen Intellektuellen, den der gute, aber inzwischen
überflüssig gewordene Geschmack verdorben hat, den seine uner-
füllten politischen Hoffnungen verbittert haben?

Ich glaube nicht. (...) Was uns resistent macht gegen das Mond-
Abenteuer, was unsere Begeisterung dämpft, ist die Tatsache, daß
es sich um ein Macht-Abenteuer handelt. Nicht nur der kapitalistischen Macht, sondern auch der sowjetischen Macht. Die spektaku-
lärsten Machtunternehmen tendieren immer dazu, uns in einen in-
fantilen Zustand zurückzuversetzen: die Macht bewerkstelligt (mit
ihrem Geld) großartige Unternehmungen, und wir stehen bloß da
und dürfen mit offenem Mund zuschauen. Das paßt uns natürlich
nicht so ganz. Wir wollen nicht allzu offenkundig in Kinder zu-
rückverwandelt werden, wollen nicht ewig Kind bleiben. Deshalb
verabscheuen wir die Maskeraden des brutalen Paternalismus der
Geschichte (des zweifellos mächtigsten): die falsche Demokratie,
die populistische Demagogie, die Familiensentimentalität, die
schreckliche Rhetorik des Gehorsams.

Noch etwas anderes: nehmen wir einmal an, wir hätten in den
Jahren gelebt, als jenes andere Unternehmen stattfand, an das heute
alle Zeitungen erinnern: die Reise von Kolumbus nach Indien und
seine Landung in Amerika. (...)

Die Entdeckungsfahrt von Kolumbus, die dann zu einem Aufbruch der gesamten Menschheit wurde, war doch nichts anderes
als ein Aufbruch der spanischen Monarchie, d. h. ein von der
Macht finanziertes Abenteuer. Daher war das große »menschliche« Unternehmen von Kolumbus in diesem historischen Moment nur Bahnbrecher für eine Reihe brutaler kolonialistischer
Unternehmungen. Aber während es im Fall von Kolumbus offensichtlich ein Auseinanderklaffen von Individuum bzw. Held Kolumbus einerseits und Geldgebermacht andererseits gab — ein Auseinanderklaffen, das die Affäre in zwei Hälften spaltete: einmal das
große Menschheitsunternehmen, dann das brutale Handels- und
Kolonialisierungsunternehmen —, so besteht dieses Auseinanderklaffen im Fall der Astronauten nicht. Der Held dieses Unterneh-

mens ist nicht der Astronaut, der genau betrachtet nur ein simpler Roboter ist, sondern die Technik (ich sage nicht von Braun, sondern die Technik). Daher gibt es kein Auseinanderklaffen mehr, denn die Technik ist nicht die moderne Personifizierung eines Kolumbus, der seine Geldgeber benutzt, um auf einer quasi metahistorischen Ebene seinen Plan, seine Entdeckung durchzuführen. Die Technik ist nur operativer und pragmatischer Aspekt der Macht selbt. Daher ist die Eroberung des Mondes nicht ein Menschheitsunternehmen, das zuletzt die historische und partikularistische Macht überflügelt, sondern ewiger Machtbeweis, der von dieser Macht nicht zu trennen ist. Alles, was mit der Mondlandung zusammenhängt, bleibt uns fremd, eben weil uns das Vorgehen der Macht mit seiner militärischen und ökonomischen Funktionalität fremd ist, die uns nur passiv und daher gewaltsam einbezieht.

Bleibt eine letzte Beobachtung, und der Leser möge mir verzeihen, wenn ich so lange bei einem Thema bleibe, von dem ich selbst behaupte, es sei uninteressant; dabei möchte ich nur sagen, daß unser Interesse anderem gilt als dem, was uns die Presse einreden will (d. h. einem riesigen Fernsehspektakel, das nichts als eine einzige Werbesendung für das amerikanische Durchschnittsleben und für die Militärausgaben ist). Ich habe mehrmals versucht, in dieser Kolumne das Wort »Menschheit« wieder aufzuwerten, da es durch eine zwanzig Jahre lange, zwar berechtigte, aber sehr moralische linke Kampagne gegen das Humanitäre entwertet worden ist. Es steht außer Frage, daß zukünftig die Geschichte nicht mehr die Geschichte der Nationen sein wird, d. h. der nationalen Mächte, sondern die Geschichte der gesamten Menschheit, die von industriell und technisch orientierter Zivilisation geeint und homogenisiert werden wird, um es ganz simpel zu formulieren. Die Macht tendiert dazu, von einem nationalen in ein transnationales Stadium überzugehen, dabei aber immer Macht zu bleiben und sich daher auch ein solches Unternehmen wie die Mondlandung anzueignen. Die Eroberung des Mondes ist rein statistisch (ohne sich auf die Vorahnungen eines fiktiven Nachgeborenen berufen zu müssen) ein Unternehmen der ganzen Menschheit: aber damit es wirklich ein Unternehmen der ganzen Menschheit werden kann, *muß diese Menschheit auch frei sein.* Ich rede als Utopist, ich weiß. Aber entweder Utopist sein oder verschwinden.

Nr. 32   9. 8. 1969

Vor mir liegt das berühmte Foto der ersten menschlichen Fußabdrücke auf dem Mond (journalistisch gesehen ein bereits veraltetes Foto). Schwer zu beschreiben, was in mir vorgeht. Das möchte ich auch nicht und versuche, ungerührt weiterzuarbeiten. Aber mir wird leicht schwindlig, ich habe das Gefühl, eine Offenbarung zu erleben. Ich möchte Proust zitieren und schreiben: »intermittence du cœur«, und ich schreibe es auch, weil es in Wirklichkeit genau das ist, eine »intermittence du cœur«. Diese Fotografie beschwört andere Bilder. Diese Abdrücke beschwören andere Abdrücke. Nichts Neues, nichts Unbekanntes, das sich hier *manifestiert*. Nur wieder eine Rückkehr: armer Urmensch, immer noch halb Tier, der seine Spuren auf der Erde zurückgelassen hat. Daß du auf dieser Erde warst, bezeugt ein Nichts: eine Spur, ein Zeichen, das deine unbeholfene, tierhafte, aber schon arbeitsame Hand hinterlassen hat.

Wenig versöhnt so sehr mit dem Menschen, macht ihn so sehr zum Bruder, erfüllt mit einem so überströmenden, aber berechtigten Mitgefühl wie seine unbeholfensten und bescheidensten Spuren: hier die Knochen eines Menschen vor fünfzigtausend Jahren … Hier ein Mensch, der vor siebzigtausend Jahren eine primitive Hirschplastik zurückgelassen hat… Ein treuer und langlebiger Stein, der Tausende von Jahren dieses Nichts bewahrt hat.

Die ersten Fußspuren der Menschen auf dem Mond wecken dieses mitleidvolle Verständnis für ein Leben, das sich in einer weit zurückliegenden, nicht mehr beschreibbaren Vergangenheit vollzogen hat. Sie sind aus dieser Vorzeit auf die Erde zurückgekehrt, nachdem die Jahrtausende sich um die armseligen Werke ihres Lebens aufgetürmt haben: und jetzt, auf einmal Zeichen, die Zeichen ihres Weges. Ja, bis hierher sind sie gekommen auf ihren Wanderungen.

Bewegend an diesem so prosaischen und auch ein wenig dummen ersten Gang der Amerikaner auf dem Mond ist nicht das Zukünftige, sondern das Vergangene, das Schicksal jeder Zukunft, Vergangenheit zu werden, wenn sie es nicht bereits ist. Und die fortwährende Wiederkehr dieses umhertappenden, aber zielgerichteten Suchens des hartnäckigen Menschen — von dem nur ein Zeichen übrigbleibt, das logische Kontinuität und umfassenden Sinn überlebt, dafür schlagartig der Größe und der Geringfügigkeit das richtige Maß gibt — ermutigt den Menschen, dessen Schicksal es ist, heute zu leben (und sich unsterblich glaubt, oder zumindest weniger sterblich als alle anderen): es bestärkt seine umfassende und poetische Fähigkeit zur absoluten Gegenwart, die unauslöschlich oder zumindest unwiderrufbar ist.

Die Spuren grobschlächtiger menschlicher Fußstapfen sind zielgerichtet. Sie kommen und sie gehen. Davor und danach das Nichts, das rekonstruiert werden muß. Das Herz spürt, wie es in die Vergangenheit zurücksinkt, und das tröstet.

Nr. 33   16. 8. 1969

DIE BRÜCKE VON 1943

Und dann, diese Brücke ... Ich überquere sie im Laufschritt: daß es sich um die berühmte Brücke handelt, stelle ich erst hinterher fest. Das Ganze läßt mich so kalt, daß mir in einem Anfall von Gleichgültigkeit geradezu die Schultern zucken.

Es handelt sich um eine Brücke kurz vor Livorno, wenn man von Pisa her kommt.

Wir schreiben den 9. oder 10. September 1943.

Ich mitten auf der Böschung, in Uniform. Um mich herum meine Kompanie oder das ganze Regiment (ich weiß es beim besten Willen nicht mehr).

Wir liegen im Gebüsch, am Ufer irgendeines Flusses oder Kanals (wie in Träumen). Ich sehe um mich herum die anderen, völlig fremd gewordene Gestalten.

Ich kann mir nicht vorstellen, was in ihnen vorgeht. Was empfinden sie in diesem Augenblick? Es ist die Stunde der großen Beichten oder der großen Einsamkeit. Aber keiner hat Zeit zu beichten, oder die Gelegenheit fehlt einfach.

Ich bin buchstäblich starr vor Angst. Ich habe Todesangst. Eine Angst, die mir so die Eingeweide verkrampft, daß ich kaum weiß, wie ich sie noch verbergen soll. Ich kann mir aber gut vorstellen, daß ich in den Augen der anderen genauso als gefühllose Sphinx erscheine. Auf jeden Fall, ich liege im Schatten des Gestrüpps, da, wo mich das Schicksal hinverschlagen hat, und nicke langsam ein.

Von der Küste her (in den Farben eines warmen Spätsommers) hört man regelmäßig Geschützfeuer.

145

Auch wir sind bewaffnet (bewaffnet? das obligate Gewehr und eine Handgranate), und der Befehl lautet zu kämpfen. Gegen wen? Gegen die Deutschen natürlich. Aber so recht glaubt es keiner. Die drei oder vier Offiziere, die bei uns sind und uns bis zum Vortag wichtigtuerisch beigebracht hatten, kurz vor dem Angriff »Savoyen!« (sic) zu schreien, wirken geduckt und haben offenbar noch mehr Angst als wir.

Die Stunden vergehen.

Auf einmal tauchen zwei deutsche Panzer auf, fahren die Böschung herunter mitten in uns hinein. Eine gewisse Konfusion zuerst, aber dann wird klar, daß wir uns zu ergeben haben. Die Offiziere befehlen uns, die Waffen den fünf oder sechs deutschen Soldaten auf den Panzern auszuliefern.

In Reih und Glied marschieren wir hin und liefern die Waffen ab. Mein Freund Castiglione (der mit mir das Gymnasium Galvani in Bologna besucht hat) schaut mich an, als ich ihn anschaue. Ich schaue ihn wieder an, er mich.

Ich war damals körperlich ein äußerst kräftiger Bursche, aber gleichzeitig war ich ein sensibler junger Mann, der hermetische Gedichte im friaulischen Dialekt schrieb; er dagegen war nicht einmal kräftig. Es war ein graziler und schutzloser Junge aus gutem Hause. Wir schauten uns an, wie gesagt, wir zwei schwachen und antimilitaristischen kleinen Intellektuellen, die in den wenigen Tagen Militärdienst alles an Idealismus und Polemik zur Schau gestellt hatten, was zu einem rechten Antimilitaristen gehört. Wir schauten uns an und lasen denselben Gedanken in den Augen des anderen: Von wegen! Kommt überhaupt nicht in Frage! Die Waffen ausliefern? An diese vier grinsenden Deutschen? Unmöglich. Tun wir nicht.

Heimlich verkriechen wir uns wieder im Gestrüpp und verstecken die Gewehre. Die Handgranaten schmeißen wir in ein Erdloch.

Dann reihen wir uns in die Kolonne ein und lassen uns wie eine Schafherde zusammen mit den ebenfalls entwaffneten »Savoyen!«-Offizieren in Richtung Livorno treiben.

Castiglione und ich schauen uns immer noch wenig überzeugt an. Plötzlich eine Schießerei. Wieder ein paar Sekunden lang unsagbare Angst. Wir werfen uns in den Straßengraben. Als die Schießerei aufhört und die anderen aufstehen, um weiterzumarschieren, bleiben Castiglione, ich und zwei, drei andere versteckt im Graben liegen. Das Regiment ist schon ein Stück weitermarschiert, eine graugrüne Herde. Ich habe nie erfahren, was aus ihm geworden ist.

Wir klettern aus dem Graben und marschieren in die entgegengesetzte Richtung, in die Campagna im Norden von Livorno. Die Trauben sind reif, die Sonne steht hoch am Himmel, die Zikaden zirpen.

Nr. 33   16. 8. 1969

MRS. JOHNSON

Ich möchte diesmal eine kleine Geschichte erzählen. Sie hat zwei Sätze (wie ein Musikstück) und ein besonderes Finale.

Das Leben der Reichen — womit ich jene millionenschweren Reichen meine, die derartig viel besitzen an beweglicher und unbeweglicher Habe, daß, verglichen damit, alle, die nur ein paar Millionen haben, wie arme Schlucker erscheinen — das Leben dieser Reichen kann ein moderner Dichter nicht darstellen.

Eigenartig, ich habe »Dichter« geschrieben, dachte aber ans Kino. Einen Film also, um es genauer zu sagen, über die »wahren« Millionäre zu drehen, ist theoretisch unmöglich (bei Dichtern fällt mir natürlich Proust ein, aber ich möchte das noch offenlassen, mit einem Fragezeichen versehen. Wäre Proust vorstellbar ohne humanistisch gebildete Reiche, zumindest Reiche an der äußersten Grenze des Humanismus?)

Die Villen der Reichen, jene kleinen, zweifellos entzückenden Villen oder jene großen, die mindestens eine Milliarde Lire kosten, diese Jugendstil- oder Neoklassizismusbauten haben keine »Realität«, die man fotografieren könnte. Sie wirken konturlos, weil sich alles stets auflöst im allzu Allgemeinen, Bekannten, Durchschnittlichen. Auch »Boote im Hafen« in einer kleinen Bucht (ich bin zur Zeit in Cap-Ferrat) ergeben stets an sich häßliche Fotos. Ich will damit nur sagen, daß ein Dichter-Regisseur sich nicht auf eine objektiv »schöne« Realität verlassen darf, was er andererseits bedenkenlos tun kann, wenn er das Leben der »Armen« darstellen will, ganz gleich, ob auf dem Lande oder in der Stadt.

Ein paar Yachten oder zwei, drei schöne Bäume nebeneinander, und seien sie noch so erlesen, sind einfach eine banale Angelegenheit und machen auch die ganze Landschaft ringsum banal. Ja, Cap-Ferrat ist banal.

Aber das hat nichts mit meiner »moralischen Geschichte« zu tun, die ich kurz erzählen möchte.

Erster Satz: Ich befinde mich (abwesend, fremd, wie ein Wesen von einem anderen Stern) in einer jener zweifellos »entzückenden« kleinen Villen, die an amerikanischen Kolonialstil erinnern. Es ist Nacht. Ich sehe nur die weiße neoklassizistische Fassade im Dunkeln. Vor mir glänzt das zarte, kostbare Türkis eines Swimmingpools, der wie die Fassade nicht allzu groß ist. Ringsum ist es dunkel. Abstrahiert durch den Raum zwischen dem Weiß der Fassade und dem Türkis des Wassers bewegen sich Figuren in einem fast sakralen Schweigen. Etwa zwanzig Figuren, nicht mehr, sieht man von einem livrierten Diener und einem spanischen Gitarrespieler ab.

Sie reden die obligaten Dinge, haben das obligate Whiskyglas in in der Hand (ganz und gar „banale Aufnahmen), aber die Stimmen verlieren sich in der Stille als kaum hörbares und daher poetisches Murmeln. Auf der anderen Seite des Swimmingpools steht ein Liegebett, auf dem die C. ausgestreckt liegt; ich sitze, ziemlich eckig, daneben auf dem Rand. Nach einer Weile kommt der Ehrengast, für den man das Fest in dieser im Dunkeln schimmernden Villa arrangiert hat: Mrs. Johnson. Sie setzt sich hin, genauer gesagt, streckt sich auch aus (in Hosen, elegant, klein, herber Charme, höflich) und plaudert ein wenig mit der C.

Das wäre, mehr oder weniger, der erste Satz.

Zweiter Satz: In meinem Hotelzimmer im Zentrum von Monte Carlo. Es ist heiß und gewittrig. Ich bin nicht müde, da ich eigenartigerweise vor dem Abendessen geschlafen habe. Deshalb lese ich; ein paar Seiten aus de Pisis »Marchese pittore«; die erste Nummer der Zeitschrift »La comune«, die ich zusammen mit »Futurbili« und »Antologia Vieussaux« mitgeschleppt habe. Ich lese das Editorial und eine Diskussion über Dubuffets »Asphyxiante culture«. Die Diskussion wird von jungen Leuten geführt, sehr jungen, aber keine Kinder mehr (sie nennen sich Prattico, Di Genova, Ballerini, Spatola, Natale, Lunetta). Was soll ich sagen? Oder besser: wie soll ich berichten? Ich empfinde keine Antipathie und keine Wut diesen Jungen gegenüber, obwohl alles, was sie reden, vielfältigster Grund für Antipathie oder Wut wäre. Man spürt, wie sie von Spielregeln versklavt sind und daher wie Automaten reden. Sie sind sich dessen nicht bewußt, sie sind im wahrsten Sinne »arglos«. Sie haben kein Gefühl dafür, wie lächerlich die Steifheit ist, mit der sie gegenseitig Sätze wiederholen, wobei alle die gleichen Floskeln benutzen (so z. B. das inzwischen geradezu anstößige Wort »System«, das sie immer und immer wieder schamlos benutzen). Sie treiben Haarspalterei wie Theologen oder Mandarine oder einfach nur wie die letzten Tölpel. Sie stützen ihre Argumentation auf irgendeine »Sophia«, die weder Philosophie noch Wissenschaft ist, sondern nur ein gemeinsames, aber völlig willkürliches Terrain (wobei sich als roter Faden der übliche Pragmatismus, d. h. der übliche Terrorismus durchzieht, der dazu führt, daß alle voreinander Angst haben). Wehe, einer sagt ein Wort, das nicht dem vertrauten Slang entspricht; wehe, einer legt die Schwächen bloß, die revolutionärer Zynismus bedeckt! Aber vor allem dieses Übermaß an Naivität — diese geradezu schamlose Naivität — macht es mir unmöglich, eine feindliche Position zu beziehen. (Nachsichtig werden sie über meine Nachsicht lachen.)

Aber das ist nicht der Grund, warum ich über sie spreche. Ich spreche über sie, weil ich vor diesem späten Abend im hochsommerlichen Monte Carlo noch nie so klar begriffen haben, was Kleinbürgerlichkeit ist. Die Reden dieser jungen Leute »stinken« förmlich (anders läßt es sich nicht sagen) vor Kleinbürgerlichkeit. Man riecht geradezu den Muff einer um krampfhaften Würde bemühten Armut, diesen Küchengeruch, diesen Kampfergeruch pseudomoderner oder alter Provinzmöbel. Und alles was noch dazugehört … Klar geworden ist mir das ausgerechnet an Mrs. Johnson. Mit anderen Worten, etwas durch und durch »Negatives« (was übrigens nicht persönlich gemeint ist, denn Mrs. Johnson erschien mir liebenswürdig und intelligent, und ich glaube ohne weiteres, daß sie es vor allem war, die, wie es heißt, ihren Mann zum Rücktritt überredet haben soll). Unauflösbare Widersprüche, die alles andere als versöhnlich sind, trotz möglicher eleganter dialektischer Lösungen.

Der stinkende Sud des Kleinbürgertums überschwemmt die ganze Welt: Snobismus, Moralismus, Neurosen brodeln in ihm wie in einer Schlangengrube. Wer darin steckt, merkt es nicht; nur wenigen gelingt es herauszukommen, und sei es auch nur für Momente. Ich segne meine traditionelle, nicht orthodoxe Liebe zum Volk (die nie Proletariermythos war!). Sie hat mir geholfen, außerhalb dieser Hölle zu leben, die mir von Geburt, Vermögen und Kultur her bestimmt war.

Nr. 36   6. 9. 1969

Es gibt gewisse Situationen, in denen die Dinge eine überwältigende Eigengesetzlichkeit bekommen (der nur ein Heiliger widerstehen könnte). Das gilt z. B. für die Filmfestivals (ich rede natürlich nur von Situationen, die ich persönlich kenne). Bei den Festivals bestehen die »Dinge« in Riten und Zeremonien und einer ganz bestimmten Geisteshaltung. Schon bevor das Festival von Venedig »seine Pforten öffnet«, beginnen seine Riten. Wie? In Form vorgefaßter Parteinahmen und vorgefaßter Meinungen in den Köpfen der Kritiker. Da ist z. B. Pietro Bianchi. Er hat einen Vorausartikel über das Festival geschrieben, in dem er nichts anderes macht, als vom ersten Wort an, wie die Venezianer sagen (und ich scheue mich nicht, das auch zu schreiben), wie der Teufel »auf den Haufen zu kacken«. Er tut so, als ob Fellinis »Satyricon« fraglos der einzig mögliche »Goldene Löwe« sein könne. Daß dieser Film von Fellini phantastisch sein wird, steht natürlich außer Frage, aber Pietro Bianchi beleidigt den Film, da er ihn völlig leichtfertig und gedankenlos — mit einer mechanistischen und apriorischen Gedankenlosigkeit — wie ein hochfavorisiertes Rennpferd behandelt. Er beleidigt »Satyricon« und beleidigt alle anderen Filme, weil er sie nur im Lichte einer journalistischen Konvention sieht, in der einzig der Apriorismus der öffentlichen Meinung gilt, der keine Überraschungen will, sondern nur Ordnung.

Ich stelle das ganz objektiv fest. Subjektiv bestimmt mich, leider, die eben erwähnte Eigengesetzlichkeit der Dinge, die mich zumindest fünf Minuten lang zu sehr sorgenvollen und mutlosen Gedanken zwingt. Ich weiß, wieviel ich persönlich in einen Film wie »Porcile« gesteckt habe: einen kargen Film (*film povero*), den ich in einem einzigen Monat mit einer lächerlichen Summe gedreht habe. Es war eine phantastische Erfahrung, zweifellos, denn Selbstverwirklichung — auch wenn sie mit größten Unannehmlichkeiten verbunden ist — ist immer phantastisch. Ganz abgesehen von den menschlichen Abenteuern bei den Dreharbeiten, zu denen man wie bei flüchtigen Liebschaften schnell wieder Distanz hat, die aber dennoch unauslöschlich sind; außerdem die Beziehungen zu den Schauspielern — der verzweifelte Pierre Clementi; der verängstigte Jean-Pierre Léaud, für den die Dreharbeiten wie Liebkosungen waren, mit denen eine Mutter ihr verlorenes Kind umarmt; der schüchterne Lionello, der seine schwierige, fast unmögliche Rolle mit eisernem Willen bewältigt hat, siegreich, strahlend bewältigt hat; die anbetungswürdige Anne Wiasemsky, immer makellos und unverwundbar, wie ein kostbares Rassetier (oder wie Marco Ferreri); Ninetto – Ninetto Davoli, der zum ersten Mal in seiner fast komischen Zufallskarriere als Schauspieler ein Bewußtsein für seine Rolle entwickelt und die letzte Szene mit Tränen in den Augen rezitiert hat; und Tognazzi schließlich, einer der *gütigsten und intelligentesten Menschen,* die ich je kennengelernt habe! Und dann noch die natürlichen Abenteuer! Ich glaube, es hat noch nie jemand so gefroren wie wir, zuerst auf dem Ätna in einem eisigen Wind, mit Nebel, Schnee, Regen, und dann im Januar in einer neoklassizistischen Villa bei Padua, die auch im Sommer grabeskalt sein dürfte …

Dort hat die Eigengesetzlichkeit der Dinge innere Kräfte freigesetzt: es gelang uns, eine schwierige, fast uneinnehmbare Realität zu meistern, eine Realität, die sich wild auflehnte, aber nur auf der pragmatischen Ebene. Wie schön war es, sie zu erobern, mit ihr zu verschmelzen! Jetzt ist der Film fertig, ich habe ihn hinter mir. Ich halte ihn für den besten meiner bisherigen Filme, zumindest äußerlich, geht man davon aus, daß meine Haltung so brennenden Dingen und Fällen gegenüber nur kontemplativ sein konnte.

Was ich über meinen Film denke, das dachten sicher alle anderen Filmautoren beim Festival in Venedig, größtenteils Regisseure ähnlich karger Filme. Und alle werden fünf Minuten lang Minderwertigkeitsgefühle gehabt haben, die so gar nicht zu ihrer Arbeit passen, als sie lesen durften, wie der üppigste und eindrucksvollste Film so plump, so ohne den Schatten eines Zweifels zum besten Film erklärt wurde.

Nr. 37   13. 9. 1969

MEHR HERZ ALS VERSTAND

Ich muß meine Leser noch einmal um Entschuldigung bitten. Ich möchte nämlich noch einmal von meinen Film »Porcile« sprechen. Was mich dazu ermutigt, ist der Gedanke, daß es sich dabei keineswegs um eine Privatangelegenheit handelt, sondern daß es Millionen meiner Landsleute gibt, die reale oder potentielle Zuschauer sind und daher auch etwas damit zu tun haben und den Film auch als ihr Problem betrachten (auch wenn das Problem für sie unendlich viel weniger wichtig ist als für mich, den Autor).

Zwei- oder dreimal bin ich vom Gericht verurteilt worden. Ich war unschuldig. Und ich überlasse es dem Leser, sich den Gemütszustand eines unschuldig Verurteilten vorzustellen. Ich glaube, daß es kaum etwas Unerträglicheres und Unmenschlicheres gibt als diesen nackten und brutalen physischen Schmerz, gegen den es kein Heilmittel gibt, den man ganz allein bewältigen muß in einer durch und durch feindlich gewordenen Welt. Wie dem auch sei, dieser Schmerz - den ich bei diesen ungerechten Gerichtsurteilen empfunden habe - ist nicht so schlimm wie der Schmerz, den ich heute empfinde angesichts der Kritiken über mein ästhetisch wahrscheinlich gelungenstes Werk, über »Porcile«.

Als Beispiel zitiere ich eine Kritik, die dem Durchschnitt entspricht und daher für alle stehen mag. Der Verfasser ist Domenico Meccoli:

»In dem Fall, wo eine Interpretation ohne entsprechende Kommentare des Regisseurs unmöglich ist, ist, mit anderen Worten, das Werk mißlungen. Das war bei den Filmfestspielen mehrfach der Fall. Besonders beklagenswert war der Fall von P.P.P.'s »Porcile«, sei es, weil dieser Mann als Schriftsteller und Regisseur so bekannt ist, sei es, weil man gerade auf diesen Film besonders gespannt war. Pasolini wird die Schwächen von »Porcile« sehr wohl kennen, und auch wenn er dem Festival seine Anwesenheit nicht gegönnt hat und sich eins gelacht haben mag, so war er doch klug genug, den Kritikern wenigstens ein paar Hilfestellungen zu geben, andernfalls wären wir nie auf den Gedanken gekommen, daß es sich hier um eine Parabel handelt, in welcher der Kapitalismus den Widerstand verschlingt.«

Diese Zeilen enthalten zuerst einmal alberne Behauptungen: a) daß ich »die Schwächen von ›Porcile‹ sehr wohl kenne« stimmt keineswegs. Alle, mit denen ich vor diesem Abenteuer in Venedig gesprochen habe, können bezeugen, wie zufrieden ich mit meiner Arbeit war.

b) Daß ich nicht zum Festival gekommen bin, heißt ebensowenig, daß »ich mir eins gelacht habe«, sondern ich habe damit gegen ungerechtes gerichtliches Vorgehen protestiert - gegen meine angebliche Besetzung des Kinopalastes zusammen mit den Regisseuren der Anac, letztes Jahr - und habe damit an die Solidarität der Journalisten appelliert. Schöne Solidarität! Jetzt warte ich nur noch darauf, daß Domenico Meccoli und seine Kollegen beim Prozeß, der am 6. 10. in Venedig stattfindet, aufmarschieren werden, um gegen mich auszusagen.

Aber kommen wir zum Kern der Sache. Domenico Meccoli behauptet, mein Film sei so schwierig, d. h. derartig schwer verständlich, daß er nicht interpretiert werden könne. »Porcile« ist aber ganz im Gegenteil ein kristalliner Film. Formal gesehen habe ich noch nie etwas so Klares gemacht, noch nie meine Absichten so eindeutig hervorgehoben.

Daher zwei Möglichkeiten: entweder ist Meccoli ein Schreiberling, der nur Filmkritiken schreibt, um sich über Wasser zu halten und daher natürlich »Porcile« nicht verstehen kann und sich dümmer anstellt als der dümmste Zuschauer. Oder Meccoli ist doch, wie ich annehme, ein Intellektueller, dann wäre es seine »Pflicht« gewesen, den Film zu verstehen.

Was soll es denn überhaupt zu verstehen geben? Das bißchen, das »hinter« dem Film zu begreifen ist, steht in klaren Lettern am Beginn des Films: »Die Gesellschaft verschlingt nicht nur ihre ungehorsamen Kinder, sondern auch ihre unbestimmbaren, geheimnisvollen Kinder, die weder gehorsam noch ungehorsam sind«. Das ist nun wirklich nicht allzu schwer zu verstehen, vor allem, wenn es noch als Einleitung vorangestellt wird.

Dann kommt der Film, und um ihn zu verstehen, muß man mehr Herz als Verstand haben (wenn auch noch Kopf dabei ist, um so besser), denn es gilt, die verzweifelte Geschichte eines Sünders zu verstehen, der seine Sündhaftigkeit in Heiligkeit verwandelt; es gilt, eine herzzerreißende Liebesgeschichte zu verstehen und einen herzzerreißenden Abschied; es gilt, die zwiespältige und dramatische Beziehung zwischen altem und neuem Kapitalismus zu verstehen, die damit endet, daß - im Stil eines kontemplativen Gedichtes - beide gleichermaßen verdammt werden.

Meccoli war entschlossen, weder Herz noch Verstand zu beweisen. Er ist Opfer jener Psychose geworden, die in Venedig ihn und einige seiner Kollegen in eine Schafherde verwandelt hat, in der alle hinter dem Leithammel hertrotten. Wohlverstanden: ich stelle hier nicht die Freiheit des Kritikers in Frage, seine Meinung und sein Urteil äußern zu dürfen. Ich stelle aber sein Recht in Frage, einfach nicht verstehen zu wollen und dann noch zu behaupten, man könne nichts verstehen. Denn dieses Recht hat er nicht. Und falls er es sich doch herausnimmt, so läßt er es an elementarem Respekt vor dem Regisseur mangeln.

Nr. 40   4. 10. 1969

... Ein Leser aus Lausanne (...), dem ich in der letzten Nummer geantwortet habe (...), fragte mich, wieso meiner Ansicht nach Strafgefangene (Diebe, Entführer, Mörder usw.) zur Entstehung »neuer Werte« beitragen können kraft ihrer, wie der Leser es interpretierte, verbrecherischen Handlungen. Ich habe geantwortet: Nein, nicht kraft ihrer verbrecherischen Handlungen, sondern aufgrund von »etwas«, das anders ist bei ihnen und das als Abweichung erst die Kriminalität erzeugt, aber nicht im rassistischen Sinne eine Prägung ist, ein Brandmal.

Was ist dieses »etwas«? Es ist ein Trauma, ein individuelles oder soziales Trauma (soweit sich das überhaupt trennen läßt). Am Ursprung des Deliktes steht immer eine psychische Katastrophe: einem Kind, das erst ein paar Monate alt ist oder einem kleinen Schuljungen wird eine unheilbare Wunde zugefügt, im privaten häuslichen Leben oder in der Öffentlichkeit (...); dieselbe Wunde, die zum Priester, Politiker, Philosophen, Dichter macht, zu denen, die ständig ein persönliches Schuldgefühl sublimieren müssen. (...)

Befassen wir uns einmal mit diesem »privaten« Moment, nehmen wir »Einzelne« als »Einzelne« (rein hypothetisch), und zwar die beiden Kinder, die mein Leser aus Lausanne als Opfer von Monstern zitiert: das Mädchen aus Asti und den Jungen aus Viareggio. Nun gut, der Leser gibt eine offizielle und verharmlosende Version dieser beiden Tragödien, denn 1. teilt er die Welt in Gut und Böse ein, und 2. interpretiert er die Täter als »Monstren«, womit er sich von ihnen distanziert, sich von ihnen befreit und jede Verantwortung ablehnt.

Aber man weiß, daß alles nicht so einfach geht. Das waren nicht böse Monster, die gute Opfer umgebracht haben. In Wirklichkeit hat eine tragische Begegnung zwischen armen Geschöpfen stattgefunden. Welchen Platz hätten denn die beiden Kinder später in der Gesellschaft eingenommen? Vielleicht waren sie - was sie noch liebenswerter und rührender macht und ihnen den Heiligenschein nimmt - zukünftige Sünder oder bereits kleine Sünder: Kinder, die ihre Zukunft schon eindeutig gezeichnet hat, eine Zukunft, die ihnen, dem offiziellen Kanon entsprechend, einen Platz als »schlechte Menschen« zugewiesen hätte, vielleicht sogar als »Monstren«: arme Kreaturen. Sie ein »gefallenes Mädchen«, er ein »abartiger« Junge - beide schon so belastet von ihrem potentiellen Unglück als

Verstoßene, daß sie freiwillig die Katastrophe suchten (die Selbst-bestrafung durch den Tod). Wir sind daher (im Sinne meiner sicher anfechtbaren Hypothese, was aber nicht wichtig ist, da es objektiv Tausende von analogen Fällen gibt) im Bereich latenter Kriminali-tät oder Abartigkeit. Wir sind mitten im Trauma, mitten im Her-zen des Zyklons, der sich langsam bildet. In dieser dramatischen und eindeutig tragischen Beziehung zu den »normalen« Werten können neue Werte entstehen oder wenigstens alte Werte in eine Krise geraten. Wenn ein dreizehnjähriger Junge oder ein kleines Mädchen derart unter der Andersartigkeit leiden, daß sie frühzeitig daran sterben, so heißt das, daß an den offiziellen Werten etwas nicht stimmt, daß sie in Wirklichkeit negative Werte sind, pure Konvention, ein Pakt, den die Menschen nur geschlossen haben, um sich irgendwie durchschlagen zu können; Werte, die von der Macht in brutal repressive Werte umgeformt worden sind (denn auch die Macht muß sich irgendwie durchschlagen).

Alle, die heute im Gefängnis sitzen, waren als Kinder wie die bei-den Kinder aus Viareggio und Asti. Viele von ihnen waren außer-dem noch in Erziehungsanstalten eingesperrt, wo sich das zukünf-tige Verbrechertum erst richtig entwickelt. (…) Womit ich beim zweiten Punkt meines Beitrags bin, beim sozialen Aspekt des Trau-mas. Denn — und das hat mein Leser aus Lausanne in all seiner Ehrlichkeit und seiner guten Absicht nicht bemerkt — *alle* Gefan-genen sind Arme.

Ja: die Gefängnisse sind voll von Männern und Frauen, die aus der Arbeiterklasse, dem Subproletariat oder aus der untersten Mit-telschicht kommen. Vertreter des mittleren oder reichen Bürger-tums sind selten, sie lassen sich an den Fingern abzählen (Riva, Sicré …) Was sicher seine Bedeutung hat, ebenso wie die Tatsache, daß die Statistiken eine absolute Mehrheit der Armen unter den Dieben, Räubern und Mördern aufweisen. Auf dem Gebiet der sexuellen Verbrechen verschieben sich dagegen die Proportionen. Die Repression trifft den Armen dort, wo er am ärmsten ist, d. h. in seiner ganzen Existenz; während sie den Reichen nur dort trifft, wo er verwundbar ist, d.h. dort, wo er finanziell seine Schäfchen ins Trockene gebracht hat und mit der Moral in Konflikt gerät. Der Moralismus (vor allem der sexuelle) ist das wichtigste Instrument für eine effiziente und wohlgeordnete Gesellschaft.

Zusammenfassend heißt das: Die rassistische Haltung den Ge-fangenen gegenüber ist nur eine Variante der rassistischen Haltung den Armen gegenüber. Der Rassismus ist unbewußter Klassenhaß. Man nehme nur den amerikanischen Rassismus als Beispiel: er war und ist nichts anderes als unbewußter Klassenhaß. Aber von dem Moment an, wo die Neger zu kämpfen anfingen und als arme Klasse Selbstbewußtsein entwickelt haben, ist der dunkle und schwer definierbare Rassenhaß in offenen und eindeutigen Klassenhaß umgeschlagen. In den Haß also, den bei uns ein Bourgeois gegenüber einem Kommunisten empfindet, nicht gegenüber einem »Terrone« (Süditaliener) oder einem Gefangenen (dieser Haß ist auch bei uns immer noch dunkel und schwer definierbar).

Nr. 41   11. 10. 1969

GEWISSENSPRÜFUNG

Lieber Leser, seit ungefähr einem Jahr habe ich diese Kolumne. Ich bin nicht in der richtigen Gemütsverfassung, Bilanz zu ziehen (was auch nicht mehr wäre als die soundsovielte Gewissensprüfung). Ich konstatiere nur. Wie eine Seele im Fegefeuer habe ich harte Prüfungen durchgemacht; ich habe mir zu all den Feinden, die ich bereits hatte, noch viele zusätzliche Feinde geschafffen; ich habe vieles gesagt, was ich nicht hätte sagen sollen; manchmal habe ich mich richtig verhalten, manchmal falsch. Aber ich bereue nichts. Ich verabscheue das vornehme Schweigen. Ich verabscheue auch eine schlechte und schludrige Prosa. Aber immer noch besser eine schlechte und schludrige Prosa als Schweigen. Ein Mensch bewegt sich gleichzeitig an verschiedenen Fronten, kämpft auf verschiedenen Ebenen. Das »Chaos« ist eine Front der kleinen täglichen Schlachten, daher manchmal auch kläglichen Schlachten. Als Kolumne hat es journalistisches Niveau (auch wenn ich es nicht immer halten konnte mit Beiträgen, die manchmal eher Poesie oder Essays waren). Aber schließlich zählt auch jeder Tag, den man lebt, und der Tagesjournalismus ist die Verkörperung dieser »All-Täglichkeit«. Muß ein Schriftsteller denn immer so tun, als sei er ewig, großartig, über die Zeit erhaben? Darf er das »Alltägliche« nur als stilistische Kategorie benutzen?

Ich habe zu viel von mir geredet. Dafür mich zu entschuldigen, fällt mir natürlich schwer. Ich habe zwar meine Entschuldigungen und Alibis, aber manchmal verschweige ich sie; ich habe auch meine grausamen Diagnosen und Selbstanklagen, aber auch die verschweige ich. (Ich habe mir vorgenommen, jedes *mea culpa* zu vermeiden). Es war kein glorreiches Jahr, das vergangene, weder für die nationale Geschichte noch für die internationale. Besonders schmerzlich war es, das Ende der Studentenbewegung zu konstatieren, falls man tatsächlich vom Ende sprechen kann (ich hoffe nicht). In Wirklichkeit arbeitet aber das Neue, das die Studenten im vergangenen Jahr in die Welt getragen haben (neue Betrachtungsweisen der Macht und eine grundsätzliche und dramatische Aktualität des Klassenkampfs) in uns weiter, in uns reifen Menschen, wie ich hoffe nicht nur ein einziges Jahr lang, sondern den Rest unseres Lebens. Der ungerechte und fanatische Vorwurf der Studenten, wir seien zu integriert, war im Grunde gerecht und objektiv. Ein solcher Vorwurf kann wie eine alte Sünde auf der Seele lasten - wir sollten versuchen, ihn nicht zu vergessen.

Nr. 42   18. 10. 69

DIE DUMMEN KNECHTE

Ein sowjetischer Regisseur, S. Jutkievich, hat fürchterliche Äußerungen über italienische Filme gemacht, die er in Venedig gesehen hat. Über »Porcile« sagte er, dieser Film sei ein Beispiel dafür, welchen Grad der Verworfenheit ein »westlicher Regisseur« erreichen könne; gegen »Satyricon« läßt er eine scheinheilige Philippika los, die dem *ancien régime* alle Ehre gemacht hätte. Der Stalinismus ist offenbar nicht mit Stalin gestorben. Diese servile und zugleich besserwisserische Schulmeistersprache der sowjetischen Intellektuellen ist noch genau dieselbe wie in den fünfziger Jahren.

Unser Regisseur kann kein Wort italienisch. Ich möchte also wissen, wieso er ein Werk wie »Porcile« beurteilen kann, das zur Hälfte (und zwar der wichtigeren Hälfte) auf der Rezitation eines Gedichtes basiert? Das ist nicht nur scheinheilig, das ist unredlich. Was »Satyricon« betrifft — ich muß dazu in Parenthese sagen, daß die Synchronisation dieses Films, die kürzlich Ursache einer kleinen Polemik mit Moravia war, tatsächlich sehr schön ist; und ich muß auch noch hinzufügen, daß »Satyricon«, ein sehr fragiler Film, von der Kritik lieblos behandelt worden ist, obwohl sie ihn gelobt hat, aber völlig unaufrichtig, denn sie hat sich wieder einmal unaufgefordert zum offiziellen Sprachrohr des Publikums aufgeschwungen —, was also »Satyricon« betrifft, so wird es wohl erst wieder Hoffnung für die sowjetischen Intellektuellen geben, wenn irgendwann ein solcher Film in den UdSSR gedreht werden sollte. Für die stalinistischen Intellektuellen, versteht sich, denn die in den Arbeitslagern hätten die italienischen Filme sicher geliebt.

Und sagen wir auch einmal offen, daß das Moskauer Filmfestival das peinlichste aller Festivals ist. Nicht einmal in der finstersten »westlichen« Provinz wäre eine derartig dumme und idiotische Unterhaltung denkbar, die sich bestenfalls als Amüsement für schwänzende Schulbuben eignet. Und sich vorzustellen, daß sie die Stirn hatten, mich einzuladen! Schluß: der Mythos der UdSSR ist nicht nur überholt, sondern er ist zu einem negativen und beängstigend lächerlichen Mythos verkommen. Ich rede natürlich von der russischen Führungsschicht, nicht von der russischen Nation.

So wird es auf die Dauer nicht weitergehen können. Aber ich zitiere die »Unità«: *»Ein Text, der vulgäre Attacken gegen die italienischen Kommunisten enthält, ist in der Moskauer Zeitschrift 'Oktjabr' erschienen, als Autor zeichnet Vsevolod Kocetov, der zugleich Herausgeber dieser Zeitung ist. Der Titel des sogenannten Romans heißt: ›Aber was willst du?‹ In der Septembernummer ist die erste Folge erschienen. Kocetov hat einen gewissen Ruf in den UdSSR, und seine Arbeiten waren politisch immer ambitioniert. Eine seiner positivsten Figuren z. B. zeichnet sich dadurch aus, daß sie das Stalin-Bild nicht aus dem Arbeitszimmer entfernen will«.*

Die »Unità« polemisiert natürlich gegen die Unterstellungen dieser Zeitschrift, aber sie geht dabei zweifellos den Dingen nicht auf den Grund - wahrscheinlich ist das auch nicht die richtige Gelegenheit dafür. Aber wenigstens sollten so dumme Knechte wie Jutkievich und Kocetov entlarvt werden und nicht mehr als Sprachrohr des russischen Volkes gelten dürfen, das selbst eingemauert ist in ein unerklärliches und tragisches Schweigen.

Nr. 42   18. 10. 1969

DIE KÜNSTLERISCHE HANDSCHRIFT

Ich frage mich oft, was der berüchtigte Codice Rocco, dieses Relikt des Faschismus (in dem nur noch ein paar kleine hübsche Paragraphen über nächtliche Ausgangssperren fehlen), eigentlich unter »Kunstwerk« versteht, wenn er behauptet, daß nur der Charakter eines Kunstwerks auch Obszönitäten rechtfertige. Ich habe den Eindruck, daß in italienischen Gerichtssälen der Begriff »Kunstwerk« ganz im herkömmlichen Sinn als »Meisterwerk« verstanden wird und nicht im viel naheliegenderen Sinn als Arbeit, die künstlerisches Niveau hat (und damit eben nicht nur handwerklich oder kommerziell oder industriell ist). Anders gesagt: ich habe den Eindruck, daß man in italienischen Gerichtssälen den Schriftsteller vor diese Wahl stellen will: entweder Kunst oder Gefängnis. Nun ist es gar keine Frage, daß ein Künstler, wie ehrlich und wie bemüht er auch sein mag, nicht immer Kunst macht. Petrarca z. B. hat nur in ein paar wenigen Sonetten »Kunst« gemacht (wobei wir »Kunst« übrigens nie werden definieren können) und nicht in den Dutzenden und Aberdutzenden seiner Gelegenheitsgedichte. Dennoch ist er immer Petrarca, seine Handschrift ist in jeder Zeile eine unverkennbar künstlerische Handschrift. Dasselbe gilt für Boccaccio: er ist in seinen wunderschönen Erzählungen nicht immer Dichter, aber seine Handschrift ist immer dichterisch.

Wenn nun eine seiner Erzählungen zwar künstlerisches Niveau hat, aber noch kein Kunstwerk ist und gleichzeitig Dinge erzählt, die unser unsagbares »öffentliches Schamempfinden« für obszön hält, ist diese Erzählung dann ein Delikt?

Nr. 43   25. 10. 1969

DAS HUSTEN DES ARBEITERS

Ein Arbeiter hustet. — Sein Husten dringt herauf durch das vergitterte Fenster im Erdgeschoß — das zu meinem Garten hinausgeht. — Er hustet so sehr, daß scheinbar — die Pflanzen vibrieren, auf denen — die Sonne des letzten warmen Herbstmorgens ruht. — Der Arbeiter, da unten, in seine Arbeit vertieft — hustet und hustet — und glaubt, daß niemand ihn hört. Man hustet — um diese Jahreszeit, aber sein Husten ist unschön — mehr als böse Erkältung, ein Übel — das er geduldig erträgt. Wenn er es kuriert — dann wie wir seinerzeit — als Kinder. Sein Leben ist Mühe und Arbeit — keine Ruhe zu Hause, wie für uns — damals jung und arm oder beinahe arm. — Das Leben schien nur Armut zu sein — keine Rechte, aber voll Natürlichkeit — wenn man zur Latrine ging, oder allein im Bett lag — die Krankheit heroisch akzeptierte, wie sie kam. — Ein Arbeiter bleibt immer achtzehn — auch wenn er Kinder hat — größer als

er, noch unerfahren im stoischen Leiden. — In diesen Hustenstö-
ßen erkannte ich — den tragischen Sinn dieser schönen Oktobersonne.

Nr.45   8.11.1969

KURZE WUT

Als ich gerade verzweifelt an der Montage meines neuesten Films
saß, rief mich eine junge Frau von der Presse an. Sie teilte mir eksta-
tisch mit, daß ihre Zeitung eine Umfrage mache, die sich mit dem
Publikumserfolg zweier italienischer Filme befasse: »Die Verdammten« von Visconti und Fellinis »Satyricon«. Nun hat diese
Zeitung meinen Film »Porcile« nicht einmal in ihr recht großzügi-
ges Verzeichnis empfehlenswerter Filme aufgenommen, was den
weiteren Publikumserfolg meines Films nicht gerade fördern wird
(mit dem ich übrigens nie gerechnet habe, das sei ganz klar gesagt).
Mich hat daher die Frage, die mir diese junge Frau von der Zeitung
stellte, einfach beleidigt. Und zum ersten Mal in meinem Leben habe ich eine bewußt brutale Antwort gegeben: »Ich halte diese beiden Filme — man erlaube mir das zu sagen — für schlechtere Filme
als meinen »Porcile«. Der Publikumserfolg erklärt sich allein aus
der Tatsache, daß es kommerzielle Filme sind.«

Das hat mir dann leid getan — nachdem die kurze Wut über die
ungerechte Behandlung und vor allem die Spannung verflogen
war, die mit den Schwierigkeiten meiner momentanen Arbeit zusammenhängt — die Brutalität dieses Satzes hat mir wirklich leid
getan. Sie hätte besser zu einem der klassischen Avantgardisten gehört, die derartige Dinge vorsätzlich und mit eleganter Leichtigkeit
zu sagen pflegten. Aber zu mir paßt weder Vorsätzlichkeit noch
elegante Leichtigkeit. Bei mir kann ein solcher Satz nur dissonant
und unglücklich klingen. Dennoch habe ich mit diesem ungezoge-
nen Satz das gesagt, was ich für die Wahrheit halte.

Nr. 47   22.11.1969

JENER SCHEINWERFER DES MOTORRADS

Lieber Visconti, ist es Dir unangenehm, wenn ich wie ein Freund
ernsthaft mit Dir spreche, so ungeniert und möglicherweise unbequem, wie das bei einem Freund der Fall sein kann? Denn eins

steht außer Frage: so wenig, wie es mir gelingt, Dich nicht als meinen Freund zu betrachten, so wenig gelingt es mir, mich selbst nicht als Deinen Freund zu begreifen. Mir scheint das ganz natürlich zu sein und in der Natur der Dinge zu liegen: Deine Unmittelbarkeit, das Holz, aus dem Du geschnitzt bist, die Art, wie Du Dich gibst, sind mir Beweis dafür. Beweis ist mir auch die Art, wie ich an Dich denke. Meine Sympathie für Dich kann nichts erschüttern. Ich war Dir auch nicht böse (höchstens, wirklich, zwei oder drei Minuten lang), als man mir erzählt hat, daß Du im französischen Fernsehen der Callas abgeraten hast, einen Film mit mir zu drehen; ich war auch nicht böse, als man mir erzählt hat, daß Du in Venedig auf Seiten Fellinis standst, sein Komplize warst und Dich wie er negativ über einen Abwesenden geäußert hast, ohne den Namen zu nennen (d. h. über mich: wo ich doch ferngeblieben bin, um gegen zwei Prozesse zu protestieren, die ich meiner Anwesenheit im letzten Jahr verdanke. Mit der Solidarität Fellinis hatte ich nie gerechnet, diesem gehorsamen Kind. Aber mit Deiner ...) Gut, ich will mit Dir über Deinen Film sprechen, über seine objektive Funktion (wie man so sagt), die er in der augenblicklichen Situation des italienischen Films hat.

Dein Film fällt im zweiten Teil ab, von dem Moment an, wo in einer dunklen Nebenstraße, die nur schwach von einer kalten Morgenröte erhellt wird, dunstig der Scheinwerfer eines Motorrads aufleuchtet (ein sublimer Moment, wie einer der Jungen aus den »Cahiers« eher oberflächlich sagen würde und wie ich in vollem Ernst behaupte). Von diesem Moment an verliert Deine Inspiration an Kraft: das Gemetzel wirkt »kinohaft«, ohne Mysterium, beschränkt sich auf literweise rote Farbe auf den Leibern der Komparsen. Der SS-Mann Aschenbach verliert als Figur seine Konturen, er wird allzu gefällig, wie eine Figur aus einem Fortsetzungsroman — was so weit geht, daß er mit der Ruhe einer akademischen Figur de Sades Traubenbeeren zupft, während der Sohn gerade die Mutter vergewaltigt. Auch alle anderen Figuren bröckeln ab, verlieren das Mysteriöse, müssen sich und ihre Gefühle sogar noch sklavisch pädagogisch erklären, wie z. B. Martin explizit dem SS-Mann gegenüber. Andere Figuren werden zu Karikaturen, so die Mutter, die ein Stück Ensor wird, nachdem sie ein Stück Thomas Mann war (im weiteren Sinne natürlich). Die Belagerung der Villa ist oberflächlich gemacht, da wie in einem zweitklassigen Film die obligaten Klischees herhalten müssen: SS-Männer, die entweder

Motorrad fahren oder salutieren. Dann dieser unerklärliche Inzest. Versteh mich richtig, ich sage nicht unerklärlich, weil ich logische Erklärungen brauche (davon gibt es genug in dem Film, z. B. Sätze wie »Ich will Dich zerstören, Mama«. Was Deine Drehbuchautoren lieber Niccodemi überlassen hätten). Ein »anormaler« Mann, der kleine Mädchen liebt, ist »blockiert«. Sein Eros ist eine Kristallisation, die nichts anderes zuläßt. Andersgeartete sexuelle Beziehungen, vor allem, wenn sie auf andere Art »anormal« sind, machen ihn impotent. Der Inzest mit der Mutter ist sicher nicht ausgeschlossen, aber damit er auch tatsächlich stattfinden kann, braucht es einen ganz anderen Gefühlsstau als diese plötzliche Gier, Entschädigung für einen alten Verlust zu suchen, die ihn nach der brutalen Beichte bei dem SS-Mann überfällt. (Vielleicht wäre alles zwar verrückter, aber dafür überzeugender und richtiger gewesen, wenn Martin nicht kleine Mädchen, sondern Knaben geliebt hätte.)

Der erste Teil bis zu dem bewußten Scheinwerferlicht des Motorrads ist sehr schön, vergleichbar mit »Senso« (Deinem schönsten Film, nicht »La terra trema«). Er ist so schön, weil nicht ein Drehbuch mit den gewohnten alten Schlüsselszenen dahintersteckt, sondern weil er wie ein Mosaik ganz Dein Werk ist.

Ich könnte noch viel über den Film sagen, möchte mich aber auf eine letzte Feststellung beschränken: die Benutzung des Zooms. Er bedeutet in Deinem Schaffen eine Innovation, die Übernahme eines Ausdrucksmittels, das mit der strengen Filmtradition nichts zu tun hat und heute leider von mittelmäßigen Regisseuren ganz unbekümmert eingesetzt wird. Aber Du hast es völlig mit Deinem bisherigen Stil in Einklang gebracht. Und hast ihm damit einen neuen expressiven Anstrich gegeben. Ein kleines Zugeständnis an die Zeit. Du hast den Zoom kodifiziert.

Aber, genau das ist der Punkt: Dein Film (der das Neue kodifiziert und das Alte bestätigt) kommt objektiv der neuen Restauration zugute. Ich bin ganz bleich geworden, als ich in einem jener gräßlichen Filmmagazine, einem Produkt aus den unteren Machträngen, eine Aufnahme von Dir gesehen habe, wie Du (wenn ich mich recht erinnere) gerade zu einer Modenschau (ausgerechnet!) gehst, dazu der entsprechende Kommentar des Blattes: »Und hier einer der wahren Regisseure!« Das bedeutet einen Schlag gegen all das, was der Film in den letzten Jahren gemacht und entdeckt hat. Eine Reaktion im Bereich des Kinos, die aber vor allem politische

Bedeutung hat. Schau Dir nur einmal an, was gleichzeitig alles zum Schutz der öffentlichen Ordnung unternommen wird, schau Dir das scharfe Durchgreifen der Zensur an (...), schau Dir die moralischen Aufrüstungskampagnen an, schau Dir schließlich den ganzen Revanchismus des konservativen Kinos an! Dich wird hoffentlich der einstimmige Begeisterungschor, der im Fall von »Satyricon« links und rechts geeint hat, auch mißtrauisch gemacht haben. Alle haben im Moment teuflischerweise Interesse an der Restauration. Es ist Dir sicher nicht entgangen, wie z. B. in den moralischen Aufrüstungskampagnen die Rechte und die Linke Seite an Seite marschiert sind, in herzergreifender Einigkeit.

Ich weiß nicht, wie weit Du für die objektive Bedeutung Deines Films verantwortlich bist, ob Du eine Art von »Rückkehr zur Ordnung« bewußt gewollt hast (...) oder ob es sich um einen irrationalen Impuls handelt, der Dich zu einer unausweichlichen Selbsterfüllung getrieben hat — wobei Du gleichzeitig Deinen realen Erfahrungen treu geblieben bist. Nur Du selber kannst das beantworten. Ich will Dich nicht beurteilen, sondern ich versuche, nur etwas für Dich zu klären, das ich gerechterweise auch bei mir klären sollte.

Nr. 47   22. 11. 1969

LIEBER LATORACCA,

eine kleine terminologische Präzisierung: der »Gemeinsinn« *(senso comune)* ist *eine* Sache und der »gesunde Menschenverstand« *(buon senso)* ist eine *andere*. Der Gemeinsinn ist eine objektive Größe, die sich direkt aus sauber gemachten Statistiken ableiten ließe. Als Durchschnittswert umreißt er die Summe der Vorstellungen, die sich Menschen von der Wirklichkeit machen, er ist ein »Weltbild«, das für einen gegebenen Moment, in einer gegebenen Gesellschaft Gültigkeit besitzt und nur dann zu einem irrigen und gefährlichen Begriff werden kann, wenn er abstrahiert wird, d.h. sozusagen aus der Rationalität der Statistik gelöst wird (z. B. als »Gemeinsinn des Schamempfindens«, wie es die faschistische Strafgesetzgebung formuliert). Der »gesunde Menschenverstand« dagegen ist eine bloße Abstraktion, die statistisch und rational gar nicht faßbar, daher immer gefährlich und gewalttätig ist. Er ist mit anderen Worten gewöhnlicher Qualunquismus, der sich zum Weltbild erklärt und es sich so recht wohl sein läßt mit der menschlichen Dummheit. Er ist einer der übelsten Tricks repressiver Gesellschaften. Lies doch nur, um ein für allemal eine klare Antwort zu bekommen, die schreckliche und apokalyptische Tirade Kants gegen den »gesunden Menschenverstand« (ich glaube in der Vorrede zu den »Prolegomena«).

Du verwechselst dagegen die beiden Begriffe »Gemeinsinn« und »gesunder Menschenverstand«. Wenn Du die Betonung auf den ersten Begriff legst, dann ist natürlich klar, daß die Menschen mit Gemeinsinn, d. h. die Mehrheit, nicht zwangsläufig auch eine faschistische Mentalität haben müssen. Ein Engländer mit *common sense* ist kein Faschist: er ist Labour-Anhänger oder Konservativer oder vielleicht gehört er auch zur *new left*. Wenn Du dagegen die Betonung auf den zweiten Begriff legst, auf »gesunden Menschenverstand«, dann behaupte ich, daß Menschen mit »gesundem Menschenverstand«, vor allem wenn sie sich dessen auch noch rühmen, potentielle Faschisten sind. Sie sind potentielle Faschisten, weil sie Qualunquisten sind und ihr Ideal der Durchschnittsmensch ist, der nichts anderes darstellt als eine bedrohliche und terrorisierende Abstraktion.

Wohlverstanden, der Durchschnittsmensch im »rationalen« Sinn des Wortes ist der Mensch *an sich,* und damit die Verkörperung des Sozialen als Ausdruck der Brüderlichkeit, auch wenn sie nur erzwungen ist. Aber der Durchschnittsmensch im irrationalen Sinn, in dem er im allgemeinen auftritt, ist praktisch ein Verbrecher. Man könnte behaupten, daß sein trübes (oder wie man so sagt: verkommenes) Milieu erst Kriege, Verbrechen gegen die Menschheit und jede Art von Repression reifen läßt.

Nr. 48   29. 11. 1969

HANDELN UND DENKEN

Ich lese in einer kürzlich erschienenen Ausgabe von »Potere operaio« in einem wie alle Artikel nicht namentlich gekennzeichneten Beitrag folgende Erklärung: »Nur wer sich praktisch der Organisation des Kampfes widmet und dem organisatorischen Moment alle anderen Momente unterordnet, ist wirklich auf revolutionärem Kurs.«

Diese Behauptung hat mich sehr getroffen. Aus moralischen und privaten, aus politischen und ganz allgemeinen Gründen.

Was die ersten Gründe betrifft, nur ein Hinweis: ich bin ein Intellektueller, der, wie die große Mehrheit der Intellektuellen, nie irgendetwas »organisiert« hat, sondern nur mit Worten und bescheidenen finanziellen Beiträgen und durch seine bloße und simple Gegenwart das »Organisieren« unterstützt hat. Ich bin also nach Meinung dieser jungen Leute von »Potere operaio« nie auf wirklich revolutionärem Kurs gewesen. Diskriminierender könnte diese Unterscheidung gar nicht sein.

Zu den zweiten Gründen, den politischen und allgemeinen: eine Behauptung wie die vorliegende gehört gar nicht in den Bereich des Praktischen und Organisatorischen, wie es äußerlich den Anschein hat. Sie transzendiert beides und wird zum unmittelbaren Glaubensbekenntnis. Nicht zufällig war mein erster Gedanke bei diesem Satz: »Das hätte der Apostel Paulus sagen können.«

Mir ist dabei schlagartig klargeworden, was die Studentenbewegung heute darstellt. Sie ist eine politische Bewegung, die sich das Handeln als Askese auferlegt. Aber es steckt noch mehr, noch anderes hinter diesem erpresserischen Pragmatismus, unter dessen Vorzeichen die Studentenbewegung angetreten ist. Zuerst war es ein Pragmatismus, der sich noch nicht zur Religion seiner selbst transzendiert hatte, sondern einfach ein Tatbestand, der in seinen negativen Ausprägungen (z.B. dem Fanatismus Che Guevaras) einen gelegentlichen Rückfall in die alte kleinbürgerliche Rhetorik bedeutete. Heute aber, und meines Wissens nach zum ersten Mal in der Geschichte, entsteht Glaube aus Handeln. Während seit den Zeiten der Bibel, seit Apostel Paulus bis zum heutigen Tag das Handeln Ausdruck des Glaubens war.

Es ist anzunehmen, daß all dem doch ein (alter) Glaube zugrunde liegt, ein welker, weit zurückreichender, unkämpferischer, verachteter Glaube, und daß alles nur eine Rückkehr zu diesem Glauben bedeutet mit Hilfe des Handelns.

Während ich das schreibe, findet in der Universität von Rom eine Versammlung statt, an der Studenten von »Potere operaio« und Arbeiterdelegationen aus Turin, Porto Marghera usw. teilnehmen. Ich werde gleich auch dorthin gehen. Es wird eine Versammlung sein, die sich natürlich ganz auf organisatorische und praktische Fragen konzentrieren wird. Und dennoch spüre ich jetzt schon, wie alles von einer streng mystischen Luft umweht ist. Was mich keineswegs stört!

Falls ich endgültig die Verbindung von Mystizismus und Organisation entdecken sollte, so würde ich ein leidenschaftlicher Organisator. Dafür müßten aber die jungen Leute von »Potere operaio« sich der asketischen Qualität ihrer organisatorischen Grundsätze bewußt werden. Was wiederum hieße, daß sie an diesem Punkt ihre Religion verraten müßten, deren Praxis und Ritus ausschließlich im Organisieren besteht und *nicht* im Denken und im Reflektieren der Organisation.

Wir sind bei einem der üblichen *impasse*, die wir ständig gegenseitig errichten. Ich z.B. betreibe durch mein langes Reden »Verbalismus«, d. h. ich »handle« nicht, ich »organisiere« nicht, ich bin also keineswegs mitten im revolutionären Prozeß. Aber das Reden — und damit eine Position außerhalb des revolutionären Prozesses — könnte dennoch als Aufgabe der Intellektuellen definiert werden: der Intellektuelle bezahlt für diese Fremdartigkeit, indem er sie lebt, auch als Verrat.

Nr. 49   6. 12. 1969

LIEBER VISCONTI,

als ich den Brief an Dich nochmals kopiert habe, mußte ich feststellen, daß ich im Manuskript einen Satzteil vergessen habe. Der Satz lautet vollständig: »Der erste Teil Deines Films ist sehr schön, weil nicht ein Drehbuch mit den gewohnten alten Schlüsselszenen dahintersteckt, sondern weil er wie ein Mosaik ganz Dein Werk ist und *sich auf Erfahrungen gründet, die Du in Vorahnungen umgewandelt hast.*«

Zugegeben, das ist eine sibyllinische Äußerung, ein vieldeutiges Bedeutungskonzentrat, das einem hermetischen Gedicht besser anstände. Nun, die wörtliche Bedeutung lautet: »Die autobiografischen Erfahrungen, die Du' als Kind *selbst gemacht* hast, sind zu Erfahrungen geworden, die Deine Kinderdarsteller *spielen* müssen, und daher sind es Vorahnungen, nicht Erinnerungen.« Gleichzeitig will der Satz im übertragenen Sinn sagen: »Die Erfahrungen, die man dadurch gemacht hat, daß man früher an die Dauer der Welt geglaubt hat, werden später zu Vorahnungen der Auflösung dieser Welt.« Oder auch: »Es gibt keine Vergangenheit, es gibt keine Zukunft, die Erfahrungen sind Zukunft und die Vorahnungen Vergangenheit. Das Heute ist nur die Zukunft des Gestern. Und das

Gestern war eine Gegenwart, in der man scheinbar ewig während
Erfahrungen gemacht hat.«

Ich schreibe Dir das alles, weil ich sehr wohl weiß, wie grausam
und hart dieser Brief war, den ich Dir kürzlich geschrieben habe.
Da gab es wohl ein gestörtes Gleichgewicht, das ich wiederherstel-
len wollte. Die Moral ist nun, daß auch ein »Stück« Kino, dem persönliche, aber inzwischen überholte Erfahrungen zugrunde liegen
(wobei der Zuschauer diese Erfahrungen nur wahrnimmt, aber
nicht durchlebt), immer noch ein Stück Poesie sein kann. Daß sich
daher jeder entsprechend seinen eigenen Erfahrungen erfüllen
muß. Soviel zum ersten »Stück« Deines Films. Was das zweite betrifft, so gilt anderes. Denn zum Willen, sich ehrlich und seinem
Schicksal entsprechend zu erfüllen, hat sich ein »reaktionärer«
Wille gesellt, der diesen Vorgang vollstrecken will.

Nr. 49   6. 12. 69

PEINLICHE UNSCHULD

Ein Band, der alle Gedichte Ungarettis enthält, ist unter dem Titel
»Leben eines Menschen« erschienen (Mondadori). Ein literarisches Ereignis. Ich habe das Buch wie ein Orakel befragt, um einem
Phänomen auf die Spur zu kommen, das mein Leben sehr beeinflußt hat, vor allem die erste Hälfte meines Lebens. Was für ein ei-
genartiges Orakel! Einmal hat es gar nicht geantwortet; einmal mit
genau denselben Worten wie vor zwanzig oder dreißig Jahren; einmal mit Lachen und Verrücktheit; einmal mit dem Lallen eines
Sterbenden, den undurchdringbare Träume schütteln; einmal hat
es geantwortet, ohne zu sprechen, wie ein Film, bei dem plötzlich
der Ton wegbleibt; einmal tanzend und albernd; einmal ernsthaft
wie ein Professor, wie ein Don Ferrante; einmal wollte es mich be-
lehren; einmal gab es mir die gewohnten frechen Antworten eines
unverantwortlichen und schlecht erzogenen Kindes.

Ich konnte diesen Antworten nichts entnehmen.

Auf die Fragen, die es mir gestellt hat, konnte ich ebenso wenig
antworten. Ich verstehe nicht, wie es die italienische Bourgeoisie
fertiggebracht hat, aus Ungaretti einen hochoffiziellen Dichter zu
machen, dem nur noch der Nobelpreis fehlt. Allerdings hat Ungaretti selbst dazu beigetragen, das stimmt. Dennoch bleibt es ein
merkwürdiges Phänomen; erstens bleibt die Dichtung Ungarettis

auch dort, wo sie großartig ist, gleichzeitig immer chaotisch, zweideutig, kindisch, mißverständlich, dämonisch, naiv, unreif und unvollständig; zweitens hat Ungaretti nur mit einem Teil seines Wesens den Dichterlorbeer gesucht, während der andere Teil weiterhin Wege gegangen ist, auf denen man keineswegs zu Dichterkrönungen gelangt.

Ich habe zuletzt begriffen — an Äußerlichkeiten des Buches, denn als Ganzes ist es mir dunkel und nicht entschlüsselbar geblieben —, warum Montale eher geeignet war, höchste offizielle Ehren zu erlangen. Montale hat mit unvergleichlicher Eleganz die Berge der Rhetorik und Naivität umgangen, die Ungaretti hartnäckig erstürmen wollte. Montale hat so Ordnung erreicht — Ungaretti dagegen nicht, niemals. Dieses »Leben eines Menschen« ist ein Buch, das gar nicht vorgezeigt werden dürfte: voller Wiederholungen, Manien, Korrekturen, endlosen, ewigen Rückgriffen, kapillarischen Verflechtungen im eigenen Selbst usw. Am Ende des Buches findet man ein Gedicht von 1914, aber schon in der Mitte steht eine Variante davon, und immer wieder tauchen Fragmente auf, hier und dort publiziert, jedesmal unter anderem Titel, in Ausgaben, die ebenfalls ständig unter anderen Titeln erschienen sind.

Den »Varianten« dieses Riesenwerks hat man pompöse Studien gewidmet, so als wären auch sie heiliges Erbe. Diese »Varianten« sind aber nur peinlich und zum Glück sonst nichts. Oft handelt es sich um ganz simple Gedanken wie: »Den Tod — bezahlt man — indem man lebt«. Wer wüßte das nicht? Die offizielle italienische Kritik hat aber diese Äußerungen eines kleinen Jungen, der so tut, als wäre er alt und weise, ernst genommen und weiß der Himmel was darüber geredet. Die Naivitäten Ungarettis konnten das unerschöpfliche Bedürfnis nach Banalitäten der kleinbürgerlichen italienischen Kritik befriedigen. So ist ein falsches Bild von Ungaretti entstanden, zu dem seine »Rückkehr zur Ordnung« mit beigetragen hat, damals, als eine ganze Zeit zur Ordnung zurückgekehrt ist. Aber die Rhetorik Ungarettis ist so peinlich wie seine Naivität (…)

Nach der üblichen Phase von Unverständnis und Haß, die jede »neue« Dichtung zuerst provoziert, ist die Dichtung Ungarettis nicht nur integriert, sondern zum nationalen Gut, zur verbürgten Großartigkeit erklärt worden — und man versteht, warum. Seine Dichtung ist eine Dichtung der völligen Unschuld, die leicht mit einer anderen, bequemen Unschuld verwechselt werden kann, die der Gesellschaft lieb und wert ist. In Wirklichkeit ist diese (wunderbare) Unschuld ebenfalls peinlich, weil sie wie jede wahre Unschuld schamlos ist: und vergeblich verdeckt sie Ungaretti mit (spirituellen und rhetorischen) Schleiern. Sie ist wie ein Paar lachlustige Augen, deren Glanz keine noch so gute Erziehung unterdrükken kann.

Wieviel Literatur hat Ungaretti gemacht! Er, ein fast ungebildeter Mensch. Vielleicht deshalb. Heute ist er achtzig Jahre alt geworden; und es ist wunderbar, daß man all das über ihn sagen kann: freimütig, respektlos und liebevoll, als wären wir Gleichaltrige.

Nr. 50   13.12.69

SCHAUEN WIR UNS UM

Irgendein beliebiger Tag (30.11.1969), ich schaue mir morgens die Zeitungen durch. Seit langem waren die Informationen nicht mehr so mittelmäßig. Nichts, das besonders neu oder besonders sensationell wäre. Ich vergleiche zwei Titelseiten, die des »Giorno« und die der »Unità«. Im »Giorno« befaßt sich die Hauptnachricht mit einer »vorurteilslosen« Bank in Mailand, einer Art Scheinbank, daneben die pathetischen Fotos von den Verbrechervisagen armseliger Betrüger: Gesichter, die deshalb so vulgär sind, weil es alles Pechvögel sind, arme Teufel, die gezwungenermaßen die Vulgarität der wohlanständigen Leute imitieren müssen. Dann ein kurzer Kommentar des Herausgebers zu amerikanischen Brutalitäten in Vietnam, alles sehr richtig; außerdem Nachrichten aus Rom (über »Manifesto«; über das Treffen von Moro und Waldheim; regionale Nachrichten); und zuletzt in der rechten Spalte zwei Nachrichten, deren Überschriften als Titel für Operetten dienen könnten (tragikomisches Genre): »Zwei Inspektoren und zwei Sergeanten von Scotland Yard korrumpiert« und »106 Jugendliche in Böhmen verurteilt«.

Die Titelseite der »Unità« wird ganz von einer breiten, achtspaltigen Schlagzeile bestimmt: »Der Kampf der Arbeiter ist größer und entschlossener geworden«, mit einem Kommentar (»Die Antwort der Arbeiter«). Dann eine Nachricht mit Fotos über ein entsetzliches Verbrechen der USA: ein Vietnamese wird aus dem Helikopter geworfen. Ebenfalls eine Notiz über diese unglückselige Bank in Mailand, und zuletzt ein Bericht über die Gehaltserhöhungen der Staatsangestellten, die sich als interessanteste Nachricht von allen erweist: einer nackten Tabelle kann man entnehmen, daß sich das Gehalt eines Botschafters um 108 Prozent und das eines Generaldirektors um 116 Prozent erhöht hat, während das Gehalt des letzten Rads am Wagen, d. h. eines beim Staat angestellten Hilfsarbeiters, um 2 Prozent gestiegen ist. Statt 59.650 Lire im Monat verdient er von jetzt an 61.250 Lire!

All das kommt als »banale Alltäglichkeit« daher. Wir leben nicht zufällig in der brutalsten Periode der menschlichen Geschichte, denn kaum haben wir uns ein wenig vom Hunger befreit, haben wir auch die Möglichkeit, all das festzustellen, wenn wir nur den Kopf einmal heben und um uns schauen.

Nr. 51   20. 12. 69

SERIOSITÄT UND FRAKTIONISMUS

Ich blättere die »Unità« durch. Von den großen Fotografien der Arbeiterdemonstrationen in Rom lasse ich mich nicht bewegen, das sind Dinge, die nur bewegen, wenn man selbst dabei ist und über die man entweder wirklich erhabene Dinge schreiben oder den Mund halten sollte.

Ich bleibe dagegen bei einigen Artikeln und Nachrichten hängen. Besonders fesselt mich der Beitrag von Berlinguer (»Parteikohärenz«), der sich mit dem Parteiausschluß der Redakteure von »Manifesto« befaßt. Berlinguer würde mich, was diese Kohärenz betrifft, nicht ganz einverstanden finden, es handelt sich nämlich um eine völlig offizielle, bürokratische und — Berlinguer möge mir das gestatten, denn man kann bei allem mogeln, nur nicht beim Stil, und aus dem Stil seines Artikels ziehe ich diesen Schluß — um eine unehrliche Kohärenz.

Berlinguer schickt einige Grundsatzpunkte voraus, die als Rechtfertigung des Zentralkomitees dienen sollen: *»Wir haben nie den geringsten Zweifel daran gelassen, daß wir mit rigorosester Kohärenz Prinzipien und Verhaltensregeln auch anwenden werden, zu denen wir uns immer mit größter Klarheit bekannt haben.«*

Meiner Meinung nach bewegt sich all das nicht mehr in einer menschlichen, existentiellen und logischen Sphäre: die »rigoroseste Kohärenz« ist von haarsträubender Unmenschlichkeit, so ganz die Sprache fanatischer Mönche, nicht die Sprache von Menschen;

ebenso die »höchste Klarheit«; gar nicht zu reden von den schrecklichen »Prinzipien und Verhaltensregeln«! Kohärenz und Strenge tauchen nur dort auf, wo es auch Ungereimtheiten und Widersprüche gibt; und Klarheit hat man nur, wenn es auch Dunkelheit gibt; und Prinzipien und Regeln sind dazu da, verletzt zu werden. Das ist so offenkundig, daß man sich geradezu schämt, es laut sagen zu müssen.

»Warum vergessen« — fährt Berlinguer fort — *»daß wir Parteistatuten haben, die Fraktionen verbieten, und daß wir gerade deshalb keine sich neu bildenden Fraktionen dulden können? Unsere Statuten ... sind Ausdruck eines umfassenden Konzepts, das Frucht theoretischer Arbeit und der Lehren ist, die wir aus langer Kampferfahrung gewonnen haben, nicht nur der unseren, sondern der der gesamten Arbeiterbewegung in Italien und in der Welt.«*

Ich bin im Gegenteil der Ansicht, daß eben diese Kampferfahrung der Arbeiterbewegung in Italien und in der Welt, d. h. Erfahrungen eines Kampfes, der in Rußland zum Stalinismus und in China zu einer neuen Form von Stalinismus geführt hat, die Kommunisten lehren sollte, ihre Theorie zu revidieren, denn wenn ich mich nicht irre, so sind diese ganzen Erfahrungen die Erfahrung eines Bankrotts — auch wenn er großartig ist, auch wenn seine Voraussetzungen nach wie vor richtig und, man erlaube mir das in diesem Zusammenhang zu sagen, sakrosankt sind.

Berlinguer behauptet weiterhin, daß seit dem letzten Parteikongreß in Bologna das interne demokratische Leben der Partei immer offenere Formen entwickelt habe. *»Aber«* — fährt er fort — *»auch bei dieser Gelegenheit haben wir unterstrichen, daß die Grenze zum Fraktionismus für uns nicht überschreitbar ist.«*

Also, worin besteht eigentlich ein demokratisches Leben, wenn nicht im Fraktionismus?

»Warum jetzt großes Staunen darüber, daß wir als seriöse Partei, die wir sind, auf unmißverständliche Weise jene Prinzipien angewendet haben, die Grundlage unserer Stärke, unserer Erfolge und der Fortschrittlichkeit unserer Partei sind?«

Die Seriosität! Mein Gott, die Seriosität! Aber die Seriosität ist doch nun wirklich eine Eigenschaft derjenigen, die nichts anderes vorzuweisen haben. Sie gehört zum Verhaltenskodex, nein, sie ist sogar oberstes Verhaltensgesetz des Kleinbürgertums! Wie kann man sich bloß etwas auf seine Seriosität einbilden? Seriös muß man *sein*, man darf nicht davon reden oder sogar so scheinen wollen!

Seriös ist man oder man ist es nicht, und wenn Seriosität proklamiert werden muß, dann wird sie sofort erpresserisch und terroristisch! Ist die KPI etwa eine Mailänder Firma? Ich kann nur sagen: Nieder mit den seriösen Leuten!

Ich bin jetzt nur bis zur Mitte des Berlinguer-Artikels gekommen. Die zweite Hälfte ist eine Wiederholung und Variation der ersten. Unglaublich naiv, offensichtlich für Leser geschrieben, die von den kommunistischen Führern mit einer nicht zu unterdrückenden Spur Rassismus für »einfache Menschen« gehalten werden (jener euphemistischen Tendenz des offiziellen kommunistischen Sprachgebrauchs entsprechend, wie Fortini bemerkt hat, die nicht »Verbrechen«, *[delitti],* sondern »Vergehen«, *[crimini],* sagt).

Nr. 51   20. 12. 1969

DEN SPIEGEL ZERSCHLAGEN

Einer kurzen Notiz, ebenfalls aus der »Unità«, entnehme ich, daß Piergiorgio Bellocchio, Herausgeber von »Lotta continua« (außerdem von »Quaderni Piacentini«) angeklagt worden ist, »falsche, übertriebene oder tendenziöse Nachrichten« in einem Artikel verbreitet zu haben, der realistisch die Vorfälle vom 25. und 27. Oktober in Pisa (Zusammenstöße zwischen Polizei und Studenten, bei denen ein Student ums Leben kam; Anm. d. Ü.) schildert. Außerdem ist er von der Polizei angezeigt worden wegen Verletzung des Artikels 725 des Strafgesetzbuches (Unzüchtiges Schrifttum), da er in einem Artikel das Leben der Soldaten in den Kasernen beschrieben hat.

Wie gehabt: das offizielle Italien will den Spiegel zerschlagen, der sein häßliches Polizisten- und Schwätzergesicht reflektiert, als ob der Spiegel schuld sei an dieser Häßlichkeit und Schwätzerei und als ob diese Häßlichkeit objektiv verschwände, wenn man den Spiegel zerschlägt.

Wir Schriftsteller, wir Journalisten sind ein Spiegel, ein um so klarerer und entlarvenderer Spiegel, je mehr wir uns einsetzen, je mehr wir uns mit unserem ganzen Körper in den Kampf stürzen. Dieser Spiegel heißt Recht auf freie Meinungsäußerung. Seit der Verhaftung und Verurteilung des Herausgebers von »Potere operaia« sind erst wenige Tage vergangen und erst wenige Tage seit den Protesten der überwiegenden Mehrheit der italienischen Intellektuellen, und auch diesmal haben die Autoritäten brutal zugeschlagen, einer Strategie entsprechend, die inzwischen definitiv und nicht mehr modifizierbar erscheint. So sehr, daß sich dahinter ein neuer Squadrismus abzeichnet.

Ich glaube aber nicht, daß die Autoritäten mit ihrer immer noch mittelalterlichen Art der Gewaltanwendung die Leine noch mehr anziehen können, wenn sie Italien nicht in ein zweites Südvietnam verwandeln wollen!

Nr. 51   20.12.69

EIN MORD

Gewisse Dinge bleiben dem öffentlichen Gewissen unerträglich und unannehmbar. Das öffentliche Gewissen will nichts mit Brutalität zu tun haben. Und dafür mag es seine Gründe haben. Vielleicht weil es in Wirklichkeit diese Brutalität gerade will. Das öffentliche Gewissen hat zuerst die Brutalitäten der Nazis nicht akzeptiert und es dann vorgezogen, sie zu vergessen. Die »Realpolitik« braucht diese Art von öffentlichem Gewissen. Gewisse Brutalitäten, die von der Macht, der realen (nicht der vorgetäuschten demokratischen), geplant oder zumindest gewollt werden, sind in der Geschichte völlig alltäglich. Ich sage *völlig alltäglich*, und doch erscheinen sie dem öffentlichen Gewissen immer wieder als unglaubhafte Ausnahme.

Ich mache den Leser darauf aufmerksam, daß bisher der Mörder des Polizisten Annarumma noch nicht gefunden ist. Und meiner Meinung nach wird er auch nie gefunden werden.

Nr. 51   20.12.1969

DER ANDERE WEG

Mich hat der Brief sehr bewegt, den Gaspare Bono, ein sizilianischer Emigrant, der in Döttingen (Schweiz) lebt, an die »Unità« geschrieben hat. Er schreibt, daß einer seiner Genossen, auch ein sizilianischer Emigrant, Gaetano di Pietra, 21 Jahre alt, auf tragische Weise bei seiner Arbeit in einem Sägewerk in Dietikon bei Zürich ums Leben gekommen ist. *»Zwei Tage vorher«* — schreibt der »Unità«-Leser — *»haben Presse, Radio, Fernsehen und Ministerpräsident viel vom Tod eines andern jungen Mannes gesprochen, vom Polizeibeamten Annarumma, der bei der pflichtbewußten Ausübung seines*

173

Berufes umgekommen ist, ein Sohn — wie Saragat schreibt — einer bitterarmen Bauernfamilie aus dem Süden. Den Polizeibeamten Annarumma haben Hunger und Elend gezwungen, zur Polizei zu gehen, in den Dienst der bürgerlichen Klasse zu treten, ohne sich Rechenschaft darüber zu geben, daß er sich damit gegen seine eignen Landsleute stellt ... Gaetano di Pietra, ein arbeitsloser Taglöhner ... mußte auch sein Land verlassen. Er hat einen anderen Weg gewählt, die Emigration. Und hier, in einem fremden Land, ist er umgekommen bei einer Arbeit, die einen fremden Chef immer noch reicher macht.«

Unsere Hilflosigkeit diesen Tatsachen gegenüber bedeutet Mitverantwortlichkeit. Aber offensichtlich ist unsere Geduld oder unsere Feigheit unerschöpflich.

Nr. 51   20.12.1969

AKTIONSWUT

Sehr geehrter Herr, ich habe in Ihrer Kolumne der Wochenzeitschrift »Tempo« den »Husten des Arbeiters« gelesen. Ich kann nicht beurteilen, ob dieser Text gut oder weniger gut geschrieben ist, denn ich bin weder Journalistin noch Schriftstellerin, ich bin nur eine Frau, nichts als eine Frau, aber vielleicht macht mich gerade dieses Vorrecht, eine wirkliche Frau zu sein, auch logisch. Es ist richtig, was sie schreiben, es ist vor allem wahr. Aber abgesehen von den persönlichen Erkenntnissen, die ihnen dieser »tragische Sinn der schönen Oktobersonne« vermittelt hat, möchte ich doch wissen, was Sie für diesen Arbeiter getan haben.

Ich könnte mir vorstellen, daß Sie zu ihm gegangen sind, ihn baten, mit der Arbeit aufzuhören, ihm Gastfreundschaft in Ihrem schönen Haus angeboten haben, ein warmes Bett, und vielleicht haben Sie auch einen Arzt gerufen, um ihn kurieren zu lassen.

Falls Sie das getan haben, was nur logisch wäre, warum haben Sie es dann verschwiegen? Gute Vorbilder sind wichtig im Leben. Falls Sie es aber nicht getan haben, warum nicht? Warum soll die schöne Oktobersonne nur für Sie scheinen? Ich möchte wirklich wissen, was nach diesen unschönen Hustenanfällen passiert ist. (Gibt es übrigens auch schöne?) Ich bin einfach neugierig, und ich möchte, daß Sie mir antworten, denn Sie sind eine sehr interessante Persönlichkeit, psychologisch gesehen. Ich möchte allzu gern wissen, ob auch der Arbeiter den tragischen »Un«-Sinn dieser schönen Oktobersonne erkannt hat.

Ich danke Ihnen und grüße Sie herzlich

Liliana Sambo

Sehr geehrte Dame, ich habe noch nie in meinem Leben einen so undurchschaubaren Brief bekommen. Wer sind Sie? Im allgemeinen kann ich mir nach der Lektüre eines Briefes ein ungefähres Bild des Schreibers machen (soziale Herkunft, politische Ansichten, psychische Eigenschaften). Bei Ihnen habe ich jedoch nur die Vorstellung gewonnen, daß Sie eine Frau aus besseren Kreisen sein müssen und eine anständige Schulbildung haben. Sonst nichts. (...)

Sie wollen sich deutlich von mir unterscheiden, indem Sie strikte Distanz wahren. Sie betrachten mich aus der Ferne, selbst makellos, wie ein Bakteriologe eine Bakterie beobachtet. Sie bleiben eiskalt und können daher ruhig und höflich mit mir umgehen (eben wie ein Wissenschaftler mit einem armen Untier umgeht). Ihr negatives Urteil über mich scheint derartig umfassend zu sein, daß keinerlei Korrektur mehr möglich ist.

Mir sind drei Erklärungen für Sie eingefallen. Sie könnten z.B. die fanatische Freundin irgendeines jungen Mannes aus der Studentenbewegung sein, die päpstlicher als der Papst sein will. Oder Sie sind eine Katholikin vom alten Schlag, die sich sozial engagiert, so wie es heute in der Ära nach Johannes XXIII. üblich ist, die aber ihr soziales Engagement sofort durch ihren alten und eisigen Rigorismus verhärtet hat. Oder Sie sind eine gebildete Faschistin, die Prezzolini liest und den unentschlossenen Kommunisten verachtet, der das, was er im Grunde will, nie richtig verwirklicht, nämlich seine Liebe zum Arbeiter (eine Liebe, die Sie natürlich nur völlig moralistisch interpretieren können). Die Tatsache, daß Sie sich als »Frau und nichts als eine Frau« bezeichnen, scheint mir diese letzte Vermutung von der eleganten Faschistin am ehesten zu bestätigen.

Sie fragen mich, warum ich geschwiegen habe, falls ich etwas für diesen Arbeiter getan haben sollte. Ach, verehrteste Dame, sei es ein fanatischer Marxist, sei es ein rigoroser Katholik, sei es ein naserümpfender Faschist — für alle gilt das Christus-Wort: »Die rechte Hand soll nicht wissen, was die linke tut.«

Aber nehmen wir einmal an, ich hätte tatsächlich nichts getan. Bin ich denn eine mildtätige Dame, bin ich ein Heiliger? Wer hat das Recht, so etwas von mir zu verlangen? Ich habe vielmehr ein Recht zu sündigen. Und wenn ich sündige, dann sind es menschliche Sünden, zu denen ein ganzes Leben beigetragen hat, das wie alle Leben aus tausend Demütigungen und tausend täglichen Schwächen zusammengesetzt ist. Wer weiß, wie oft Sie Unterlassungssünden begangen haben, die häufigste und schwerste unserer Sünden! Aber da Sie keine Gedichte veröffentlichen, kann Sie auch niemand zensieren. Sie rechnen mit sich selbst ab, recht großzügig wahrscheinlich. Beweisen Sie mir erst, daß nicht auch Sie tagtäglich Geschöpfe sehen, die alles Mitleid verdienen und für die Sie doch nichts tun. Ich behaupte, daß Ihnen das jeden Tag mehrmals passiert, wie jedem von uns. Wenn es nicht so wäre, dann hieße das nur, daß Sie stumm, taub und blind sind. Ich habe also nur von einem dieser vielen Fälle gesprochen — von einem Geschöpf, das Mitleid verdient, und habe dieses Mitleid öffentlich gemacht.

Wenn Mitleid aber von der privaten auf eine öffentliche Ebene gerät, so verändert es sich radikal. Der Pakt, den man mit der Welt und ihren heiligen Verhaltensregeln schließen muß, verlangt, daß man die Gefühle des Mitleids, die man nicht in die Tat umsetzen kann, auch verschweigt. Wenn man sie doch ausspricht, dann ist man auch verpflichtet, zu handeln.

Ich weiß nicht, ob das Heuchelei ist oder nicht. Ich weiß nur, daß in dem Moment, wo das Mitleid öffentlich wird, es nicht nur zum Handeln verpflichtet, sondern auch politisch wird und daß Handeln nur politisch sein kann. Die Hilfe, die ein (privater) Intellektueller einem (privaten) Arbeiter gibt, ist unerheblich. Entscheidend ist der politische Kampf, den der Intellektuelle an der Seite des Arbeiters führt, und seine Bereitschaft, im Notfall persönlich für dieses politische Ideal zu bezahlen, um damit eine »Aktionswut«, die zuerst nur eine ganz abstrakte Sache war, konkret und human zu machen.

Nr. 52   27. 12. 1969

EIN DURCHSCHNITTSMENSCH

Sehr geehrter Herr Pasolini! Ich bin ein Leser der Illustrierten »Tempo«, kein regelmäßiger zwar, aber immerhin Leser. Ich habe in der Nr. 48 vom 29. 11. die Antwort gelesen, die Sie Herrn Latoracca gegeben haben, wobei ich im Moment nicht weiß, wer er ist, was mich aber ehrlich gesagt auch gar nicht interessiert. Ich schreibe Ihnen ein paar Zeilen, die Sie wahrscheinlich nicht lesen werden, was mich ebenfalls wenig interessiert.

Ich habe dagegen das Bedürfnis, grundsätzlich Stellung zu beziehen, und zwar möchte ich mich zu diesen Gefahren äußern, die vom

Durchschnittsmenschen ausgehen sollen (der Ihrer Meinung nach zwangsläufig, und sei es auch unbewußt, ein Faschist ist).

Ich bin ein solcher Durchschnittsmensch (Antifaschist), ein Mann, der durchschnittlich acht bis neun Stunden an Tag arbeitet, um acht Uhr früh im Büro sein muß (höchstens zehn Minuten zu spät kommen darf) und das Büro erst gegen 19 Uhr wieder verläßt, die Mittagspause ausgenommen. Ich habe zwei Kinder und eine Frau, eine junge Familie, die in meinem verständlicherweise bürgerlichen Leben den klaren ethischen Bezugspunkt bildet. Der springende Punkt ist nun folgendes:

Unabhängig von Ihren spitzfindigen Unterscheidungen zwischen »rationaler und irrationaler Bedeutung« des Durchschnittsmenschen, erlaube ich mir zu präzisieren, daß das »trübe und verkommene Milieu«, in dem Sie Leute wie uns, die es in ganz Italien und auf der ganzen Welt gibt, ansiedeln wollen, umgekehrt Ihr Milieu ist, wenn auch aus anderem Blickwinkel.

Sie, geehrter Herr Pasolini, sind von Grund auf eine trübe und verkommene Figur, und Typen wie Sie (…) lassen die Vergehen und Verbrechen reifen, von denen man neuerdings überall hören und lesen kann.

Finden Sie bloß keine Ausflüchte, indem Sie irgendwelche ruhmreichen Fahnen im Namen edler Ideale schwenken, die doch nichts mit Ihnen zu tun haben!

Und noch ein guter Rat: veröffentlichen Sie diesen Brief von »verkommener bürgerlicher Herkunft« nicht, Sie riskieren sonst, auf derart viel Zustimmung zu stoßen, daß Ihre Kolumne eine Zeit lang die einzige Bedeutung verlieren könnte, die sie bis heute gehabt hat: die kommerzielle nämlich.
Leben Sie wohl!

Ein Durchschnittsmensch

Lieber Durchschnittsmensch,

die geistlose Art, mit der Sie den Satz »im trüben und verkommenen Milieu … usw.« aufgenommen und gegen mich gerichtet haben — einen Satz, den ich polemisch verstanden hatte, weil er so rassistisch ist — beweist, daß Sie ein Durchschnittsmensch im negativen Sinne sind, einer von denen, deren Ideologie weder Religion noch Vernunft gelten läßt, sondern nur den »gesunden Menschenverstand«. Warum lesen Sie nicht, was Kant gegen diesen »gesunden Menschenverstand« geschrieben hat, ein Autor, den Sie wohl nicht so übel verdächtigen werden wie mich?

Merke: Jene, die einen Ausdruck wie »verkommenes und trübes Milieu ... usw.« benutzen (eine Formulierung, die ich mit bitterer Ironie in meinem Beitrag über den Durchschnittsmenschen benutzt habe), machen sich in mehrfacher Hinsicht (...) schuldig. Hier ein (unvollständiges und nacktes) Verzeichnis dieser schuldhaften Eigenschaften:

1. Sie sind rassistisch. Sie wollen sich sozusagen auf theologische oder besser gesagt auf anthropologische Weise von (...) Prostituierten, Dieben, Betrügern usw. unterscheiden. Sie schieben diese Menschen beiseite, »löschen« sie aus ihrem Bewußtsein und sperren sie in Gettos, schieben sie ab in jenes »verkommene und trübe Milieu«.

2. Sie sind erpresserisch. Sie stopfen den Bewohnern der Gettos den Mund, bringen sie durch Hinweise auf ihre »Schuld« zum Schweigen, sprechen ihnen jedes Recht ab, sich als Bürger dieser Gesellschaft zu betrachten. Sie empören sich als brave Bürger (und meinen es sogar ernst) und verhalten sich dabei genauso wie ein kleiner Miesling, der eine Prostituierte erpressen kann, weil sie einen Sohn hat, oder einen Homosexuellen, weil er eine Mutter oder eine Stelle hat.

3. Sie sind ignorant. Sie ignorieren alles, was die Wissenschaft (z. B. Freud, um auf ganz elementare Erkenntnisse hinzuweisen) über all diejenigen geschrieben hat, die von den braven Bürgern in schmutzige Gettos eingesperrt werden, nur weil sie eine blinde körperliche Abneigung und nackte Panik empfinden und im übrigen ihre eisernen Grundsätze haben (...)

4. Sie sind primitiv. Sie sehen in den Zwangsbewohnern der Gettos auf ganz archaische Weise »Sündenböcke«, auf die sie die ganze Schuld der Gesellschaft abwälzen können. In den Tagen, als sich das Drama von Viareggio zuspitzte, hatte man den Eindruck, als ob alle Schuld der Nazilager und des Vietnamkrieges auf die Schultern von vier armen Homosexuellen gebürdet würde (...)

5. Sie sind blutrünstig. Die »Sündenböcke« werden nämlich zuletzt umgebracht. Denn die braven Durchschnittmenschen (...) machen aus den »verkommenen und trüben Individuen« (...) indirekt oder manchmal auch ganz direkt Opfer ihrer Lynchjustiz.

Vielleicht habe ich ein wenig dick aufgetragen. Aber im großen ganzen stimmt es.

Nr. 2   10. 1. 1970

UNVERÖFFENTLICHTE
AUSEINANDERSETZUNG MIT LESERBRIEFEN

(Auszüge aus den letzten Kolumnen, Januar – Februar 1970, die nicht mehr veröffentlicht worden sind, da sie nach Pasolinis Angaben der Direktion von »Tempo« nicht genehm waren.)

Die Rolle der Kassandra ist nicht gerade angenehm. Aber was die italienischen Strafgesetze betrifft, so habe ich stets die Kassandra gespielt. Seit mehr als einem Jahrzehnt laufe ich herum und predige und schreibe, daß zuerst, vor allem anderen, die Strafgesetze reformiert werden müssen. Wahrscheinlich wäre ich nicht auf diese Idee gekommen, wenn mich nicht unglaubliche persönliche Erlebnisse dazu gezwungen hätten. Sobald ich Zeit habe, werde ich ein Weißbuch mit etwa einem Dutzend mich betreffenden Gerichtsurteilen veröffentlichen. Ohne Kommentar. Es wird eins der komischsten Bücher werden, die je zum italienischen Zeitgeschehen veröffentlicht worden sind. Aber inzwischen ist alles nicht mehr komisch, sondern tragisch, weil es nicht mehr um die Verfolgung eines Sündenbocks geht, wie das mit mir für Jahre der Fall war — was meine »Freunde« vergessen haben und was die junge Generation nicht wahrhaben will —, inzwischen geht es um eine breit angelegte, tief gehende und kalkulierte Repressionswelle, der sich der reaktionärste Teil der Justiz mit Eifer widmet, während der fortschrittliche Flügel nichts tun kann (es sei denn, ab und zu einen idealistischen Protest loszulassen), eben genau deshalb, weil ein faschistisches Strafgesetz existiert, ein ideales Werkzeug für jeden, der ungerecht anklagen und verurteilen will. Nach »Gotteslästerungen« und »Verunglimpfungen«, die typisch faschistisch waren, kam die »Versklavung«, dann die Verhaftungen wegen begangener Verbrechen, wobei man traditionsgemäß auf freiem Fuß blieb, und schließlich die Artikel 272 (»Staatsfeindliche Propaganda«) und 305 (Bildung einer kriminellen Vereinigung). In diesen Tagen hat sich sowohl ein Komitee gegen die politische Repression gebildet, als auch ein Komitee, das sich für das bürgerliche Grundrecht einsetzt. Laßt mich trotzdem noch einmal die Kassandra spielen: das erste, worum wir kämpfen müssen — und zwar ernsthaft —, ist die Reform der Strafgesetze! (...)

Ein Teil Italiens ist offenbar in einem völligen Chaos untergegangen: einem geistigen Chaos, das wir der Subkultur und der allgemeinen Ignoranz verdanken, die zwei Aspekte hat: einen statischen Aspekt (25 Millionen Italiener schauen sich »Canzonissima« an) und einen dynamischen, denn ein Teil Italiens bewegt sich auf ein immer größeres Chaos zu (möglicherweise ein faschistisches Regime). Nach den letzten Ereignissen jedenfalls (Bombenattentat in Mailand, Anm. d. Ü.) sind schon die ersten dicken Steine gegen das »Gewürm« erhoben worden…

Ich habe ein paar zufällige Dokumente vor mir liegen, die mir per Post zugegangen sind.

In einem Briefumschlag, der an das »Grand Hotel TERMINUS, 108, Rue Saint Lazare, Paris (8)« adressiert ist, habe ich ein anonymes Billet erhalten, in Druckschrift, auf dem es heißt:

»Sehr geehrter Herr! Sie gehören zu denen, die sofort nach dem Attentat von Mailand am 12. Dezember vergangenen Jahres die Theorie eines »faschistischen Attentates« verbreitet haben und dann, nachdem die Polizei die wahren Schuldigen als Anarchisten identifiziert hatte, die von der KPI protegiert werden, behauptet haben, man müsse eine »Hexenjagd« vermeiden, in der offensichtlichen Absicht, den Kommunisten und ihren Helfershelfern Unannehmlichkeiten zu ersparen. Deshalb verdienen Sie mit vollstem Recht den Titel: Aas des Jahres!«

Über den anonymen Schreiber möchte ich kein Wort verlieren. Dennoch wird der Leser die offensichtlich neofaschistische Herkunft dieser Botschaft erkannt haben, deren Stil z. B. dem »Borghese« entspricht (schwammig und unklar).

Aus Mailand hat mich der folgende Brief erreicht (mit roter Tinte geschrieben; auf dem letzten Blatt, das nur auf der linken Seite beschrieben ist, steht mit violetter Tinte noch ein Zusatz von anderer Hand):

(Brief fehlt)

Und hier das Flugblatt, von dem in dem Brief die Rede ist, mit dem Flammen-Emblem der MSI in der rechten oberen Ecke und der Unterschrift: Jugendverband der Studenten und Arbeiter in der MSI-ASAN — »Giovanile Italia« — Fuan:

»Studenten, Bürger, isoliert die Studentenbewegung, dieses Instrument der Kommunistischen Partei und seiner marxistischen und anarchistischen Satelliten! Studenten, Bürger, öffnet Eure Augen und entlarvt das Doppelspiel solcher Literaten wie Moravia, Moraini (!) und Pasolini, die gemeinsame Sache mit den Terroristen machen, mit den

Kommunistenknechten, den Millionären im Dienste der linken bürgerlichen Presse. Es lebe Italien! Es lebe die nationale italienische Jugend!«

Der Schreiberin Romana Grandi, die sich selbst einen »armen Teufel« nennt, möchte ich in aller Freundschaft antworten und sie bitten, mit Geduld die nicht immer leichte Prosa meiner Artikel lesen und verstehen zu wollen und mir nicht Ausdrücke anderer zu unterschieben (z. B. den Satz über Annarumma, den ein Emigrant an die »Unità« geschrieben hat und den ich nur zitiert habe usw. usw.). Aber wieviel Geduld ich auch immer aufbringen mag, eins kann ich nicht: ich kann ihr Leben nicht von Grund auf erneuern. Ihr persönliches Leben und ihren Realitätsbezug machen sie zur leichten Beute für jene Psychosen, die die Faschisten in Italien schaffen wollen. Nein, Romana Grandi ist keine Faschistin (will ich zumindest glauben), aber sie steht kurz davor, eine zu werden, oder sie ist wenigstens schon bereit, den Faschismus zu akzeptieren, da sie an seine Lügen glaubt.

Aber ein wenig Mühe könnten Sie sich schon geben, da Sie mehrmals betont haben, daß Sie *Arbeiterinnen* seien! Ist Ihnen nicht aufgefallen, daß diejenigen, die von der Polizei verprügelt werden, Arbeiter sind (und Studenten, die an der Seite der Arbeiter kämpfen)? Also, wenn Sie als Arbeiterin das Recht haben, von der Polizei beschützt zu werden, dann haben Sie auch das Recht, von der Polizei nicht verprügelt zu werden. Das ist doch einleuchtend, nicht war, Romana Grandi?

Was das völlig idiotische Flugblatt betrifft, und zwar idiotisch weil kriminell, so will ich auch nicht einen Atemzug meiner Energie darauf verschwenden, geschweige denn ein Wort darüber verlieren. Ich habe noch einen Brief aus Mailand bekommen, mit demselben Flugblatt, unterschrieben von Giuliano Piazza, und da heißt es:

»Sehr geehrter Schriftsteller! Während ich über den Domplatz gehe, drückte mir ein Individuum das Flugblatt in die Hand, das ich beilege. Zeigen Sie sofort den Autor solch gemeiner Formulierungen an und den Führer der Partei, der für die böswillige Verbreitung dieses Flugblattes veranwortlich ist… Auch in einem Land mit weniger mediokrer Kultur als dem unseren ist es nicht zulässig, daß Personen derart straflos beleidigt werden, die jene Kultur lebendig erhalten, deren Unterdrückung die gesamte Nation in das undurchdringlichste Dunkel der Zivilisationslosigkeit stürzen würde.«

Lieber Piazza, ein tiefes Gefühl des Abscheus hindert mich, die Initiative zu einer solchen Anzeige zu ergreifen. In einem zivilisierten Land müßte so etwas eigentlich von Seiten der Staatsanwaltschaft als Vergehen verfolgt werden. Wieso soll ich Energie und Zeit verschwenden, um mich vor Beleidigungen zu schützen, die so infam sind, derartig infam, daß sie an Schwachsinn grenzen? Andererseits — wieso sollen solche Beleidigungen ungestraft bleiben? Ich zumindest, solange ich lebe, werde keinen italienischen Gerichtssaal freiwillig betreten, es sei denn als Angeklagter. Ich bin immer noch traumatisiert vom letzten Mal, wo mir das passiert ist. Es war beim Appellationsgericht in Venedig und ging um eine infame Anklage gegen meinen Film (Teorema; Anm. d. Ü.). Ich war allein im Gerichtssaal, kein Hund war da; von keiner Seite war ein Wort der Solidarität gekommen. Ich lehnte mich leicht an den Pfosten der Anklagebank, weil ich mich seit morgens acht Uhr wegen eines anderen Prozesses (Besetzung des Filmpalastes) im Gerichtsgebäude befand und daher einfach völlig fertig war. Der Präsident des Appellationsgerichtes ermahnte mich deswegen. Dann sagte er zu meinem Rechtsanwalt, der ihn gebeten hatte, bei der Beurteilung des angeklagten Films mein gesamtes Filmwerk zu berücksichtigen: »Wir werden den Film von Pasolini als das beurteilen, was er darstellt; seine anderen Filme interessieren nicht. Wenn überhaupt etwas berücksichtigt werden wird, dann nur sein Strafregister«.

Mich noch einmal einer ähnlichen Situation auszusetzen, habe ich nicht die geringste Lust. Was Sie verstehen werden. Ich kann mir außerdem keinen, absolut keinen italienischen Richter vorstellen, der die Autoren eines solchen Flugblattes verurteilen würde. Falls es ihn doch geben sollte, so möge er selbst die Initiative ergreifen und damit zeigen, was das fragliche Flugblatt in Wirklichkeit ist: *Aufhetzung zu Gewalttaten.* (…)

Ich habe meine Kolumne zweimal unterbrochen, weil ich eine vierzehntägige Reise durch Westafrika gemacht habe. Ich beabsichtige jedoch, in den nächsten Ausgaben von diesen Ländern und Menschen und Ereignissen, die zufällig in meinen Erfahrungsbereich getreten sind, zu berichten. Ich müßte darüber berichten, auch wenn es sich nicht um eine entscheidende Erfahrung, sondern nur um eine »Beiläufigkeit« gehandelt hätte. Als ich wieder zu Hause war, habe ich in dem Berg von Post einen gesonderten Stapel von Briefen entdeckt, die alle an »Tempo« adressiert waren. Ich habe sie überflogen und festgestellt, daß ich vorläufig wohl die engelhaften Afrikaner der Elfenbeinküste, aus Mali und dem Niger vergessen und mich zuerst einmal mit diesen Briefen befassen muß: unverschämte und brutale Beleidigungen, wie sie sich nur gewisse Italiener einfallen lassen können, wechseln in diesen Briefen mit rührenden Solidaritätsbekundungen ab. Dumme, von Vorurteilen diktierte Beobachtungen mischen sich mit eigenartigen, ja geradezu verblüffend scharfsinnigen Beobachtungen.

Der »Durchschnittsmensch« hat mir wieder geschrieben, und es ist ihm diesmal nichts besseres als Antwort auf meine Argumente eingefallen, als mich einen Irren zu nennen und mich somit in das Getto »einzuweisen«, in das man die Irren sperrt. Die Dame, die mir vorgeworfen hat, nicht wohltätig zu sein, weil ich ein Gedicht über einen hustenden Arbeiter geschrieben hatte ohne ihm zu helfen, hat sich ebenfalls wieder gemeldet. Sie gibt zu, daß ich richtig geraten habe, als ich eine »elegante Faschistin« in ihr vermutet habe; ein Brief à la Nietzsche, im übrigen ein sehr eleganter Brief usw. usw.

Der wenige Platz, der mir zur Verfügung steht, zwingt mich, ein paar Briefe auszuwählen aus dem unglaublichen Mischmasch von Botschaften, die mich direkt aus den tiefsten Eingeweiden Italiens erreicht haben.

Den ersten Brief, den ich hier veröffentliche, möchte ich nicht weiter kommentieren. Bitte sehr:

(Brief fehlt)

Lieber Freund (anonym, aber irgendwo zuhause, unbekannt, aber leicht durchschaubar) — Sie haben völlig recht. Aber wieso wollen Sie mich zum Heiligen machen? Wenn es mir möglich gewesen wäre, die eingesperrten Faschisten ebenso zu lieben wie andere Gefangene, dann hätte ich einen wundersamen Sieg über mich selbst errungen ... Aber das übersteigt meine irdischen Kräfte. Der Heilige Franziskus hat die Leprösen umarmt, na schön, das kann ich mir ja noch vorstellen. Wenn es sein müßte, dann würde ich auch einen Leprakranken umarmen. Aber Vulgarität ist schlimmer als die Lepra. Die Faschisten sind vor allem vulgäre Personen. Es tut mir leid, mein intelligenter katholischer Freund, aber ich bringe es nicht fertig, meinen Widerwillen vor dieser Vulgarität zu unterdrücken. Wohlverstanden: ich habe schon oft genug geschrieben in allen möglichen Texten, die keiner liest (in Gedichten, theatralischen Manifesten, Notizen, die auch in dieser Kolumne erschienen sind), daß man geradezu eine missionarische Aufgabe in solchen Gesprächen sehen muß: wieviele Zwanzigjährige, die sich für Faschisten halten, könnten nach einer ernsthaften Diskussion mit einem ernsthaften Demokraten ihre Zweifel bekommen? Aber der evangelistische Imperativ, hinter den Faschisten herzulaufen und sie in demokratische Diskussionen zu verwickeln, die ihrem Wesen überhaupt nicht entsprechen, ist ein Imperativ des Gewissens. Wie es dabei mit den Gefühlen steht, ist eine andere Sache. Ihr Vorwurf läuft darauf hinaus, daß ich keine Gefühle habe, bzw. kein Gefühl, das stark genug gewesen wäre (und in der Tat, der erste Irrtum, der daraus resultiert, ist ein ästhetischer Fehler im Sprachgebrauch): ein Vorwurf, ich wiederhole, den ich verdient habe, den ich jedoch, ganz verbohrt, in meinem Fall für unvermeidbar halte.

(Brief fehlt)

Lieber Freund (anonym wie der vorige, aber im Gegensatz dazu unklar und konfus). Lesen Sie die vorangehende Antwort und beachten Sie den Gebrauch des Adjektivs »vulgär«, das ich im Zusammenhang mit den Faschisten gebrauche. Zweifellos entspricht es hier nicht der harmlosen und gängigen Bedeutung des Wortes. Mit ihm verbinde ich eine viel umfassendere, voreingenommenere Bedeutung. Ich bin, wie Sie wissen, Schriftsteller, und »es gehört sich«, daß ein Schriftsteller auch als Schriftsteller gelesen wird. Nun haben Schriftsteller immer eine instinktive und — um es vielleicht komisch auszudrücken — paranoide Art des Sprachgebrauchs. Die literarische Sprache ist ein eigner Jargon. Aber es handelt sich um einen Jargon, der jedem zugänglich ist, der ihn verstehen will. Daher hätten Sie mit ein bißchen gutem Willen verstehen können, daß das Wort »liebenswürdig« bezogen auf den Arbeiter, nicht die übliche und banale Bedeutung hatte, die normalerweise jemand gezollt wird, der im Bus einer Dame Platz macht oder dem Kellner zulächelt, um einen Risotto zu bestellen. »Liebenswürdig« ist genau das Gegenteil von »vulgär«. Vulgarität ist aggressiv, erpresserisch, rechthaberisch, besitzgierig, eingebildet: sie ist Produkt, in diesem speziellen historischen Moment, der bürgerlichen »Subkultur«. Sie haben sicher schon festgestellt, daß ein Arbeiter (auch wenn es Ausnahmen gibt) weder aggressiv noch erpresserisch noch rechthaberisch noch besitzgierig noch eingebildet ist, im Gegenteil, er ist respektvoll, vertrauensvoll, gutmütig, aufmerksam, bescheiden: alles Merkmale einer »liebenswürdigen« Seele, Ausdruck einer Volks»kultur« (die inzwischen leider durch das ideologische Bombardement des Bürgertums teilweise vergiftet worden ist).

Sie sprechen mir das Recht ab, die Arbeiterklasse zu lieben und für sie zu kämpfen (mit den Waffen eines Schriftstellers). Sie sprechen mir das Recht ab, indem Sie erpresserisch argumentieren. Ich gehe aber nicht auf Erpressungen ein und auf diese ganzen Begründungen. Stattdessen will ich versuchen, an Ihr Verantwortungsgefühl zu appellieren. Erstens: Niemand hat das Recht, anderen Leuten etwas vorzurechnen. Sie sind kein Finanzbeamter und ich bin Ihnen keine Steuern schuldig. Zweitens: Wenn Sie schon andern Leuten etwas vorrechnen müssen — das heißt moralisieren wollen —, dann informieren Sie sich wenigstens zuerst, und zwar nicht durch Artikel einer Journalistin, der ihre Zeitung nahegelegt hat, sie solle mich entweder ignorieren oder Negatives über mich schreiben und die wie eine Sklavin gehorcht. Dann, um es ein für allemal klarzustellen: der berühmte Ferrari, um den es geht, ein alter Ferrari Baujahr 1960, ist mir vom Produzenten eines Films, den Lizzani gedreht hat, geschenkt worden; ein Film, in dem ich aus Freundschaft zum Regisseur eine winzige Rolle übernommen hatte. Ich habe den Ferrari so gut wie nie benutzt und ihn kürzlich für eine lächerliche Summe in Zahlung gegeben. Jetzt habe ich einen Alfa Romeo 1750, falls Sie das interessiert. Eine völlig normale Sache also, und es wäre idiotisch, mir deswegen Vorwürfe zu machen. Wie Sie sehen, rechtfertige ich mich auf geradezu demütige Weise, aber leider regnen solche Vorwürfe wie Ihre aus allen Teilen Italiens nur so auf mich herab, als sei ich der einzige Mensch, der ein halbwegs anständiges Appartment und ein Auto besitzt. Alles Dinge, die ich von selbst verdientem Geld gekauft habe. Ich habe nie in meinem Leben einen »Glückstreffer« gehabt. Und was die siebzigtausend oder hundertsiebzigtausend Lire betrifft, die ich Ihrer Meinung nach bereits mit dreißig Jahren verdient habe: *ich habe siebenundzwanzigtausend Lire verdient.* (Knapp 500 Mark; Anm. d. Ü.) Ich habe gearbeitet, ich habe geschrieben. Dann ist mein erster Roman herausgekommen, »Ragazzi di vita«, von dem ich mir nicht einmal im Schlaf hätte träumen lassen, daß er mir irgenwelches Geld einbringen würde. Dennoch habe ich damit Geld gemacht (meine Schuld?), und ich habe die nächsten fünfzehn Jahren weiterhin wie ein Wilder gearbeitet, ohne je Ferien zu machen (*die ersten Ferien meines Lebens* habe ich in diesen Tagen gemacht.) Ich habe Bücher veröffentlicht, habe etwa ein Dutzend Filme gedreht, habe nie eine Soldo mehr besessen, als das, was meine Arbeit auch wert war, im Gegenteil, ich habe immer weniger bekommen, weil ich aus Liebe zur Arbeit gearbeitet habe. Für zwei meiner Filme, »Uccellacci e uccelloni« (Große und kleine Vögel) und »Porcile« (Schweinestall), habe ich keinen Soldo bekommen. Ich habe trotzdem, ohne es zu wollen, einen gewissen Wohlstand erreicht, wie prekär er auch sein mag. Denken Sie nur daran, daß ich in den letzten fünfzehn Jahren etwa fünfzehn Millionen Lire für Rechtsanwälte ausgegeben habe, um mich in absurden und rein politischen Prozessen verteidigen zu können. (Allein diese Prozesse müßten mir das Recht geben, mit den Arbeitern solidarisch zu sein, eine Solidarität, die Sie mir mit einer Unbarmherzigkeit absprechen wie sie nur der moralische Qualunquismus der Italiener rechtfertigen kann.) All das und alles andere, was ich über mein Leben sagen könnte, sage ich nicht Ihnen persönlich, denn Sie verdienen das im Grunde gar nicht, ich sage es mehr, um Spekulationen über einen Teil meines Lebens entgegenzutreten, derentwegen ich ständig auf so ungerechte und dumme Weise beleidigt werde.

(...)

VOLLSTÄNDIGES VERZEICHNIS DER KOLUMNEN

Die nicht veröffentlichten Artikel sind kursiv mit dem italienischen Titel angegeben. Von der deutschen Übersetzung abweichende Titel stehen auf italienisch in Klammer.

Jahrgang XXX, 1968

Warum diese Kolumne?
Nr. 32   6. 8. 1968

Der Fall eines Intellektuellen
Nr. 33   13. 8. 1968

Rassenhaß (Un odio difficile da immaginare)
Nr. 34   20. 8. 1968

Biennale ja — Strega-Preis nein; Il mondo salvato dai ragazzini
Nr. 35   27. 8. 1968

Die Angst gefressen zu werden; Ein unerfreulicher Brief
Nr. 36   3. 9. 1968

Ci scappa il morto (polemische Schilderung der Verhandlungen mit Chiarini in Venedig während des Festivals)
Nr. 37   10. 9. 1968

Che cosa è successo a Venezia (Chronik der Protestaktionen beim Filmfestival in Venedig)
Nr. 38   14. 9. 1968

Brief an den Ministerpräsidenten Leone
Nr. 39   21. 9. 1968

Le critiche del Papa (kritische Anmerkungen zu einem Artikel, der von einer »staatsfeindlichen« Rede des Papstes berichtet; Prophezeihung eines Schismas in der katholischen Kirche)
Nr. 40   28. 9. 1968

Antwort an Leone
Nr. 41   5. 10. 1968

Botta e risposta con Moravia (Diskussion mit Moravia über Literatur und »neues Engagement«)
Nr. 42   12. 10. 1968

Un uomo del futuro (Barmherzigkeit als Tugend eines neuen Christentums); Ist Vietnam aus der Mode gekommen?; Noch einmal zum Thema Braibanti
Nr. 43   19. 10. 1968

Un film straordinario (»Partner« von B. Bertolucci und »I visionari« von Maurizio Ponzi); *Secondo me è razzismo* (Anmerkungen zu den Reaktionen auf eine Inszenierung von Luca Ronconi, »Candelaio«, in der eine Gruppe von Straßendieben mitspielte)
Nr. 44   26. 10. 1968

Warum ich nicht Vater sein will; *Due parole su Nenni* (Bedeutung der Centro-Sinistra-Regierungen für die Studentenbewegung); *I sicari del terrorismo* (Anmerkungen zum Verhalten einiger Altersgenossen Pasolinis der Studentenbewegung gegenüber); *Il rimpianto del codice* (Über Avantgarde und »neues Engagement«)
Nr. 46   9.11.1968

Brief an Silvana Mangano; (Bassani) Geschichte eines Deliriums; *Vecchiaia di un uomo moderno* (Gedichte von Carlo Betocchi)
Nr. 47   16.11.1968

Kleine Dialoge über Film und Theater (mit Ninetto Davoli, Pierre Clementi, Franco Citti)
Nr. 48   23.11.1968

Panagoulis: dieses Mal nicht; Die Reife von Dutschke; *Un certo Ninetto* (heftige Ausfälle gegen den Schreiber eines Artikels, in dem Ninetto Davoli »ein gewisser Ninetto« genannt wird)
Nr. 49   30.11.1968

Tagebuch für einen zum Tode Verurteilten
Nr. 50   7.12.1968

Die Studenten der »Ombre Rosse«; Nachhutgefechte (le »battaglie di avanguardia«)
Nr. 51   14.12.1968

Per una polizia democratica; (Entwaffnung der Polizei); *I contestatori cattolici* (Protestbewegung in der katholischen Kirche); Brief einer Hausfrau
Nr. 52   21.12.1968

Giornalisti, opinioni e TV (Pasolinis Verhältnis zum Fernsehen); Drogen und Kultur (Drogensüchtigkeit der Jugendlichen als Ausdruck von Kulturlosigkeit)
Nr. 53   28.12.1968

Jahrgang XXXI, 1969

Feiertage und Konsumismus; *Le contestazioni »vulgari«* (Studentendemonstrationen vor der Scala in Mailand und in San Remo; Kritik am elitären Verhalten der Studentenbewegung); Warum mir Nino unsympathisch ist; Salvadore und der Fernsehfrieden; Im Stadion hat sich nichts verändert
Nr. 1   4.1.1969

Meine provozierende Unabhängigkeit; *Maestri e studenti* (Verschiedenes Weltbild bei Erwachsenen und Jugendlichen); *Un augurio al lettore* (Pasolini wünscht den Lesern ein geschärftes Bewußtsein für Kultur)
Nr. 2   11.1.1969

Sono di umore molto allegro (über »Teorema«); *Sfido il mio denigratore* (Kritik an einer versteckt abfälligen Äußerung über Pasolinis Homosexualität in den » Quaderni piacentini«); *Benvenuti non serve a nulla* (Brief eines Gastarbeiters, der die Wichtigkeit sportlicher Siege für das Selbstbewußtsein der Arbeitsemigranten in der ausländerfeindlichen Schweiz betont. Pasolini erklärt diese Siege zu »billigen Tröstungen«)
Nr. 4   25.1.1969

La luna »consumata« (Die Leere und zugleich Modernität der Nachrichten über die Mondlandung); Italien, das nicht Italien ist; Comisso, ein reiner Schriftsteller
Nr. 5   1.2.1969

Comisso, Schriftsteller und Mensch; Eine Seite aus Comissos Tagebuch; Krokodilstränen
Nr. 6   8.2.1969

Prag: eine erbarmungslose Freiheit; *Involuzione piccolo-borghese* (sowjetischer Einmarsch in Prag); *Bagdad: stragi brutali* (Hinrichtungen von Jugendlichen im Irak); *Sanremo: povere idiozie* (Protestveranstaltungen während des Festivals); *Accusa di debolezza* (Nachtrag zum Artikel »Sfido il mio denigratore« vom 25.1.)
Nr. 7   15.2..1969

Arpino, Benvenuti e lo sport (Über die gesellschaftliche Bedeutung des Sports; *I »fuori dalla storia«* (Anmerkungen zu der Zeitschrift »Opinioni«); *Rispondo a Pampaloni* (Anmerkungen zu einem Nachruf auf Comisso im »Corriere«; Pasolini betont das Todessüchtige, das Comissos Vitalismus umgibt)
Nr. 8   22.2.1969

Teorema: ich muß meinem Herzen ein wenig Luft machen; Sinnlose und verzweifelte Fragen; Ein Tag in Bologna
Nr. 9   1.3.1969

Don Andrea: ein »geliehenes« Leben; *Parole chiare su Palach* (Antwort auf einen Leserbrief, in dem Pasolini vorgeworfen wird, er diffamiere Palach); *I miei peggiori nemici* (die Radikalen des »L'Espresso«)
Nr. 10   8.3.1969

Fortinis Obsessionen; Auf dem Land mit Soffici
Nr. 11   15.3.1969

Sakrileg; »Italia nostra« wird nichts erreichen
Nr. 12   15.23.1969

Es gibt noch romaneske Leben; Ein Mensch zweiter Klasse
Nr. 13   29.3.1969

Gewissensqualen wegen eines ermordeten Hundes; Ein ungeliebtes Kind; Enttäuschtwerden und Rechthaben; Motoren sind Tabernakel
Nr. 14   5.4.1969

Das Zeremoniell der Gewalt; *I capricci dei poeti* (über Poesie und Eingebung); *Ho sognato un verso* (Reflexionen über einen im Traum »erschienenen« Vers); *Cohn-Bendit si diverte* (Anmerkungen zu einer Diskussion mit Cohn-Bendit)
Nr. 15   12.4.1969

I problemi della chiesa (die katholische Kirche muß ihre jetzige Form negieren, um überleben zu können); *Incontro col Living* (Besuch des Living Theaters in New York)
Nr. 16   19.4.1969

Eine Stunde und fünfzig Minuten von New York; Queens College- 5th Avenue; An den Ufern des Eufrats
Nr. 18   3.5.1969

Große und kleine Ungeheuer; *I pasticcini di Beirut* (über einen israelisch-arabischen Frieden); *La faccia di Merckx* (Sport und Nationalismus); *Donatore di sangue* (Bluttransfusionen und Kampf)
Nr. 19   10. 5. 1969

Die alte Studentenherrlichkeit; *Zefirelli* — *»un azione vile«* (Brief an Franco Zefirelli über Pornografie); *Soldati: commovente scrittore* (Brief an Mario Soldati wegen eines Artikels über die Zeitschrift »Siprauno«); *Repressione e coercizione* (über Erziehungsanstalten)
Nr. 20   17. 5. 1969

Un ragazzo del popolo (Antwort auf einen Brief eines jungen Faschisten) *Uno studente di sinistra* (Antwort auf einen Brief, in dem Pasolini vorgeworfen wird, ein Reaktionär zu sein); *Un giovane conformista* (Polemik gegen die »heiligen Werte des Durchschnittsmenschen); *Incontri al »Giro«* (Kommentar zum Radrennsport) Die Siege von Merckx sind skandalös; *Importanza di un nuovo regista* (»La coppia« von Enzo Siciliano); Pornografie ist langweilig
Nr. 23   7. 6. 1969

L'idea del capro espiatorio (die Idee vom »Sündenbock« taucht in allen Religionen auf); Brief aus Kapadozien; Eine Welt wird zerstört; Als »Arme« kostümiert
Nr. 25   21. 6. 1969

Eine fatale Daseinsweise; Unbehagen (La grande angoscia della festa) Das Kind im Tal (Una rivolta uccisa dall'orgoglio); Ein Gefolge kommt auf uns zu: Es ist die Callas
Nr. 26   28. 6. 1969

Die Studenten der Via Veneto; Die Sträflinge von Parma
Nr. 27   5. 7 1969

Due vicende parallele (Zwiespätigkeit der Sozialistischen Partei); Die andere tödliche Freiheit; Die Rechte des Lebens; Alles ist offen; *Una lettera da leggere* (Anmerkungen zu dem Buch Marco Boatos »Contro la Chiesa di classe« und zum Prozeß um »Simona« von Bataille)
Nr. 29   19. 7. 1969

Caccia neonazista (Kommentar zur politischen Vergangenheit des neuernannten Bischof Defregger); *Fasti autobiografici* (über das posthum veröffentlichte Tagebuch von Loris J. Bodoni); *Aiutare il poeta* (Gedicht eines jungen Lesers mit Pasolinis Kommentar); *Nervosi giovanili* (Kommentar zum Leserbrief eines jungen Manns, der sich isoliert fühlt)
Nr. 30   26. 7. 1969

Ein großes historisches Ereignis; *Una colpa dei vecchi* (Über Humorismus) *Chiedo scusa a Bononi* (Richtigstellung des Artikels »Fasti autobiografici«)
Nr. 32   9. 8. 1969

Prähistorische Spuren; *Svuotare il mare* (über den Leser von »Chaos«); Die Brücke von 1943; *Occhi offesi* (Landschaftsschutz); *La perla* (Die Stadt Kampala)
Nr. 33   16. 8. 1969

La scienza servile (Antwort auf einen Leserbrief über die Beziehung zwischen Wissenschaft und Technik); *Dialogo e recupero* (Antwort auf einen Leserbrief zum Ge-

fangenenproblem); *Qualche lettura* (Pasolini empfielt dem Leser neu erschienene Bücher)
Nr. 35   30. 8. 1969

Mrs. Johnson (Liberty in borghese); *Qualche banalità* (über pornografische Filme); *Dei linciaggi* (Lynchjustiz von Seiten der Presse); *Lo scrittore* (über De Pisis »Il marchesino pittore«)
Nr. 36   6. 9. 1969

Demütigungen; *Un po' di ostrogoto* (Beginn einer Auseinandersetzung mit Moravia über den Film als Zeichensystem; Ausgangspunkt ist die Vielsprachigkeit in Fellinis »Satyricon«); *Un anno fa* (Anmerkungen zu einem Buch von Chiarini über die Filmschau in Venedig)
Nr. 37   13. 9. 1969

Miserie Private (Pasolini wirft den Journalisten ihr Verhalten bei der Besetzung der Filmschau in Venedig vor); *Io, invece...* (Kritik einer Äußerung Fellinis); *Senza gomitate* (Brief an Pestelli über Sicilianos Film »La coppia«); *Dimostrato* (die Angriffe auf »Porcile«); *Citando Brecht* (über die Situation eines ständig Verfolgten); *Un anima piena di grazia* (Brief eines Gefangenen und Antwort Pasolinis)
Nr. 38   20. 9. 1968

Caro Pier Paolo (Antwortbrief Moravia); *Caro Alberto* (Entgegenung Pasolinis); *Borghesi a Parigi* (Bürgertum und Volk in Paris)
Nr. 39   27. 9. 1969

Mehr Herz als Verstand; *Caro Pier Paolo* (Brief Moravias); *Caro Alberto* (Antwort Pasolinis); *Contributi positivi* (Antwort auf einen Brief über die »positiven Werte« der Gefangenen)
Nr. 40   4. 10. 1969

Das Brandmal; *Dall'inferno* (Drei Briefe von Gefangenen)
Nr. 41   11. 10. 1969

Gewissensprüfung; Die dummen Knechte; *La Folla, cos'è?* (Definition des Begriffs »Menge«)
Nr. 42   18. 10. 1969

Pessimismo e sorrisi (Pasolini wirft Arbasino Hochmut der Studentenbewegung gegenüber vor); *Brividi di gelo* (über neue Zensurgesetze); *Del costume* (über das »Schamgefühl«); Die künstlerische Handschrift; *Umanità tip 2* (Reflexionen über ein Interview mit Henry Ford)
Nr. 43   25. 10. 1969

Canzonissima (con rossore) (vernichtende Kritik einer populären Schlagersendung im Fernsehen); *Egocentrici* (Pasolini verteidigt seine linguistischen Arbeiten); *Rubando il mestiere* (Leseempfehlungen)
Nr. 44   1. 11. 1969

Der Husten des Arbeiters; *Lettera sulla spiaggia* (Briefrezension von Maria Antonietta Macciocchis »Lettere dall'interno del PCI a Louis Althusser); *Le verità di Marco* (über die Durchschnittsmenschen)
Nr. 45   8. 11. 1969

Kurze Wut; Jener Scheinwerfer des Motorrads; *Caro Pier Paolo* (Antwortbrief Arbasinos auf die Vorwürfe Pasolinis vom 25.10. Zentraler Gedanke: Jeder
Protest wird sofort vermarktet); *Caro Arbasino* (Erwiderung Pasolinis, in der er
nochmals betont, daß über diese »Tragik« der ständigen Vermarktung nicht »gelächelt« werden dürfe)
Nr. 47   22.11.1969

Allegro Minichiello (Sympathieerklärung für einen jungen Flugzeugentführer, Typ
»ragazzo di vita«); *Sport e canzonette* (die reaktionäre Funktion von Sport; ausge-
hend von einem Ausspruch eines italienischen Fußballtrainers: »Fußball dient im
allgemeinen dazu, ... die Arbeiter ruhig zu halten und die Revolution zu verhindern. So wie Franco das in Spanien mit den Stierkämpfen macht.«); *Sensibilità*
(Freispruchs des Films »L'assoluto naturale«); *Scusa, Pasolini* (Leserbrief über den
gesunden Menschenverstand); Lieber Latoracca
Nr. 48   29.11.1969

La luna in folle (allgemeines Desinteresse am zweiten Mondflug); Handeln und
Denken; *Distensione* (das gemäßigte Verhalten der Presse bei der Wiederaufnahme
des Falls Braibanti); *Undici poesie* (Gedichte von Alberto Raco); Lieber Visconti
Nr. 49   6.12.1969

Peinliche Unschuld; *Il pessimista* (Die Austauschbarkeit des Individuums in einer
neokapitalistischen wie in einer maoistischen Gesellschaft) *Lettera ad Anna
Magnani* (über die Grausamkeit von Schlachtviehtransporten; Vergleich mit den
Gefangenentransporten im 3. Reich);
Nr. 50   13.12.1969

Schauen wir um uns; Seriosität und Fraktionismus; Den Spiegel zerschlagen; Ein
Mord; Der andere Weg
Nr. 51   20.12.1969

Due ingiustizie (Leserbrief, in dem Pasolini u. a. ein »Marxismus eigner Machart«
vorgeworfen wird; Pasolini verteidigt den »verinnerlichten Marxismus« eines
Schriftstellers, der zwangsläufig auch ältere Ideologien und damit »unterdrückte
Alternativen« enthalten müsse); Aktionswut
Nr. 52   27.12.1969

Jahrgang XXXII, 1970

Tanti auguri! (Glückwünsche zum Neuen Jahr an die Gefangenen); *Pensando a De-
bray* (Linksextremismus und religiöses »Revival« in den USA als unterschiedliche
Ausdrucksformen der bürgerlichen Subkultur); *L'uomo distruttore del mondo* (zukünftige Transformationen des Menschen); ... *Casarsa* (Beschreibung eines Dro-
gentraums)
Nr. 1   3.1.1970

Gentile Malagodi; Gentile Ferri (kurze Erwiderungen); *Ai corsivisti* (anonyme
Kommentare über Pasolini und Moravia); Ein Durchschnittsmensch; Lieber
Durchschnittsmensch; *In ugual misura* (zweiter Leserbriefe Latoraccas über die
Durchschnittsmenschen); *Distinzione* (Antwort Pasolinis: Unterscheidung von
Durchschnittsmenschen im Bürgertum und in der Unterschicht)
Nr. 2   10.1.1970

Due lettere (zwei Leserbriefe über das Bombenattentat in Mailand); *Il sottomondo* (kurzer Kommentar Pasolinis, in dem er das Hexenjagdklima gegen die verhafteten Anarchisten zur Diskussion stellt); *Dentro la cultura* (Kritik der avantgardistischen Gruppe 63); *Già fatto* (über die sowjetischen Kulturfunktionäre)
Nr. 3   17.1.1970

Lettera di un'emigrata (eine nach Kanada emigrierte Italienerin drückt ihr Unverständnis über die Streiks und Unruhen in Italien aus); *L'immagine e i problemi* (Pasolini versucht das sehnsüchtige Italienbild der Leserin zu relativieren und die Unruhen und Streiks zu erklären, z.B. als Kampf gegen den Emigrationszwang)
Nr. 4   24.1.1970

ANMERKUNGEN

»Il caos«

Pasolini greift mit der Kolumne »Il caos« den öffentlichen Dialog mit einer breiten Leserschaft wieder auf, den er Anfang der sechziger Jahre mit den Lesern der kommunistischen Wochenzeitschrift »Vie nuove« geführt hatte. Auch dort eine Mischung aus Analyse, Polemik, Geständnissen, Gedichten, Arbeitsprojekten. Im Gegensatz zu »Il caos« bestimmten jedoch überwiegend die Leser durch ihre Briefe die Diskussionsthemen, außerdem war — im Gegensatz zum konturlosen Illustriertenpublikum — ein gemeinsamer Bezugspunkt da: die Partei, der Kommunismus; man war unter sich, der Ton freundschaftlich solidarisch, die Rubrik ein Musterbeispiel für das lehrhafte Wechselverhältnis zwischen Intellektuellen und »fortschrittlichen Massen« im Sinne Gramscis.

Obwohl »Il caos« zunehmend auch zu einer Auseinandersetzung mit Lesern und Schriftstellerkollegen wurde, war es doch nicht als Diskussionsforum konzipiert, sondern als Freiraum, den Pasolini allein und brillant füllen sollte. Im ersten Beitrag deutet er »zynische« Gegenseitigkeit an: Er als Kommunist benutzt ein kapitalistisches Massenblatt, um ein breites Publikum zu erreichen (»Tempo«, eine dem deutschen »Stern« vergleichbare Illustrierte, erreichte nach einer Marktforschungsstudie von 1969 etwa 400 000 Haushalte mit einer geschätzten Leserschaft von 1,6 Millionen); die Illustrierte ihrerseits kündigte Pasolini auf der Titelseite halbseitig als zugkräftigen Namen an »in der Tradition früherer großer Namen« (u. a. Malaparte mit seiner Kolumne »Battibecco« nach dem 2. Weltkrieg oder Quasimodo). Pasolini als kulturelles Glanzlicht, als provokativer Plauderer, als »Hanswurst einer Bourgeoisie, die nach angenehmer Zerstreuung sucht«, wie er im zweiten Beitrag schreibt.

Mit der Entscheidung für dieses letztlich kommerzielle Forum mit seiner ungleich viel größeren Leserschaft als »Vie nuove« bemächtigte sich Pasolini jener Waffe, mit der er seit Jahren bekämpft wurde: der Massenpresse. Die Entscheidung für »Tempo« war nicht nur Bedürfnis nach einem immer breiteren Publikum, wie ihm manche Kritiker vorhielten, sondern auch ein Akt der Selbstverteidigung. Sie gab ihm die Möglichkeit, vor allem in jenen täglichen Kleinkrieg einzugreifen, der seit Jahren mit Diffamierungen, »Enthüllungen«, Anzüglichkeiten und Prozessen gegen ihn geführt worden war.

Noch wichtiger aber als das Eingreifen in diesen Grabenkrieg war die Auseinandersetzung mit zwei Gruppen von »Söhnen« (um es mit Pasolini-Worten zu sagen), die nicht so sehr seine Person, sondern viel tiefgreifender seinen künstlerischen Rang und seine politische Integrität in Frage gestellt hatten: die literarische Neo-Avantgarde (die gehaßten Söhne) und die Studentenbewegung (die letztlich geliebten Söhne). Die Neo-Avantgarde, die sich 1963 als »Gruppe 63« formiert hatte, grenzte sich bei ihrem Einstieg in den Kulturbetrieb scharf gegenüber der bisherigen Elite der realistischen Nachkriegsliteratur ab: die Väter mußten mit Geschrei aus dem Feld geschlagen werden. Schriftsteller wie Moravia, Calvino, Pasolini wurden im Namen einer neuen experimentellen und »strukturellen« Literatur als provinzielle Relikte eines verstaubten, angestrengt engagierten Realismus abgetan; Angriffe, die umso schmerzhafter gewesen sein müssen, da sich die meisten Vertreter der engagierten Nachkriegsliteratur sehr wohl und seit Jahren bewußt waren, in welche Krise die marxistisch orientierte Literatur während des Kalten Krieges und nach der Zerstörung des Stalin- und Sowjetmythos geraten war. Gerade Pasolini hatte in der Literaturzeitschrift »Officina« versucht, einen neuen Avantgarde-Begriff zu definieren, in dem sich Engagement und Realismus, oder wie es Pasolini plastischer formulierte »physische und emotionale Liebe zu den Phänomenen der Welt und intellektuelle Liebe zu ihrem Geist, der Geschichte« mit sprachlicher Freiheit, sprachlichem Experimentieren verbinden sollte. Daß Pasolini in diesem Zusammenhang den jungen Sanguineti, den führenden Kopf der späteren »Gruppe 63«, etwas lehrerhaft brüskiert hatte, war einer der persönlichen Gründe für die jahrelange und zum Teil bösartige und bewußt Verständnis leugnende Polemik zwischen den avantgardistischen »Novissimio« (Titel einer ihrer Anthologien) und dem abschätzig »maestro di vita« titulierten Pasolini.

Da sich 1968 die »Gruppe 63« bereits wieder aufgelöst hatte und Pasolini schon zwei Jahre vorher in einem vernichtenden Aufsatz mit den Neo-Avantgardisten abgerechnet hatte (»Das Ende der Avantgarde« in: »Ketzererfahrungen«), war eine inhaltliche Auseinandersetzung nicht mehr aktuell. Nur noch gelegentliche Seitenhiebe tauchen in der Kolumne auf, und in einem der letzten Artikel (»Im Kulturbetrieb«, nicht in dieser Ausgabe) zieht er Bilanz: »Die 'Gruppe 63' war ursprünglich eine antitraditionelle Bewegung…, die der Geisteshaltung des »Engagements« den Spöttergeist des »Unglaubens« entgegensetzte und daher mit mechanischer Konsequenz »entmystifizieren« mußte. Ich habe nie an solche Entmystifizierung geglaubt. Frivolität kann ja eine durchaus funkelnde Angelegenheit sein, aber nur unter der Bedingung, daß sie nicht literarisch wird. Nun waren die Frivolitäten der Avantgarde aber ausschließlich literarisch. Mit dem Ergebnis, daß auch nicht ein einziges gutes Buch dabei herausgekommen ist.«

Dennoch wählt Pasolini (bewußt unbewußt) als Titel für die Kolumne einen der zentralen Begriffe der neuen Avantgarde: »Chaos«, Inbegriff einer normensprengenden Literatur, die aus einem sprachlichen und gedanklichen »Wirrwarr« ein schöpferisch assoziatives Bedeutungsgeflecht entwickelt. Ein sprachliches, inhaltliches und möglicherweise auch typographisches »Chaos«, das nach Pasolini jedoch keine Erweiterung der literarischen Möglichkeiten brachte, sondern nur völlige Beliebigkeit, deren einziger Inhalt darin bestand, Literatur als Literatur zu bestätigen und letztlich Widerspiegelung einer vereinheitlichten grauen Industrie- und Konsumwelt zu sein. »Der Sturz des Engagements … hat das Problematische insgesamt mit sich gerissen: den Protest, das aufbegehrende Individuum, das Abnorme, das Andersartige.« (»Ende der Avantgarde«)

Pasolini greift den zentralen Begriff »Chaos« auf, praktiziert ihn auch im formalen Sinne als Sprengung von herkömmlichen Literaturformen, indem er Kommentare, Briefe, Verse, Reisebilder, Dialoge usw. zu einer mehrschichtigen Collage verbindet, die seinen Gedichten verwandter ist als den linguistischen Essays oder den späteren Polemiken, verbindet aber das poetische Sammelsurium mit der angeblich überholten Möglichkeit des Engagements: dem Eintreten für eine neue basisdemokratische Gesellschaft, der Parteinahme für das Emarginierte, der kulturellen »Erziehung« des Lesers. »Il caos« ist somit praktisches Lehrstück gegen die Avantgarde.

Ebenso wichtig wie die Demonstration eines »chaotischen« Engagements scheint die Evokation von Realität zu sein. Nicht nur gesellschaftlicher Realität (was die Kolumne als facettenreiches Abbild auch ist), sondern der Realität des Autors, seiner »pragmatischen« Präsenz. »Was erfahre ich *über den Autor?* Gar nichts. Oder genauer gesagt, ich erfahre nur, daß es sich um einen Literaten handelt«, schreibt Pasolini im »Ende der Avantgarde« über den neo-avantgardistischen Schriftsteller. »Il caos« ist auch hier Gegendemonstration: der Text »verkörpert« den Autor so sehr, daß ihn der Leser – in einem sinnlich-mystischen Vorgang – »einverleiben« kann und somit ein »demokratischer Akt der Wahrheit« stattfindet.

Selten hat sich Pasolini offener und öffentlicher präsentiert als in dieser Kolumne. Er verzichtet auf Stilisierungen, die ihm so sehr lagen – die »katholische Nachtigall«, der »sokratische« Genosse, der Freibeuter, Ketzer, Paulus – er verzichtet auf die Autorität des Experten und Künstlers. Viele Beiträge sind »hingeschrieben«, manches ist – wenn auch zweifellos nicht dumm wie im ersten Artikel angekündigt – so doch banal, alltäglich, von der Alltäglichkeit eines zufälligen Gesprächs, oft launenhaft, widersprüchlich, tastend, Gedankengeflecht aus Bildern, Reflexionen, Erinnerungen, Träumen, Assoziationen, aus dem sich der Diskurs über die Vernichtung einer alten und vielfältigen Welt entwickelt.

Widersprüchlich ist besonders die Auseinandersetzung mit der Studentenbewegung. Pasolini polemisiert gegen sie und identifiziert sich zugleich mit einem ihrer Hauptziele, dem Angriff auf alle falsche, offizielle, »terrorisierende« Autorität. Auch hier greift er den zentralen Begriff einer Bewegung auf – *gegen den Terror* aller Autorität –, um ihn gegen die Bewegung selber zu richten, gegen den Rigorismus und Pietismus der studentischen Linken und ihrer Anhänger, gegen den verbalen Terror, dessen Opfer er selbst wenige Monate zuvor geworden war nach der Veröffentlichung des Gedichtes »Die KPI an die Jugend!!!« (Pasolini beschreibt die Hetzkampagne in dem Artikel »Die alte Studentenherrlichkeit«; das Gedicht ist in »Ketzererfahrungen«, Hanser-Verlag, nachzulesen). Die Erbarmungslosigkeit, mit der er zum Reaktionär, zur Unperson, die keines weiteren Dialogs mehr würdig ist, erklärt worden war, schien ihm nur eine neue Spielart dessen zu sein, was er »Lagermentalität« nannte: ein gnadenloses Ausgrenzen des »Anderen«, wie es Klerikalismus und Faschismus vorexerziert hatten. In einem Artikel über die Zukunft der katholischen Kirche (nicht in dieser Ausgabe) definiert er – zweifellos nicht in soziologischen Kategorien – diesen »Linksfaschismus«: »Im ersten Brief an die Korinther steht dieser wunderbare Satz (nicht alles bei Paulus ist wunderbar: nicht selten spricht auch der Pfaffe, der Pharisäer aus ihm): »Nun aber bleibt Glaube, Liebe, Hoffnung, diese drei; aber die Liebe ist die größte unter ihnen.«

Die Liebe, diese – im Gegensatz zum Glauben und zur Hoffnung, die so klar und in aller Munde sind – mysteriöse und vernachläßigte »Sache«, ist für den Glauben und die Hoffnung unabdingbar. Denn Liebe ist auch allein denkbar; Glaube und Hoffnung dagegen sind ohne die Liebe undenkbar; ja nicht nur undenkbar, sondern *monströs.* Der Glaube und die Hoffnung der Nazis (also eines ganzen Volkes) waren Glaube und Hoffnung ohne Liebe. Das gleiche gilt für die klerikale Kirche.

Die Macht – jede Macht – braucht das Alibi des Glaubens und der Hoffnung. Das Alibi der Liebe braucht sie nicht.

Die Gewohnheit, ohne Liebe zu glauben und zu hoffen, ist eine Gewohnheit, die man sehr schwer los wird. Wieviele Katholiken, die Kommunisten werden, nehmen den Glauben und die Hoffnung mit und vergessen die Liebe, ohne sich dessen überhaupt bewußt zu werden. So entsteht der Linksfaschismus.«

Pasolini wollte diesen »Linksfaschismus« diskutieren und klären: Ist der sakrilegische Umgang mit der Vergangenheit z. B. ein Sakrileg der Rechten oder Linken? Wo schlägt Fortschrittlichkeit in pietistisches Eiferertum, in drogenartigen Aktionismus, in pure Gewalttätigkeit um? Pasolini kreist um diese Fragen, gibt Beispiele, beschreibt Situationen, die diese Fragen provozieren, findet aber noch nicht zu den scharfen thesenartigen Antworten wie in den späteren Aufsätzen. Die Kolumne ist magmatische Vorform der »Freibeuter«-Attacken: Bilder von antiken Landschaften, zerstörten Landschaften, Beschreibungen von Jugendlichen, ihrem Verhalten, ihren Physiognomien, von verbaler und körperlicher Sprache.

Auffallend dabei ist, daß Pasolini wichtige Ereignisse der Jahre 1968/69 fast ganz ausklammert. So kehrt er z. B. immer wieder zum Fall Lavorini zurück, der zwar ungeheures Aufsehen erregt hatte und gerade deshalb symptomatisch für die italienische Mentalität gewesen sein mag, innenpolitisch aber keinerlei Bedeutung hatte, während er die großen Arbeitskämpfe, die Italien nicht nur in eine von vielen Regierungskrisen, sondern in eine grundsätzliche Systemkrise trieben, fast unerwähnt läßt. Wonach richtete sich die Themenwahl?

Manche Ereignisse mögen aus einem simplen organisatorischen Grund unerwähnt geblieben sein: Pasolini mußte die Beiträge vierzehn Tage vor Erscheinen der Kolumne abliefern, was aktuelle Kommentare von vornherein ausschloß. Bei anderen Themen mag ihm der Rahmen unangemessen erschienen sein, so z. B. bei dem Bombenattentat von Mailand im Dezember 1969, bei dem achtzehn Menschen ums Leben kamen. Pasolini schrieb unmittelbar nach dem Attentat aus der ersten Erschütterung heraus eine lange Elegie (»Patmos«, später in dem Gedichtband »Trasumanar ed organizzar«), die im selben Monat noch in »Nuovi Argomenti« erschien. Bei den Arbeitskämpfen war es dagegen ehrliches Eingeständnis der Inkompetenz: »Von den großen Fotografien der Arbeiterdemonstrationen in Rom lasse ich mich nicht bewegen; das sind Dinge, die nur bewegen, wenn man selbst dabei ist, und über die man entweder wirklich erhabene Dinge schreiben oder den Mund halten sollte.« (»Seriosität und Fraktionismus«)

»Il caos« ist nicht, wie es zuerst den Anschein haben mag, eine subjektive Chronik der Ereignisse von 1968/69, sondern Pasolinis Grundthemen, die sein Werk leitmotivisch von Anfang an bestimmten, formen sich als Chronik aus: die Welt als Dualismus von väterlichem und mütterlichem Prinzip — Rebellion gegen »väterliche« Gewalt, Sehnsucht nach Zeitlosigkeit, z. B. im Weiterleben der Geschichte in der Gegenwart —, das Beharren auf sinnlicher Erfahrung als einzigem Zugang zur Wirklichkeit.

Daher tauchen in den Kolumnen nur Themen auf, die Pasolini widerspiegeln, die auf eigener Erfahrung beruhen: das »Andersartige«, das immer in Gefahr ist, kriminalisiert oder zerstört zu werden (Braibanti, die Jugendlichen aus Viareggio, »abartige« Menschen, aber auch das Historische und Patikolaristische); gezeichnete, zwiespältige Menschen (Don Andrea, Silvana Mangano, die »Helden« Bassanis); der »Terrorismus« der Macht, auch in seinen verdeckten Formen, in der Studentenbewegung z. B., aber ebenso als sich allmählich abzeichnender »Staatsterrorismus«, der mit Repressionen, Gesetzesänderungen und möglicherweise auch Terrorakten, d. h. mit der »Strategie der Spannung«, versuchte, die auf Systemän-derung zielenden Kämpfe der Studenten und Arbeiter einzuschüchtern und zu isolieren. So bezweifelt Pasolini spontan die angeblich anarchistisch-linksextremistische Urheberschaft des Bombenattentats von Mailand: »Es genügt in Italien angeklagt zu werden, um auch als schuldig zu gelten«, schreibt er am 17. 1. 1970.

An diesem Punkt wird Pasolini unbequem. Ein Artikel, in dem er der Regierung Saragat fragwürdige Neutralität gegenüber Extremismus von links und rechts vorwirft, wird nicht mehr veröffentlicht. Ebensowenig die Auseinandersetzung mit neofaschistischen Angriffen auf seine Person. Pasolini kündigt deshalb seiner regelmäßige Mitarbeit auf und veröffentlicht in den folgenden Jahren nur noch sporadisch literaturkritische Aufsätze in »Tempo« (die er später in die »Scritti corsari«, die »Freibeuterschriften« aufnimmt).

Prozesse

Das »Weißbuch« über seine Prozesse (»eines der komischsten Bücher, das je zum italienischen Zeitgeschehen veröffentlicht worden ist«), das Pasolini im letzten, nicht veröffentlichten Beitrag ankündigt, ist nach seinem Tod von der Schauspielerin Laura Betti zusammengestellt und herausgegeben worden: »Pasolini: cronaca giudiziaria, persecuzione, morte«, Garzanti 1977. In mehreren Beiträgen rekonstruieren die Autoren des Buches die Hetzkampagnen, die über drei Jahrzehnte hinweg das Klima einer »Lynchjustiz« geschaffen haben, das nach Meinung der Autoren zwangsläufig zur »Exekution« Pasolinis führen mußte. Vor allem dokumentiert das Buch die fast dreißig Prozesse mit Hunderten von Gerichtsterminen, in denen sich Pasolini verteidigen mußte. Mehrfach wurde er in der ersten Instanz verurteilt, so z. B. im »Ricotta«-Prozeß zu vier Monaten Gefängnis, in der zweiten Instanz aber immer freigesprochen.

Kaum ein Film gelangte ohne zeitweiliges Verbot in die Kinos. Meist waren es Privatpersonen, die Anzeige erstatteten, weil angeblich ihr Schamgefühl verletzt war. So wurde »Decamerone« von 154 Bürgern angezeigt und viermal beschlagnahmt. »1001 Nacht« wurde von einer Hausfrau angezeigt, bevor der Film überhaupt angelaufen war.

1968 und 1969 finden vier Prozesse statt: im November 1968 beginnt die Verhandlung gegen »Teorema« wegen der obligaten »Verletzung des allgemeinen Schamempfindens«. Freispruch noch im selben Monat; die Freigabe verzögert sich allerdings.

Im Februar findet ein besonders absurder Prozeß statt: Pasolini ist angeklagt, sein Auto an einen jungen Mann ohne Führerschein weitergegeben zu haben. In Wirklichkeit hatte der junge Mann (der tatsächlich keinen Führerschein besaß) an einer Tankstelle in der Abwesenheit des Fahrers das Auto nur ein paar Meter zurückgesetzt, weil ihn der Tankwart dazu aufgefordert hatte. Dabei wurde er verhaftet. Da dieser Vorfall offensichtlich eine Falle war, ist verständlich, warum sich Pasolini zunehmend für das Opfer einer obskuren Verschwörung, z. B. irgendeiner faschistischen Gruppierung im Staatsapparat, hielt (eine Vermutung, die auch im Zusammenhang mit seiner Ermordung immer wieder auftaucht).

Im gleichen Jahr beginnt ein Prozeß, der sich jahrelang hinziehen wird: bei den Dreharbeiten zu »Porcile« sollen ein paar Hunde, die in dem Film mitgespielt hatten, ausgehungert 50 Schafe gerissen haben. 1973 wird die Klage endgültig abgewiesen.

Im Herbst findet der Prozeß wegen »Besetzung des Kinopalastes« gegen Pasolini und fünf weitere Mitglieder der Anac statt. Freispruch im Oktober.

spektakulärer Homosexuellenprozeß im Jahre 1969 gegen den Literaten Aldo Braibanti, dessen Leben und Persönlichkeit Parallelen zu Pasolini aufweisen.

Aldo Braibanti, geb. 1918, Widerstandskämpfer, Kommunist, nach dem Krieg Leiter einer kommunistischen Jugendgruppe, Schriftsteller, Literaturwissenschaftler, Ameisenforscher, Keramiker, Einzelgänger ohne große Kontakte zum Kulturbetrieb, lebt seit 1959 in einem mittelalterlichen Turm in einem kleinen Dorf (Prov. Piacenza) als Philosoph mit einem Kreis von »jungen Ästheten«. 1966 wird Braibanti verhaftet, da der Vater eines jungen Mannes Anzeige wegen angeblicher Entführung und Verführung seines Sohnes erstattet hat. Der Sohn war als 18jähriger Gymnasiast von zuhause weggelaufen und zu Braibanti gezogen. Nach zwei Jahren spürt ihn die Familie auf und findet ihn in einem Zustand »völliger seelischer und körperlicher Erschöpfung«, was jedoch — wie der Prozeß zeigen wird — wenig mit seiner Beziehung zu Braibanti zu tun hatte, sondern Folge einer psychotischen Veranlagung war. Nach zwei Jahren trifft der junge Mann Braibanti wieder, die Beziehung lebt neu auf, worauf die Familie den Jungen in eine psychiatrische Anstalt steckt, wo er mit Elektroschocks und Insulin behandelt wird. Gleichzeitig erstattet der Vater Anzeige; ein zweiter junger Mann, verheiratet, der Anfang der sechziger Jahre eine kurze Beziehung mit Braibanti hatte, schließt sich der Anzeige an.

Da es im ital. Strafgesetzbuch keinen Paragraphen gibt, der Homosexualität unter Strafe stellt (entsprechende Paragraphen gibt es nur im ital. Militärgesetz) griff die Anklage auf ein seit 1939 (nach anderen Angaben seit der Jahrhundertwende) nicht mehr angewandtes Gesetz zurück, den »plagio«-Paragraphen, der die »Hörigmachung« bzw. »Versklavung« eines anderen Menschen unter Strafe stellt. Braibanti wurde angeklagt, seine Zöglinge in einen »Zustand völliger körperlicher und seelischer Unterwerfung« gebracht zu haben.

Trotz widersprüchlicher und fragwürdiger Zeugenaussagen, trotz einer Vielzahl von Aussagen und Gutachten zugunsten Braibantis, trotz öffentlicher Proteste wird Braibanti im Juli 1969 nach zwei Jahren Untersuchungshaft zu neun Jahren Gefängnis verurteilt (die Staatsanwaltschaft hatte vierzehn Jahre (!) gefordert, denn das Urteil sollte laut Staatsanwalt »beispielhaft und von hohem sozialen Wert sein«). Der Prozeß wird im Herbst wegen Formfehler und vor allem wegen einer mangelnden Definition des Begriffs »plagio« neu aufgenommen, das Urteil auf vier Jahre reduziert, die durch die Untersuchungshaft für abgegolten erklärt werden. Im Dezember 1969 kommt Braibanti frei.

In der Prozeßberichterstattung taucht stereotyp — wie auch im Fall Lavorini — das Attribut »squallido«, d. h. elend, trostlos, zugleich abstoßend, schmutzig und verkommen auf (squallida storia, squallido ambiente), offenbar als Synonym für homosexuell. Das erklärt die heftige Antwort Pasolinis auf den Brief des »Durchschnittsmenschen«, indem er behauptet, er habe den Ausdruck »verkommenes Milieu« (im Latoracca-Brief) mit bitterer Ironie gebraucht, was beim ersten Lesen nicht unbedingt erkennbar wird.

Fall Lavorini –

Kindermord, der 1969 monatelang Schlagzeilen machte, da er aus einem Konglomerat skandalträchtiger Faktoren bestand: Kidnapping, Homosexualität, Drogen, Kinderkriminalität, Halbwelt, Selbstmord.

Ermanno Lavorini, ein zwölfjähriger Junge aus Viareggio, kehrt am 31. 1. 1969 nicht nach Hause zurück; am selben Tag melden sich angebliche Entführer und verlangen ein Lösegeld von 15 Millionen Lire. Am 9. März wird die Leiche des Jungen am Strand in der Nähe von Viareggio gefunden, Untersuchungen ergeben, daß er kurz nach seinem Verschwinden getötet worden ist. Zuerst gilt der Mord als Tat eines Geistesgestörten, eines »Monsters«, am 21. 4. erklärt aber ein siebzehnjähriger Junge aus dem Freundeskreis Ermannos, er habe ihn unabsichtlich im Streit getötet und danach mit Hilfe seines Vaters eine Entführung vorgetäuscht. Der Vater streitet alles ab. Wenige Tage später gesteht einer der zwei weiteren am »Streit« beteiligten Jungen, ein Dreizehnjähriger, daß Ermanno sich gegen eine homosexuelle Annäherung gewehrt habe und dabei getötet worden sei. Da die Jugendlichen – sei es aus Wichtigtuerei, sei es um andere zu schützen oder zu erpressen – ständig neue Angaben machen, verdichtet sich der Verdacht, daß Erwachsene an der Affaire beteiligt sind und daß Ermanno möglicherweise bei einer »Drogenparty« ums Leben gekommen sei. Wochenlang beschäftigen Spekulationen um eine »Maxiorgie« (mit Erwachsenen) bzw. eine »Miniorgie« (nur Jugendliche) die Zeitungen. Die drei Jungen werden dabei zum Inbegriff der Verderbtheit hochstilisiert. Vor allem aber herrscht allgemeine Spannung, ob nicht endlich prominente Namen ins Spiel kommen würden. Der Verdacht konzentriert sich dann auf einen (wahrscheinlich) homosexuellen Restaurantbesitzer, der im Juni im Untersuchungsgefängnis an den Folgen eines Selbstmordversuchs stirbt. Nach seinem Tod verlaufen die Untersuchungen nach einigen Monaten im Sand.

Das Mädchen von Asti –

Maria Teresa Novara, eine vierzehnjährige Schülerin aus Asti, verschwindet im Dezember 1968 und wird nach fünf Monaten verhungert in einem Keller gefunden. Der Besitzer des Kellers, ein Einbrecher, ist zehn Tage vorher auf der Flucht vor der Polizei im Po ertrunken. Der Fall macht kurze Zeit ähnlich wie der Fall Lavorini Schlagzeilen, einmal weil Teresa wie Ermanno mit der Aura der gemordeten Unschuld umgeben werden kann (was auch für den Fall Annarumma gilt), zum andern weil vorübergehend ebenfalls Verbindungen zur Halbwelt und zur Prominenz vermutet werden.

Gefängnisrevolten

Die Unruhen in Universitäten und Großunternehmen griffen ab 1968 auch auf die Gefängnisse über und äußerten sich zwischen 1969 und 1973 in immer wieder aufflammenden Revolten. Im April 1969 brechen innerhalb weniger Tage in fast allen größeren italienischen Gefängnissen Aufstände aus. Äußerer Anlaß ist die erneute Verzögerung der überfälligen Reform der Strafgesetze und der Gefängnisordnung.

Allein in Mailand sind 1300 Gefangene im Aufstand, das Gefängnis San Vittorio wird zu achtzig Prozent zerstört, 40 Personen werden verletzt.

Die Gefangenenbewegung, bei der »Lotta continua« eine wichtige politische und organisatorische Rolle spielte, erkämpfte u. a. eine Liberalisierung des Gefängnisalltags und die Abschaffung folterartiger Verhörpraktiken in den Polizeipräsidien; sie formulierte ein Kampfprogramm, das letztlich auf die Abschaffung der herkömmlichen Gefängnisse hinauslief. Der Druck verschärfter Gesetze zur »inneren Sicherheit« (»Legge Reale«) Mitte der siebziger Jahre trug mit dazu bei, daß sich die Gefangenenbewegung auflöste. (Vgl. dazu: Guido Viale, Die Träume liegen wieder auf der Straße, Wagenbach-Verlag, 1979,)

Film-Biennale

Nach dem Pariser Mai 1968 gerieten auch in Italien etablierte Kulturveranstaltungen wie Literaturpreis-Verleihungen und Festivals ins Schußfeld der Kritik. Hauptangriffsziel beim Biennale-Filmfestival war das »autoritäre Regime« des Festivalleiters Luigi Chiarini, der (u. a. von Pasolini) zur Symbolfigur der »faschistischen Festivalstruktur« stilisiert wurde. (Das Festival existierte seit 1932 und Chiarini hatte noch unter dem Faschismus die römische Filmhochschule, das »Centro sperimentale« gegründet, von daher also Ansatzpunkte für einen Faschismusvorwurf, der aber insgesamt sicher nicht auf den linksliberalen Chiarini zutraf). Die Anac, der Verband italienischer Filmautoren, wollte zuerst das Festival boykottieren, beschloß dann aber, als Chiarini zugesichert hatte, daß keine Preise verliehen würden und keine Polizei beim Festival anwesend sein werde, eine »friedliche Arbeitsbesetzung« mit dem Ziel, die »Mostra«, die Filmschau innerhalb der Biennale, neu zu strukturieren. Der Beginn der »Mostra« wurde verschoben, stattdessen diskutierten verschiedene Gruppen (Regisseure, Studenten, politische Gruppierungen) mögliche Modelle eines selbstverwalteten Festivals. Die »Besetzer« einigten sich zuletzt mit Chiarini und den Vertretern der Stadt Venedig, in Zukunft den organisatorischen Teil des Festivals der Kommune zu überlassen und den kulturellen Teil einem direkt von den Filmemachern zu wählenden Komitee. Wer dafür verantwortlich war, daß es nach dieser friedlichen Lösung doch noch einen brutalen Polizeieinsatz gab, ist nicht eindeutig. Jedenfalls wurde vermutet, daß das Auftauchen eines hohen christdemokratischen Kulturfunktionärs in Venedig in unmittelbarem Zusammenhang mit dem Eingreifen der Polizei stand: als die Versammlung der Besetzer versuchte, sich mit einer gleichzeitig stattfindenden Versammlung von Journalisten zu einer gemeinsamen Diskussion im Filmpalast zu treffen, griff die wartende Polizei ein (unter dem Vorwand, die vereinbarte Versammlungsdauer bis 23 Uhr sei überschritten) und begann den Kinopalast zu räumen. Die Journalisten mußten den Saal verlassen und die »Besetzer« wurden teilweise mit Gewalt herausgeschleppt und draußen wartenden einheimischen und angereisten Faschisten buchstäblich in die Arme geworfen. Sechs Regisseure der Anac, darunter Pasolini und Zavattini, wurden später wegen »widerrechtlicher Besetzung« des Filmpalasts angeklagt, allerdings dann von der Anklage freigesprochen. Nach weiteren Verhandlungen und dem Rücktritt Chiarinis konnte zwei Tage später die »Mostra« doch noch beginnen. Auch im folgenden Jahr fand sie noch einmal statt, aber das Fehlen eines verbindlichen neuen Konzepts und finanzielle Schwierigkeiten führten dazu, daß in den folgenden Jahren nur noch in kleinem kommunalem Rahmen Filme gezeigt werden konnten. Erst seit 1979 ist die Biennale wieder internationales Filmfestival, heute unter der Leitung des Regisseurs Carlo Lizzani.

Pasolini berichtete in seinen Kolumnen vom 10. 9. und 14. 9. 1968 ausführlich von den Vorfällen, vor allem von einem Treffen mit Chiarini, bei dem Pasolini und der Regisseur Pontecorvo versucht hatten, unter Freunden eine friedliche Lösung zu finden, um auf jeden Fall Polizeieinsätze zu verhindern. Die Antwort Leones auf Pasolinis Offenen Brief wird am 28. 9. in der Leserbriefrubrik veröffentlicht. Sie läuft darauf hinaus, Pasolini in allen Punkten höflich aber unmißverständlich zu widersprechen: es habe kein Eingreifen der Regierung gegeben, keine Gewalttätigkeiten von Seiten der Polizei, er selber, Leone, sei kein Anhänger einer zentralistischen Staatsmacht. Im übrigen suche die Regierung den »offenen und demokratischen Dialog« mit allen Gruppen über einen neuen Gesetzesentwurf für eine sogenannte »kleine Universitätsreform«. Zuletzt kehrt er den Vorwurf des Linksfaschismus gegen Pasolini selbst: »Haben nicht Sie irgendwann (oder sollten Sie das bereits vergessen haben?) von einer faschistischen Haltung gesprochen, die die Linke charakterisieren könne? Wie dem auch sei, arbeiten wir alle gemeinsam daran, Gewaltinstinkte und Gewaltanwendung, von welcher Seite sie auch immer kommen mögen, zu verhindern.«

VERZEICHNIS DER ABKÜRZUNGEN, NAMEN UND BEGRIFFE

Anac — Associazione nazionale autori cinematografici — linksgerichteter Verband italienischer Filmautoren.

Annarumma, Antonio — 22jähr. Polizist aus Süditalien, der am 19. 11. 69 in Mailand bei einer Demonstration erschlagen wurde, wahrscheinlich von Linksextremisten. Der Fall, der ungeheures Aufsehen erregte, bereitete u. a. das Klima vor, das nach dem Bombenattentat von Mailand im Dezember sofort linksextremistische Täter vermuten ließ.

Don *Andrea* Carraro — geb. 1924, kath. Priester, bei der Stiftung Pro Civitate Christiana (kath. Verlagshaus) in Assisi tätig; beriet Pasolini als theologischer Experte bei zwei Drehbüchern und bei der Wahl der Drehorte (»Matthäus-Evangelium«, »Große und kleine Vögel«); 1964 gemeinsame Reise nach Israel auf der Suche nach Drehorten. Pasolini dokumentierte die Reise in dem 55-Minuten Film »Sopraluoghi in Palestina per Il Vangelo Secondo«, außerdem beschrieb er die Reise mit Don Andrea in dem Gedicht »L'alba meridionale« in »Poesia in forma die rosa«, 1964.

Basaglia, Franco — 1924–1980 Direktor der Psychiatrischen Anstalt von Gorizia bei Triest; Begründer der ital. »Antipsychiatrie« die versucht, Geisteskranke durch Reintegration in die Gesellschaft zu heilen.

Bassani, Giorgio — geb. 1916, entstammt dem jüdischen Bürgertum Ferraras. Die gesellschaftliche Diskriminierung durch die Rassengesetze von 1938 prägten seine Thematik: Isolation und Angst als immer wiederkehrende Grundthemen. Die ästhetische Sprache und bürgerliche Gebrochenheit seiner Romane und Erzählungen sind typischer Ausdruck der Gegenbewegung zum Neorealismus mit seinem politischen Optimismus und seiner teilweise sprachlichen Unbekümmertheit. Werke: »I giardini dei Finzi Contini«, 1962 (dt. Die Gärten der Finzi Contini), L'airone, 1969 (dt. Der Reiher) u. a.

Battipaglia — kleiner Industrieort in der Provinz Salerno. Im April 1969 entwickelte sich aus dem Protestmarsch (hauptsächlich Frauen) gegen die Schließung einer Tabakfabrik ein mehrtägiger Aufstand, in dessen Verlauf geplündert, die Eisenbahn blockiert und das Rathaus angezündet wurde. Zwei Menschen kamen ums Leben. Ursache für die Revolte war die rapide Industrialisierung, die in den Zentren der landwirtschaftlichen Industrie durch Rationalisierungen die Arbeitslosigkeit stark erhöhte: In Battipaglia waren von 25 000 Einwohnern 3 000 arbeitslos.

Benvenuti, Nino — Boxkämpfer; kämpfte 1969 um die Weltmeisterschaft

Il Borghese — profaschistische Zeitschrift

Bovaristen — nach Flauberts »Madame Bovary«; Ausdruck für eine Geisteshaltung, in der sich Verachtung des Provinziellen mit Wunschträumen vermischt. Wahrscheinlich auch Wortspiel mit dem ähnlich klingenden »bovaro« (Ochsenhirt).

Canzonissima — populäre Schlagersendung im Fernsehen

Civitas Dei – »Stadt Gottes«; Titel eines der Hauptwerke des Hl. Augustins und Zentralbegriff seiner Geschichtstheologie. Mischung aus Paradies- und Kirchenvorstellung.

Codice Rocco – ital. Strafgesetzbuch, (nach seinem Verfasser dem Strafrechtler Rocco benannt) aus dem Jahre 1931, das mit einigen Änderungen, z. B. der Abschaffung der Todesstrafe, bis heute in Kraft ist. In den letzten zwölf Jahren kämpfte vor allem die Radikale Partei (die den deutschen Alternativen vergleichbar ist) für die Streichung oder Modfizierung einzelner Gesetze, z. B. der Scheidungs- und Abtreibungsgesetze. Gegen Pasolini wurden vor allem die Paragraphen »Verunglimpfung der Symbole der Staatsreligion« (»Ricotta«-Prozeß) und »Verletzung des allg. Schamempfindens« (»Teorema«, »Decamerone« u. a.) eingesetzt.

Comisso, Giovanni – 1895–1969, Erzähler und Journalist. Fast alle Werke sind autobiografisch gefärbt: Tagebücher, Reise- und Landschaftsbilder, Romane. Sicher hat Pasolini, der Comisso auch in den »Scritti corsari« (Freibeuterschriften) eine lange Besprechung widmete, in Comissos »Intimität mit dem großen warmen Körper der Existenz« (Scritti corsari) eine Parallele zu seiner eigenen Lebenshaltung gesehen. Werke: »I due compagni« 1934, »Capricci italiani« 1952, »Viaggi felici« 1966, »Diario 1951–1964«

Dolci, Danilo – geb. 1924, Soziologe, Schriftsteller und Dichter, der seit den frühen fünfziger Jahren in Sizilien durch Methoden des gewaltfreien Kampfes (Hungerstreik, Prozesse, Publikationen, vorbildliche Einrichtungen wie Kooperativen und selbstverwaltete Kultur- und Bildungszentren) für eine Verbesserung der sozialen Lage Siziliens und gegen die brutale Verbindung von Mafia und Christdemokraten kämpfte. Später auch Organisator großer Massenveranstaltungen z. B. gegen Vietnamkrieg 1968, antifaschistischer Monat 1971. Werke: u. a. »Chi gioca solo«, 1966, »Poema umana«, 1973 (dt. Der Menschen Gedicht)

L'Espresso – Wochenzeitschrift, der ital. »Spiegel«

Don Ferrante – Figur aus Manzonis Roman »I promessi sposi«; Karikatur des verdrehten, wirklichkeitsfremden Gelehrten.

Fortini, Franco – geb. 1917, Dichter, Literaturkritiker, Übersetzer, einer der bedeutendsten ital. Essayisten. Prototyp des engagierten linken Intellektuellen, wie er aus Resistenza und Nachkriegsengagement hervorging. Mitarbeiter bei Vittorinis »Politecnico«, bei »Avanti«, »Officina« und »Nuovi argomenti«. Während der Studentenbewegung einer der schärfsten Kritiker pasolinis in seinem Freundeskreis. Werke: u. a. »Una volte per sempre«, 1963, »Questioni di froniera«, 1977

Il Giorno – liberale Tageszeitung aus Mailand

Jouhandeau, Marcel – geb. 1888, franz. Romancier und Essayist, dessen autobiograf. gefärbten, ironischen Schilderungen des Alltagslebens Anklage des bürgerlichen Lebens sind und sich mit einer mythischen Erlösungssehnsucht verbinden.

Lotta continua – außerparlamentarische Gruppe, die während der Studentenbewegung entstand und bis 1979 eine gleichnamige Zeitung, zuerst als Wochen-, ab 1972 als Tageszeitung herausgab.

Leopardi, Giacomo — 1798–1837. Bedeutendster ital. Lyriker und Essayist des 19. Jahrhunderts. Immer wiederkehrendes Thema seiner Gedichte sind Zweifel und Hoffnungslosigkeit des Individuums, das nur in der Erinnerung oder in einem mutigen Standhalten Sinn findet.

de Martino, Ernesto — 1908–1965, ital. Ethnologe, Arbeiten vor allem über Religiosität und Magie bei archaischen Mittelmeerkulturen. Werke u. a. »Il mondo magico« 1948, »La terra del rimorso« 1961

Ninetto — Ninetto Davoli, ein junger Freund Pasolinis, Darsteller in fast allen Filmen Pasolinis nach 1965

Mangano, Silvana — ital. Filmschauspielerin; spielte u. a. in »Teorema« und »Decamerone« mit.

Bewegung 22. Mai — anarchistische Gruppe aus Rom

Il Manifesto — bis Ende 1969 Dissidentengruppe in der KPI, die eine Erneuerung der Partei von innen heraus anstrebte. Gegensätzliche Positionen in der Frage des sowj. Einmarschs in Prag, der Mairevolte, der Kulturrevolution führten im Dez. 1969 zum Ausschluß der ZK-Mitglieder Pintor, Magri, Rossanda, Natoli, was den Austritt einiger Sektionen der Parteibasis nach sich zog. Die Gruppe konstituierte sich als Partei, die sich in der Mitte der siebziger Jahre nach Koalitionen mit anderen, links von der KPI stehenden Gruppen jedoch wieder aufgelöst hat. Seit 1971 erscheint die Tageszeitung »Il Manifesto«.

Matera — auf und in Felsen gebaute Stadt in der Basilicata (Süditalien)

Menökeus — Figur aus den »Phönikerinnen« von Euripides; Sohn des Kreon, der sich für die Stadt Theben opfert.

Mercerie — Ladenstraße in Venedig

Don Milani — 1933–1967, kath. Priester, der in einem norditalienischen Bergdorf zusammen mit Schülern eine »Schülerschule«, die »scuola die Barbiana«, aufgebaut hatte. Symbolfiguren eines neuen sozial engagierten Katholizismus.

Montale, Eugenio — 1896–1981, Lyriker, neben Ungaretti und Quasimod bedeutendster Vertreter des Hermetismus; Nobelpreis für Literatur.

Moraini — Maraini Dacia — feministische Schriftstellerin und Journalistin

Morante, Elsa — geb. 1912, Romanautorin; enge Vertraute Pasolinis, die wahrscheinlich großen Einfluß auf sein Werk hatte. Ihre Romane »Menzogna e sortilegio« (dt. Lüge und Zauberei) 1948, »L'Isola di Arturo«(dt. Arturos Insel), 1957, La storia, 1974 kreisen um eines der zentralen Themen der ital. Literatur: den Jugend- und Reinheitsmythos. Nur das Ursprüngliche und Ahistorische — z. B. Kinder oder archaische Gesellschaften — ist fähig, intensiv zu leben und zu erleben. »Il mondo salvato dai ragazzini« bezeichnet Elsa Morante selbst als »episch-lyrisch-didaktisches« Gedicht, das in den ersten beiden Teilen ein Schreckensbild von Geschichte (einziges »Gemetzel«) und Gegenwart zeichnet. Der 3. Teil beginnt mit einer Hymne auf die »felici pochi«, die wenigen Glücklichen, die aus der Masse der »infelici molti«, der unglücklichen Vielen herausragen, Menschen wie Gramsci,

Rimbaud, Jeanne d'Arc, Rebellen, die sich selbst verwirklichen. Die eigentlich positive Figur ist der Knabe Pazariello (der kleine Verrückte) der alle bürgerlichen Normen in Frage stellt. Nur von solchen Außenseitern kann nach E. Morante die Welt noch gerettet werden.

Mostra — Filmschau der Biennale

MSI — Movimento Sociale Italiano, neofaschistische Partei mit den Jugend- und Unterorganisationen ASAN, Fuan, Giovanile Italia. Die neofaschistische Partei erlebte Ende der sechziger und Anfang der siebziger Jahre einen enormen Aufschwung, der nach obskuren Putschversuchen zu Beginn der siebziger Jahre einen Staatsstreich von rechts befürchten ließ.

Niccodemi, Dario — 1874–1934, Komödienschreiber und Erzähler, berühmt für seine brillanten Dialoge und elegante Szenenführung.

Nuovi Argomenti — vierteljährl. erscheinende Literaturzeitschrift, herausgegeben von A. Moravia, A. Bertolucci, E. Siciliano.

OCIC — Office Catholique International di Cinéma, verlieh beim Festival von Venedig zweimal den ersten Preis an Pasolini-Filme: »Matthäus-Evangelium« und »Teorema«.

Panzieri, Raniero — Herausgeber der marxistischen Zeitschrift »Quaderni rossi«.

Palach, Jan — tschechischer Sudent, der sich im Januar 1969 in Prag aus Protest gegen die Sowjetherrschaft verbrannte. 1968 hatten sich in Vietnam buddhistische Mönche aus Protest gegen den Vietnamkrieg verbrannt.

Panagoulis, Alexandros — griech. Offizier, der im August 1968 ein Sprengstoffattentat auf Papadopoulos, den Premierminister des Obristenregimes verübt hatte. Der Prozeß gegen Panagoulis teilte die Junta: der gemäßigte Flügel wollte die These von der »unblutigen« Revolution nicht durch ein Todesurteil in Frage stellen, der radikale Flügel wollte durch Todesstrafen den wachsenden Widerstand einschüchtern. Panagoulis wurde zum Tod verurteilt und erst im letzten Moment auf Grund internat. Proteste zu lebenslänglicher Haft begnadigt. Nach mehreren gescheiterten Fluchtversuchen wird Pangoulis bei einer Großamnestie 1973 freigelassen, die dem Regime einen liberalen Anstrich verleihen soll. Er verläßt Griechenland und kommt drei Jahre später bei einem mysteriösen Autounfall ums Leben. Die ital. Journalistin Oriana Fallaci zeichnete in ihrem 1979 erschienen Buch »Un Uomo« (dt. Ein Mensch) ein Lebensbild von Panagoulis.

Pentheus — König von Theben, der die Einführung des Dionysoskultes verhindern will. Dionysos taucht in Gestalt eines schönen Jünglings in Theben auf und wird von Pentheus gefangen genommen. Zur Strafe zerstört Dionysos den Palast und verwandelt Pentheus in einen Rasenden. In Frauenkleidern muß er die Stadt verlassen und wird Zeuge einer bacchantischen Orgie, in deren Verlauf er von seiner eigenen Mutter zerfleischt wird.

Potere operaio — linksradikale militante Gruppe, die sich 1973 auflöste.

Pro Civitate Christiana — katholisches Verlagshaus in Assisi

PSIUP— Partito sicialista italiano di unità proletaria — entsteht 1964 als Abspaltung von der Sozialistischen Partei PSI. Die PSIUP blieb immer eine Splitterpartei; 1972 schloß sich ein Teil der KPI an.

Quaderni piacentini — 1962 von Piergiorgio Bellocchio gegründete marxistische Zeitschrift. Wichtiges Forum der neuen Linken.

Qualunquismus — der Begriff geht auf die Partei »L'uomo qualunque« (die »Jedermann«-Partei) zurück, die nach 1945 ein Sammelbecken für alle, die der herkömmlichen großen Parteien überdrüssig waren, sein wollte. Heute mein »Qualunquismus« politische Gleichgültigkeit.

Rossanda, Rossana — Journalistin und Politikerin; lange Jahre Mitglied des ZK der KPI, Mitbegründerin der Gruppe »Il Manifesto« und Mitherausgeberin der gleichnamigen Zeitung.

Palazzeschi, Aldo — geb. 1885, Romancier, dessen Romane teilweise um bizarre Themen kreisen.

Prezzolini, Giuseppe — geb. 1882, Gründer der Kulturzeitschrift »La Voce« 1908, Schriftsteller, Journalist. Politisch gesehen Vertreter des kultivierten Bürgertums, das den Faschismus durch »Nicht-Opposition« stützte.

Rinscità — kulturelle Wochenzeitschrift der KPI; 1944 von Togliatti gegründet.

Riva, Felice — Industrieller, 1969 wegen betrügerischen Bankrotts, in dessen Folge 7 000 Arbeiter arbeitslos wurden, zu sechs Jahren Zuchthaus verurteilt.

Salvadore, Sandro — Fußballprofi, der sich mit anderem Fußballprofi geprügelt hatte.

Sauro — Fluß in Süditalien; einer von mehreren Verweisen in dem Gedicht auf die Parallelen zwischen unterentwickeltem Italien und arabischen Ländern. (Sezze, Settebagni, Settecamini)

Schdanow, Andrej Alexandrowitsch — 1896–1948, Kulturpapst der Stalinära, Inbegriff des linken Kulturdogmatismus während des Kalten Krieges; seit 1934 Sekretär des ZK der KPdSU, seit 1939 Mitglied des Politbüros, galt als Kronprinz Stalins nach der Ermordung Kirows. Entscheidender Anteil an den Säuberungen 1934–38; propagierte nach 1944 einen sozialistischen Realismus, dessen Kern Sowjetpatriotismus und Stalinkult hieß. Die KPI unter Togliatti versuchte nach 1945 die linken Künstler und Intellektuelle teilweise auch der schdanowschen Parteikunst zu verpflichten, was zu der Auseinandersetzung zwischen Togliatti und Vittorini führte, in der Vittorini erklärte, auch eine realistische und marxistisch orientierte Kunst habe nicht den »piffero della rivoluzione«, den Pfeifer der Revolution, zu spielen.

Sicré, Nicola — ehemaliger röm. Polizeipräsident; 1969 wegen Korruption verurteilt.

Soffici, Ardegno — 1879–1964, Dichter, Kunstkritiker und Maler, der durch seine Bilder und Aufsätze entscheidend zur Verbreitung von Impressionismus, Kubismus und Futurismus in Italien beitrug. Seine literarischen Arbeiten sind überwiegend autobiografische Impressionen.

Squadrismus — Bezeichnung für die Frühphase des ital. Faschismus, in der er noch »Bewegung« und noch nicht Partei war. Die »Squadre« waren Kampftrupps, die sich als antibürgerliche und revolutionäre Kampfgruppen verstanden und später entsprechend schwer ins System zu integrieren waren.

Strega-Preis — einer der prominenten ital. Literaturpreise, die jährlich verliehen werden. 1968 gerieten auch die Literaturpreise ins Schußfeld der Neuen Linken. Calvino hatte bereits im Frühjahr einen Preis abgelehnt; Pasolini, der seit Jahren nicht mehr an den Wettbewerben teilgenommen hatte, reichte die literarische Fassung von »Teorema« ein, um damit eine Diskussion um den Preis in Gang zu bringen. Als »Teorema« auf den 2. Platz kam, zog Pasolini aus Protest gegen die Jurymethoden sein Buch zurück: der obligate Skandal, der von vielen als reine Publicitysucht Pasolinis interpretiert wurde.

Teiresias — blinder Seher im antiken Theben

Vie nuove — kommunistische Wochenzeitschrift, in der Pasolini zusammen mit M. A. Macciocchi in der ersten Hälfte der sechziger Jahre eine Leserbriefrubrik hatte. Eine Auswahl der Briefe von Pasolini ist bei Editori Riuniti 1977 unter dem Titel »Le belle bandiere« erschienen.

Vittorini, Elio — 1908–1966, neben Pavese und Calvino bedeutendster Schriftsteller des Neorealismus

Ungaretti, Giuseppe — 1888–1970, neben Montale bekanntester Vertreter des Hermetismus, jener Lyrik, die sich nach dem 1. Weltkrieg als Gegenbewegung zur klassizistischen Dichtung entwickelte. Bei Ungaretti vermischt sich suggestiver Sprachklang mit eklektischen Elementen. Unter dem Titel »Vita d'un uomo« (Leben eines Menschen) sind seit 1942 die gesammelten Werke Ungarettis bei Mondadori erschienen. Pasolini bezieht sich auf den Band »Tutte le poesie«.

L'Unità — Tageszeitung; offizielles Organ der KPI

Valle Giulia, Straße in Rom in der Nähe der Villa Borghese, wo es im Frühjahr 1968 zur ersten großen Straßenschlacht zwischen Studenten und Polizei kam. Das polemische Gedicht »Die KPI an die Jugend!!!«, in dem Pasolini die Polizisten als Kinder armer Leute verteidigt, nimmt er später in den Essayband »Empirismos eretico« auf (dt. Ketzererfahrungen, Hanser-Verlag), zusammen mit einer »Apologie«, in der er die provokative Absicht des Gedichts erklärt. »Darum provoziere ich die heutige Jugend. Sie ist vermutlich die letzte Generation, die noch Arbeiter und Bauern sieht, die folgende wird sich von nichts anderem mehr umgeben sehen als von bürgerlicher Entropie.«

ZUR AUSGABE

Die vorliegende Ausgabe geht mit Abweichungen von der italienischen Ausgabe »Il caos« aus, die Gian Carlo Ferretti für Editori Riuniti besorgt hat. Bestimmte Texte der Ferretti-Ausgabe, so etwa die Polemik mit Moravia über Film als Zeichensprache oder die Artikel über die Zukunft der katholischen Kirche wurden weggelassen, weil dieselben Themen in anderen deutschsprachigen Pasolini-Ausgaben (»Ketzererfahrungen«, Hanser-Verlag und »Freibeuterschriften«, Wagenbach-Verlag) differenzierter und umfassender behandelt sind. Weitere Texte, wie z. B. ein Teil der unveröffentlichten letzten Artikel, die aus politischen Gründen von »Tempo« unterdrückt wurden, sind weggelassen, weil sie sich zu speziell auf innenpolitische Ereignisse bezogen. Dagegen räumt die Ausgabe den Leserbriefen größeren Raum ein, da sie zunehmend die »caos«-Kolumnen bestimmten und außerdem zeigen — was auch ein Stück Biographie ist —, daß Pasolini nicht immer nur Opfer war, sondern auch ein sehr provokativer Streiter sein konnte.

Zur Terminologie: Der Begriff »qualunquismo«, der allgemeines politisches Desinteresse bezeichnet, ist mit »Qualunquismus« übersetzt, um nicht durch ständige Umschreibungen seine Eindeutigkeit aufzuweichen.

»Subkultur« hat im Italienischen mehr die Bedeutung von minderwertiger Kultur, Pseudokultur. Pasolini benutzt den Begriff fast durchgehend in diesem Sinne und nicht als Bezeichnung für Gegenkultur oder nicht offizielle Kultur.

Die Übersetzung der Gedichte »Panagoulis: Dieses Mal nicht« und »Die Reife von Dutschke« ist in Zusammenarbeit mit Dieter Masuhr entstanden.